Synthetic phonics based reading program

소리와 글자가 함께하는

함께 한글

자음의 종성편 1

김혜지 | 이정원

창조와지식

함께한글 (자음의 종성편 1)

Synthetic phonics based Korean reading program (final consonant 1)

김혜지

서울아이정신건강의학과 1급 언어재활사
한국난독증협회 문해교육전문가 리딩튜터과정 슈퍼바이저
한림대학교 보건대학원 언어병리학과 석사 졸업
부산가톨릭대학교 언어청각치료학과 졸업
저서: 함께한글 (전 2권)
공저: 영어자신감 1권상

이정원

서울아이정신건강의학과 1급 언어재활사
한국난독증협회 문해교육전문가 리딩튜터과정 슈퍼바이저
한림대학교 일반대학원 언어병리학과 석사 졸업
한림대학교 언어병리학과 졸업
저서: 한글 해독용 한 줄 읽기책 (전 2권), 함께한글 (전 2권)
공저: 읽기자신감 7권, 읽기자신감 8권, 영어자신감 2권상

그림_남궁솔

드레스덴 미술대학교 (Dresden Academy of Fine Arts) Diploma & Master 졸업 후,
현재 독일 라이프치히에서 예술가로 활동중이다. 참여한 일러스트 작업으로는 한글 해독용 한 줄 읽기책 (전 2권),
읽기자신감 7권, 읽기자신감 8권, 함께한글 (전 2권)이 있다.

Synthetic phonics based reading program

소리와 글자가 함께하는

함께 한글

자음의 종성편 1

김혜지 ㅣ 이정원

창조와지식

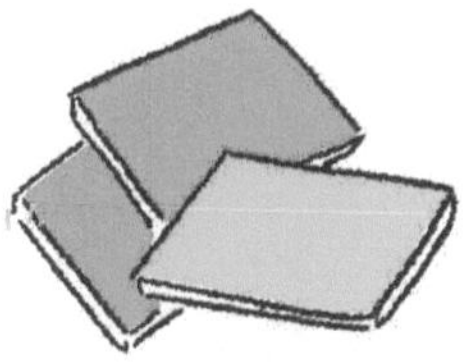

머리말

이 책은 자음의 끝 소리(종성), 받침을 배우는 책입니다.

자음의 초성을 잘 배운 아이들이 초성에서 봤던 글자가 종성에도 쓰이지만 초성과 다른 소리가 나는 것을 배우게 됩니다. 초성편에 이어 종성편 역시 음소 수준 음운인식과 파닉스 활동이 필요한 아이들, 그런 아이들을 가르치는 분들을 위한 읽기 중재용 워크북입니다. 받침이 없는 글자까지는 수월하게 읽던 아이들도 받침은 어려울 수 있습니다. 본 책에서는 그런 아이들을 위하여 다음과 같은 과제를 담았습니다.

첫째, 초성편과 마찬가지로 소리를 합성하여 읽을 수 있도록 **합성식 파닉스(synthetic phonics) 방식**을 채택하였습니다. 글자를 몽땅 외워서 읽어야 하는 비효율적인 통글자 학습 방식을 통해 아이들은 특히나 자주 이 구간에서 실패를 경험합니다. 외워야 하는 글자가 너무 많아졌기 때문입니다. 하지만 합성식 파닉스 방식을 통해 자모의 소릿값을 합쳐 글자를 읽을 수 있다면 모든 글자를 다 외우지 않고도 매우 효율적으로 받침 읽기에 성공할 수 있습니다.

둘째, 본 책에서는 **쉬운 음절부터 어려운 음절까지** 난이도를 체계적으로 조절하여 과제를 제시하였습니다. 받침이 들어간 단어는 받침이 없던 단어와는 달리 음절의 종류가 다양해집니다. 받침이 단어 내에서 어떤 위치에 있는지, 받침이 한 단어에 몇 개가 있는지, 음절의 개수는 몇 개인지에 따라 읽고 쓸 수 있는 난이도가 매우 달라집니다. 따라서 다음과 같은 요인들을 세심하게 통제하여 쉽게 좌절하지 않고 성취감을 느낄 수 있도록 하였습니다.

셋째, **한글의 대표 받침 7개의 소리를 각각 명시적으로 배우고, 헷갈리는 소리끼리 연습할 수 있는 음운인식과 파닉스 훈련을 합니다.** 일곱 가지 받침의 발음을 각각 배운 후, 조음 위치별, 조음 방법별로 묶어 연습하여 많은 아이들이 받침을 배울 때 어려움을 보이는 음소끼리 구분할 수 있도록 돕습니다.

그 외에도 글자의 소리를 기억할 수 있는 그림 단서인 **픽토그램**, 배운 소리값을 공고하게 다지는 **음소 연속발음하기** 과제를 포함하고 있습니다. 이 책을 통해 낱자와 소리값이 일치하는 모든 문장을 읽고 쓸 준비를 마칠 수 있습니다. 말하고 듣기만 했던 '소리'가 '글자'로 눈에 들어오기 시작하면서 세상과 한 걸음씩 더 가까워지는 아이들의 모습을 기대합니다. 어제보다 오늘 더 잘 읽고 쓸 수 있게 되어 미리 축하합니다.

2024. 1. 저자일동

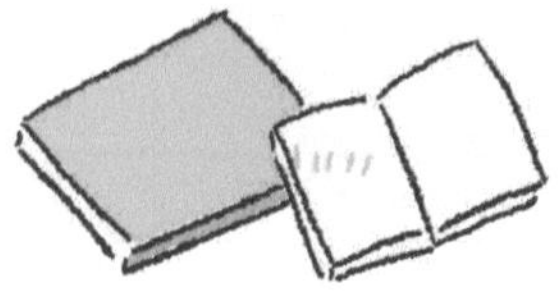

추천의 글

어떤 아이는 한글을 쉽게 배우지만 일부 아이들은 처음에 한글을 배우기 힘들어합니다. 쉽게 배우는 아이에게는 책에 자주 접하게 하는 정도로만 충분할 수 있지만, 읽기 학습이 어려운 아이들(약 20퍼센트 정도)은 특별한 교재로 특별한 방식으로 배우는 것이 꼭 필요합니다.

특별한 프로그램에는 음운인식 훈련이 포함되어야 합니다. 단어 속에서가 아니라 자음, 모음 낱자의 소리를 나누어서 듣고 발음해보는 훈련을 말합니다. 또 자모 낱자의 소리값을 이음새없이 합성하여 단어의 소리를 발음하는 합성 파닉스 방식의 훈련도 필요합니다.

이 책에는 받침 7개 소리를 각각 듣고 말하는 훈련을 하며, 헷갈릴 수 있는 받침의 소리를 잘 구별할 수 있도록 훈련하게 해주는 체계적인 음운인식 훈련이 포함되어 있습니다. 또 받침 익히기를 특별히 어려워하는 아이들을 위해 자모의 소릿값을 합쳐 글자를 읽어내는 합성식 파닉스(synthetic phonics) 방식을 채택하였습니다. 합성식 파닉스 방식은 한글이 늦은 아이들뿐 아니라 순조롭게 발달하는 아이들에게도 향후 읽기 유창성이 더 좋아지게 해준다고 알려져 있습니다.

이 책은 종합 문해 프로그램인 〈읽기자신감〉을 주교재로 사용하면서 보조 연습 교재 중 하나로 앞선 〈함께한글 초성편〉에 이어서 사용할 수 있습니다. 또 다른 보조 교재로는 〈한 줄 읽기책〉이나 〈사라진 받침을 찾아라〉, 〈따스함〉, 〈찬찬한글〉이 있습니다. 가능하면 전문적인 지식을 갖춘 언어재활사와 함께 교육을 받으면 좋겠지만, 집에서 연습하기에도 쉽게 구성되어 있어 가정용 한글 교재로도 추천합니다.

정재석

소아정신과 전문의
한국난독증협회 대표

목 차

더 연습해보세요!

함께 한글 카페

1

받침소리를 소개해요

우리말 대표 받침을 배워요

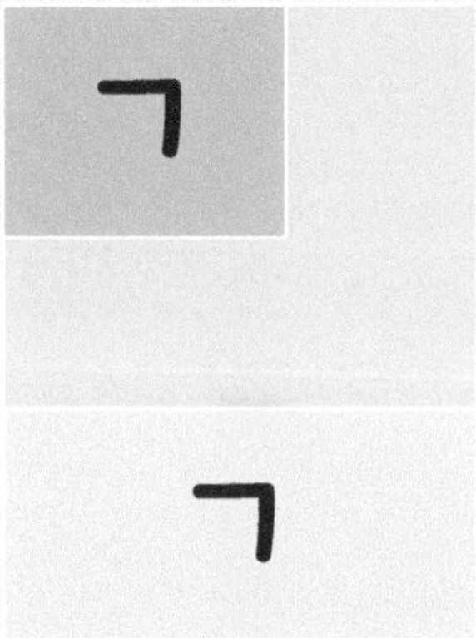

소리 상자(또는 음절 상자)를 보세요.

1권에서는 소리 상자의 빨간 칸에 오는 글자들의 소리를 배웠죠? 이번엔 소리 상자의 노란색 칸에 오는 글자들의 소리를 배워봅시다. 빨간 칸에 오는 글자처럼 노란 칸에 오는 글자도 자음입니다.

같은 ㄱ(기역)이라도 빨간 칸에 있을 때는 /그/라고 소리나지만 노란색 칸에 오면 /윽/이라고 소리가 나요. 노란색 칸에 오는 소리를 음절의 끝 소리, 마지막 소리라고 해서 '종성'이라고도 표현해요. **우리는 쉽게 '받침 소리'라고 하기로 해요.**

받침에는 ㄱ, ㄲ, ㄳ, ㄴ, ㄵ, ㄶ, ㄷ, ㄹ, ㄺ, ㄻ, ㄼ, ㄽ, ㄾ, ㄿ, ㅀ, ㅁ, ㅂ, ㅄ, ㅆ, ㅇ, ㅈ, ㅊ, ㅋ, ㅌ, ㅍ, ㅎ 27가지 글자가 올 수 있어요. 그렇지만 소리는 7가지밖에 없어요.

우리는 이 책에서 받침 소리를 대표하는 일곱가지 글자 ㄱ, ㄴ, ㄷ(ㅅ), ㄹ, ㅁ, ㅂ, ㅇ 만 읽고 씁니다.

	ㄱ	ㄴ	ㄷ	ㄹ	ㅁ	ㅂ	ㅇ
글자의 이름	기역	니은	디귿	리을	미음	비읍	이응
첫 소리 (초성)	/그/	/느/	/드/	/르/	/므/	/브/	/ /
★끝 소리 (종성)	/윽/	/은/	/읃/	/을/	/음/	/읍/	/응/

우리말 받침 소리 차트

코가 울려요

ㅁ

/음/

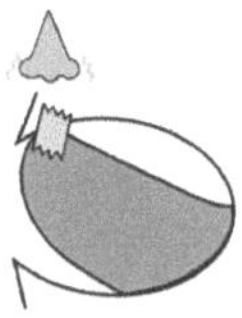

ㄴ

/은/

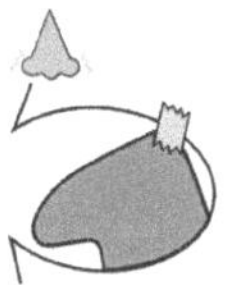

ㅇ

/응/

ㄹ

/을/

코가 안 울려요

ㅂ

/읍/

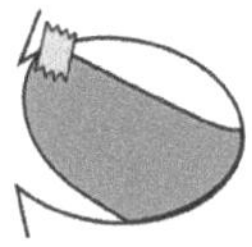

ㄷ

/읃/

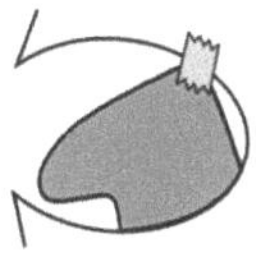

ㄱ

/윽/

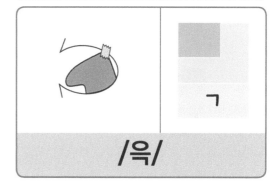

- **테이프 그림:** 혀나 입술을 떼지 마세요.
- **코 그림:** 코를 울리면서 소리 내요.
- 'ㄹ'은 코가 울리진 않지만 코가 울리는 소리와 함께 연습해요.

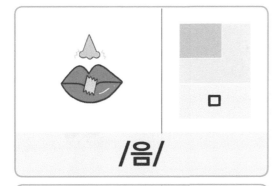

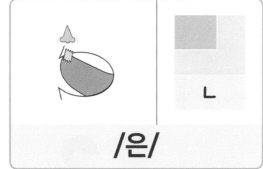

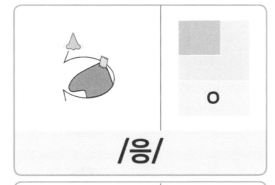

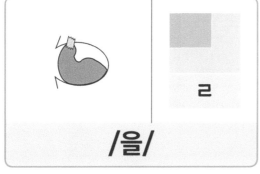

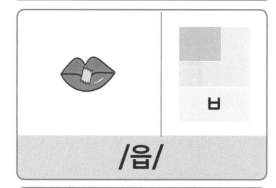

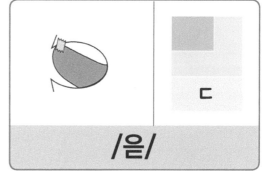

우리말 받침 소리 차트

구체적인 사용방법은 [이렇게 사용해요]를 참고하세요.

픽토그램	단어힌트	동작힌트
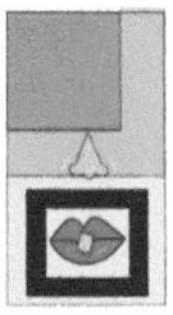		
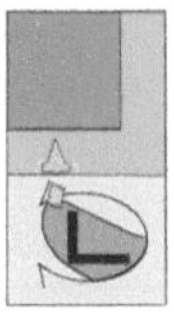		

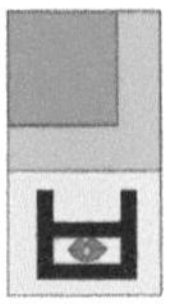		
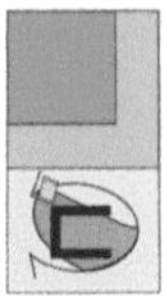		
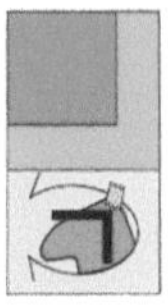		

01 입모양 그림에 맞는 글자를 연결해 보세요. 너무 어려우면 차트를 보고 하세요.

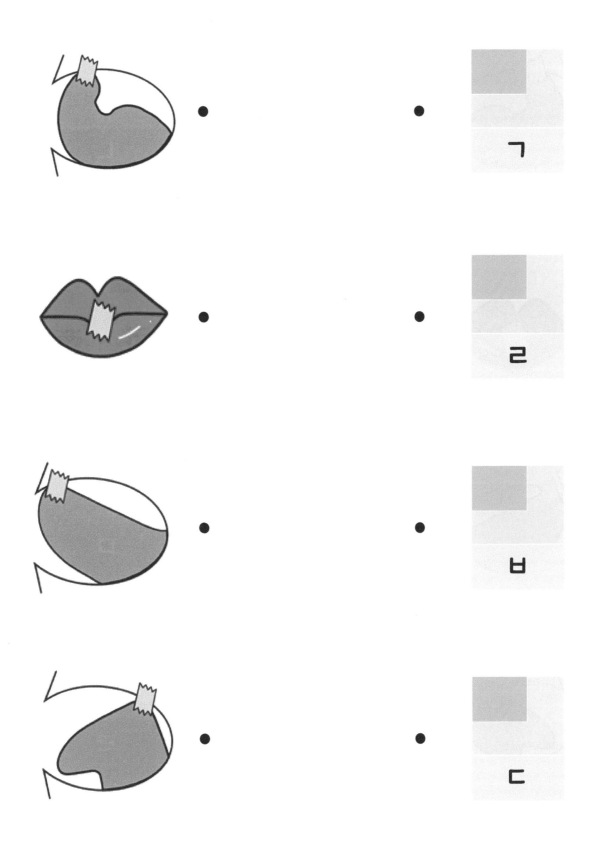

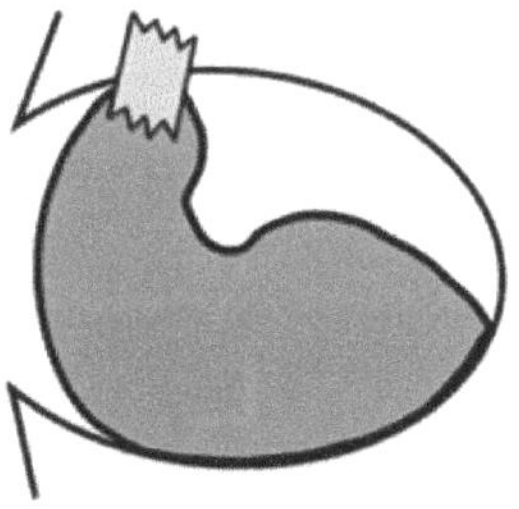

ㄱ

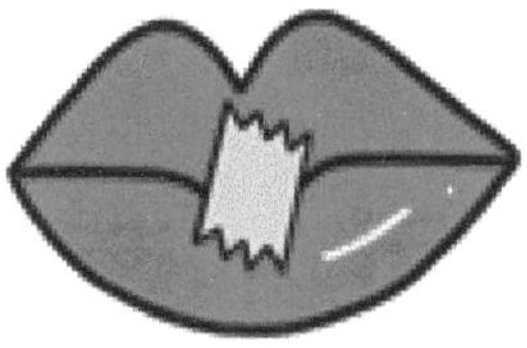

ㄹ

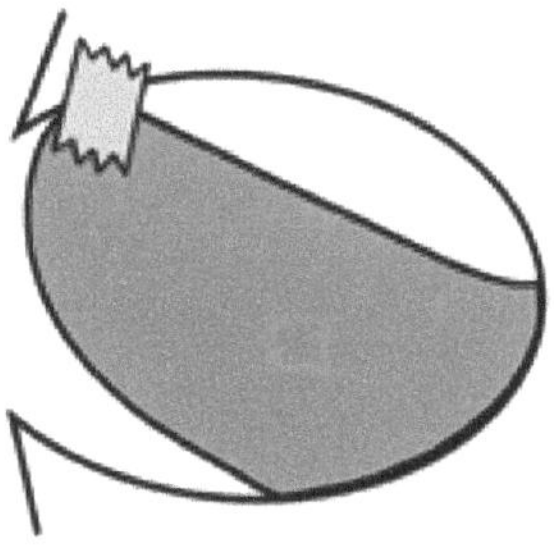

ㅂ

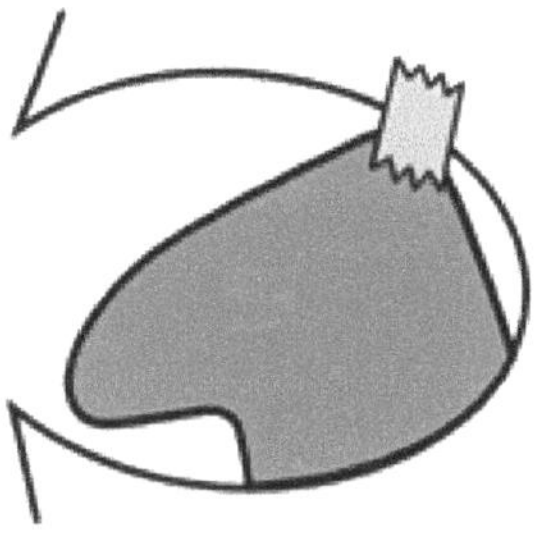

ㄷ

02 입모양 그림에 맞는 글자를 연결해 보세요. 너무 어려우면 차트를 보고 하세요.

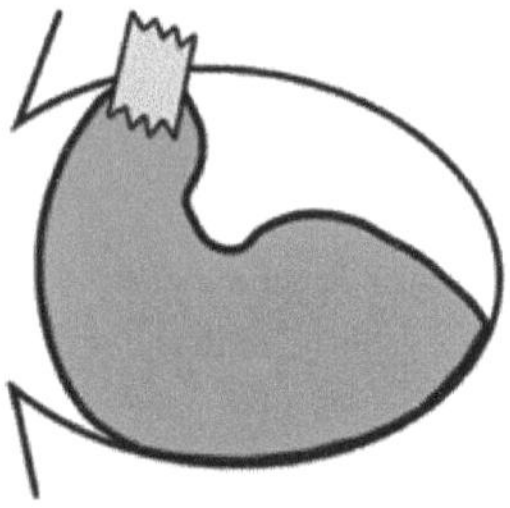

ㄴ

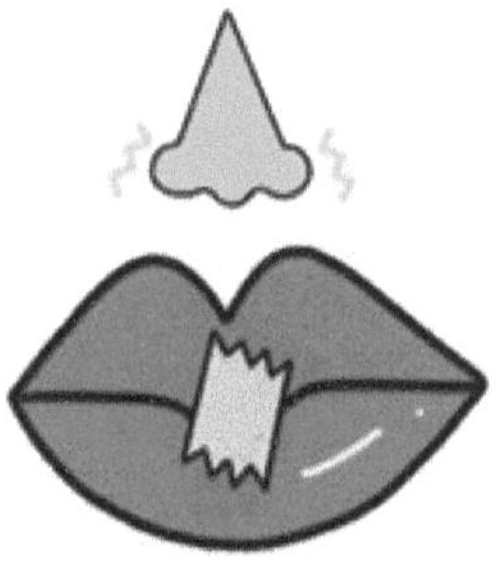

ㅇ

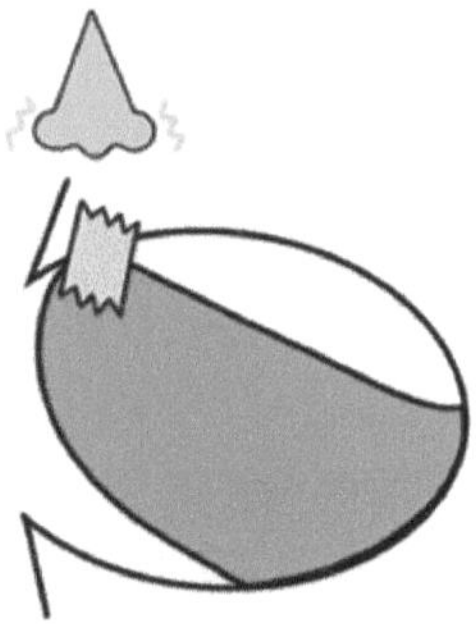

ㅁ

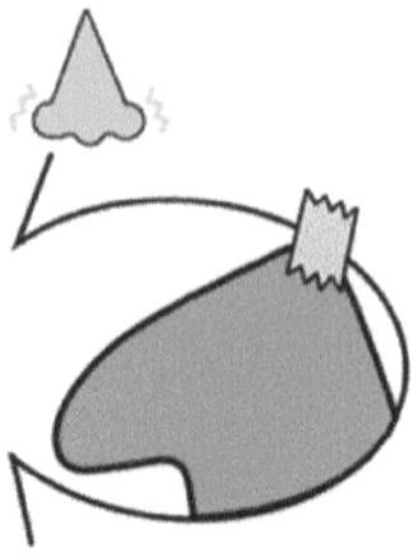

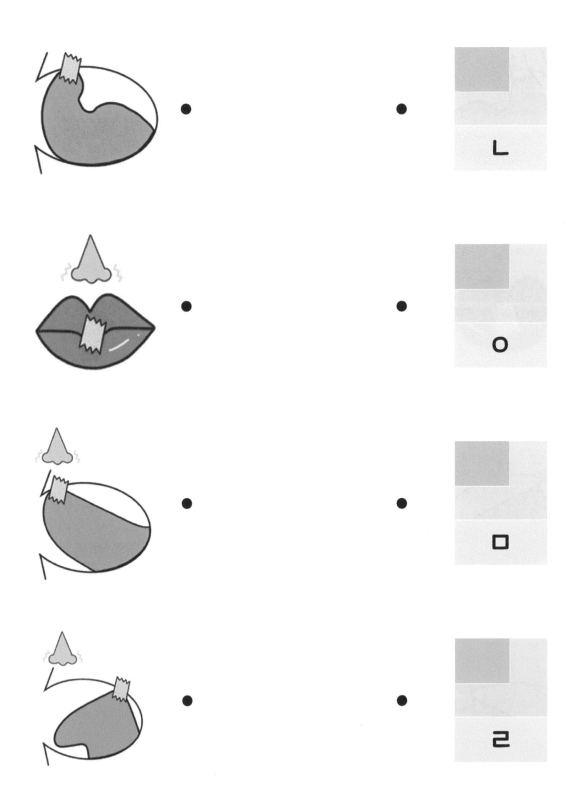

ㄹ

2

하나씩 배워요

1. ㅁ 받침

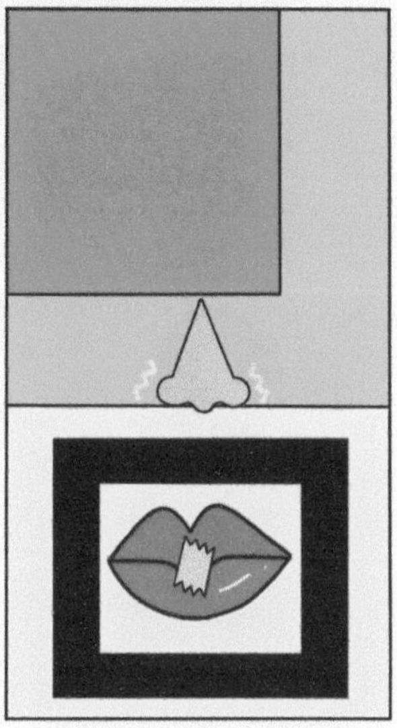

소리 내기

받침 'ㅁ' 소리를 내볼까요? '으-'소리를 내면서 준비를 하다가 윗입술과 아랫입술을 딱 붙이고 코를 울리며 소리를 내요. /으--ㅁ//으-ㅁ//음/ 점차 '으'소리는 줄여보세요.

초성과의 차이

초성 'ㅁ'는 윗입술과 아랫입술을 딱 붙이고 코를 울리다가 입술을 떼면서 소리가 나요.

초성 자음과 종성 자음의 차이를 느끼면서 소리 내보세요.

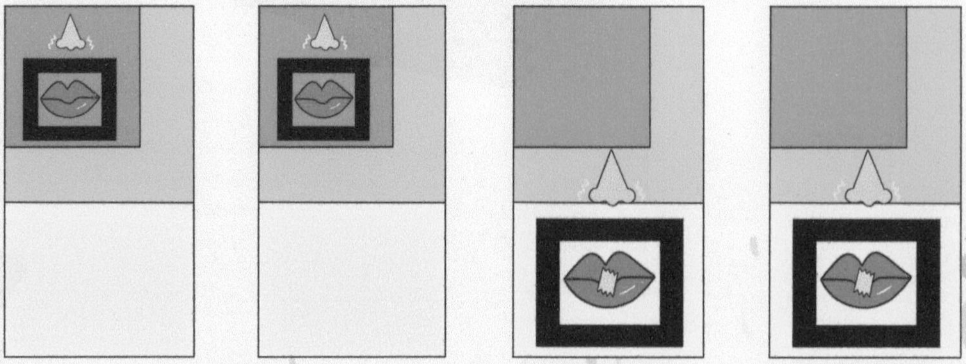

01 손으로 짚으면서 순서대로 읽어보세요.

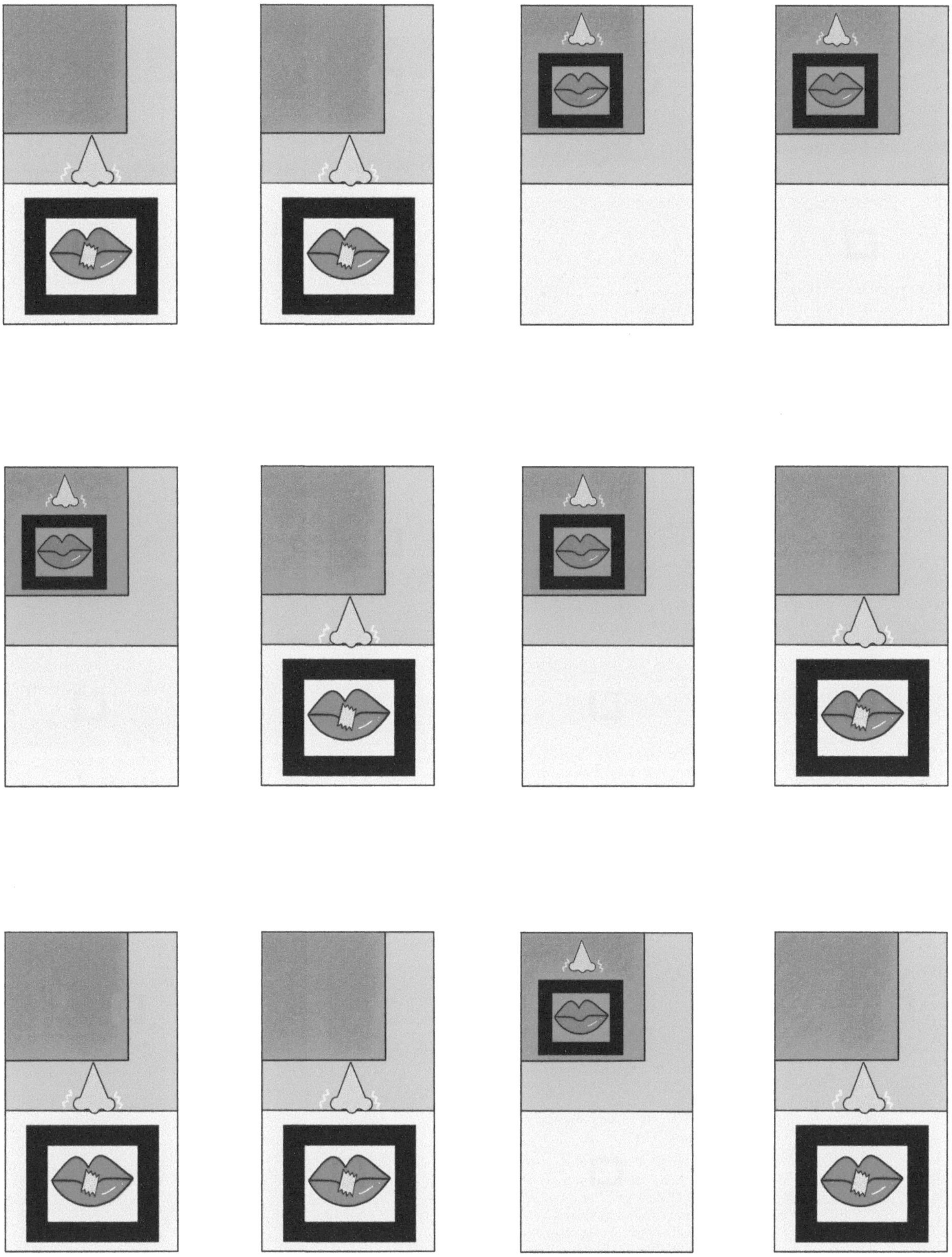

02 손으로 짚으면서 순서대로 읽어보세요.

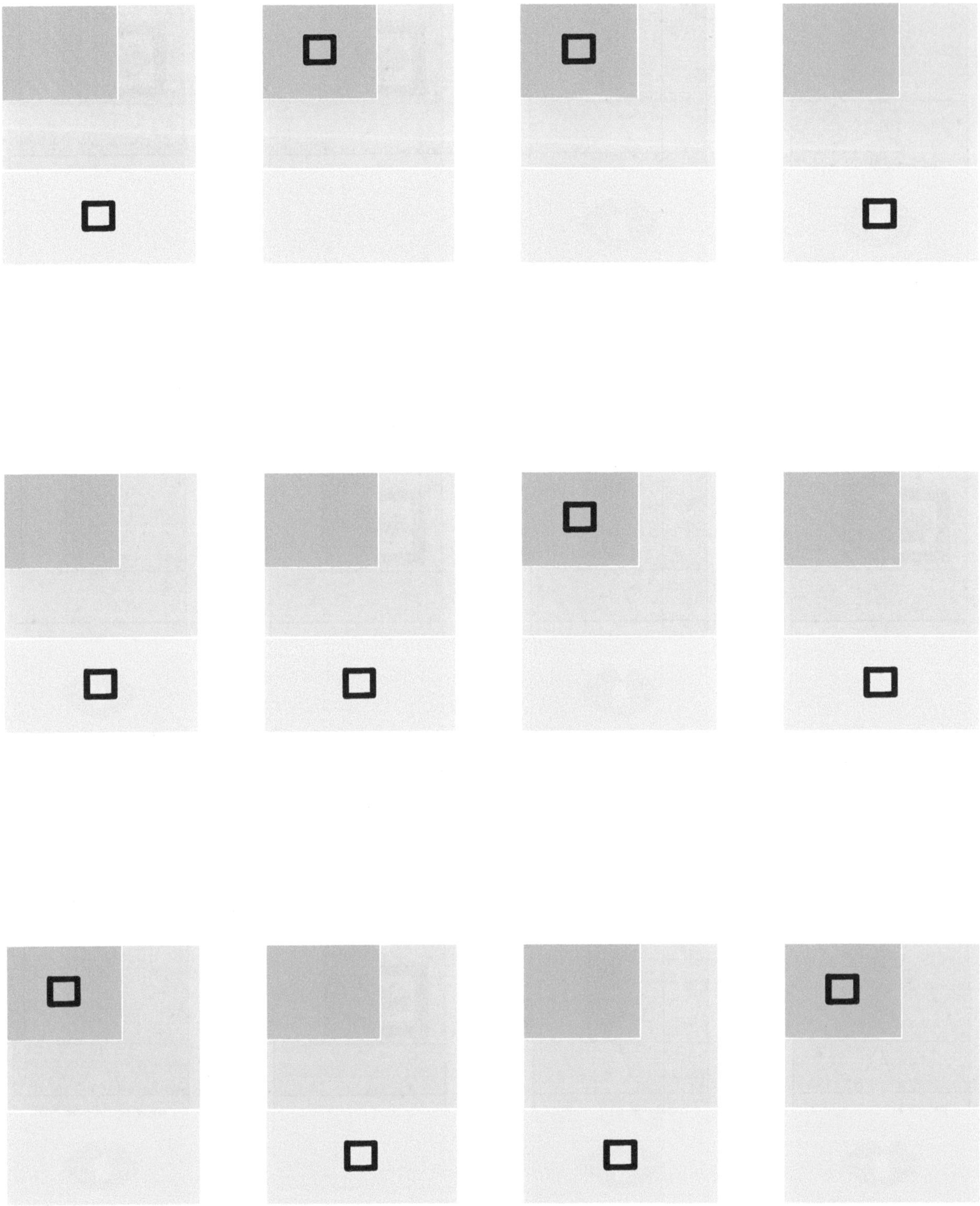

03 들리는 소리에 동그라미 하세요.

guide!

1. 받침이 있는 음절과, 없는 음절을 무작위로 불러주세요.
2. 받침이 있는 음절을 불러줄 때는 받침의 소리가 더 잘 들릴 수 있도록 연장하거나 강조해서 불러주셔도 됩니다.

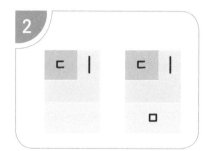

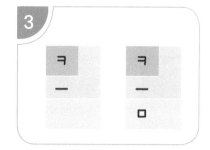

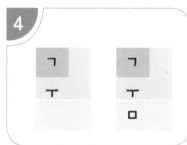

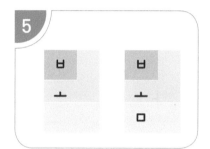

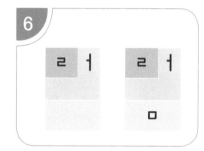

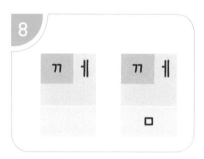

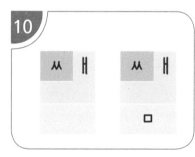

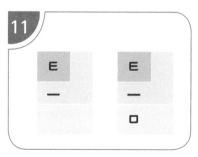

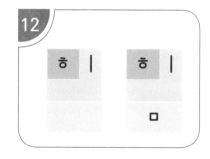

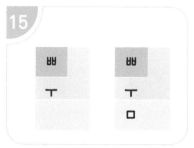

1	ㅇ ㅏ	ㅇ ㅏ ㅁ
2	ㄷ ㅣ	ㄷ ㅣ ㅁ
3	ㅋ ㅡ	ㅋ ㅡ ㅁ
4	ㄱ ㅜ	ㄱ ㅜ ㅁ
5	ㅂ ㅗ	ㅂ ㅗ ㅁ
6	ㄹ ㅓ	ㄹ ㅓ ㅁ
7	ㅊ ㅏ	ㅊ ㅏ ㅁ
8	ㄲ ㅔ	ㄲ ㅔ ㅁ
9	ㅍ ㅏ	ㅍ ㅏ ㅁ
10	ㅆ ㅐ	ㅆ ㅐ ㅁ
11	ㅌ ㅡ	ㅌ ㅡ ㅁ
12	ㅎ ㅣ	ㅎ ㅣ ㅁ
13	ㅅ ㅗ	ㅅ ㅗ ㅁ
14	ㅈ ㅣ	ㅈ ㅣ ㅁ
15	ㅃ ㅜ	ㅃ ㅜ ㅁ

04 들리는 소리에 동그라미 하세요.

guide!

1. 받침이 있는 음절과, 없는 음절을 무작위로 불러주세요.
2. 받침이 있는 음절을 불러줄 때는 받침의 소리가 더 잘 들릴 수 있도록 연장하거나 강조해서 불러주셔도 됩니다.

1	ㄱ ㅜ ㄹ ㅡ	ㄱ ㅜ ㄹ ㅡ ㅁ
2	ㄷ ㅗ ㅇ ㅜ	ㄷ ㅗ ㅇ ㅜ ㅁ
3	ㅅ ㅏ ㄹ ㅏ	ㅅ ㅏ ㄹ ㅏ ㅁ
4	ㅊ ㅣ ㄷ ㅐ	ㅊ ㅣ ㅁ ㄷ ㅐ
5	ㄱ ㅏ ㄱ ㅣ	ㄱ ㅏ ㅁ ㄱ ㅣ
6	ㅈ ㅏ ㅅ ㅜ	ㅈ ㅏ ㅁ ㅅ ㅜ
7	ㅊ ㅏ ㅅ ㅐ	ㅊ ㅏ ㅁ ㅅ ㅐ

8	ㅂ ㅐ	ㅇ ㅏ	ㅍ ㅡ	ㅂ ㅐ	ㅇ ㅏ	ㅍ ㅡ ㅁ
9	ㄱ ㅣ	ㄷ ㅏ	ㄹ ㅣ	ㄱ ㅣ	ㄷ ㅏ	ㄹ ㅣ ㅁ
10	ㅈ ㅣ	ㅈ ㅓ	ㅌ ㅗ	ㅈ ㅣ	ㅈ ㅓ ㅁ	ㅌ ㅗ
11	ㅇ ㅏ	ㅈ ㅜ	ㅁ ㅏ	ㅇ ㅏ	ㅈ ㅜ ㅁ	ㅁ ㅏ
12	ㅎ ㅐ	ㅅ ㅡ	ㅌ ㅓ	ㅎ ㅐ ㅁ	ㅅ ㅡ	ㅌ ㅓ
13	ㅎ ㅏ	ㅂ ㅜ	ㄹ ㅗ	ㅎ ㅏ ㅁ	ㅂ ㅜ	ㄹ ㅗ
14	ㄱ ㅏ	ㅅ ㅏ	ㅎ ㅣ	ㄱ ㅏ ㅁ	ㅅ ㅏ	ㅎ ㅣ

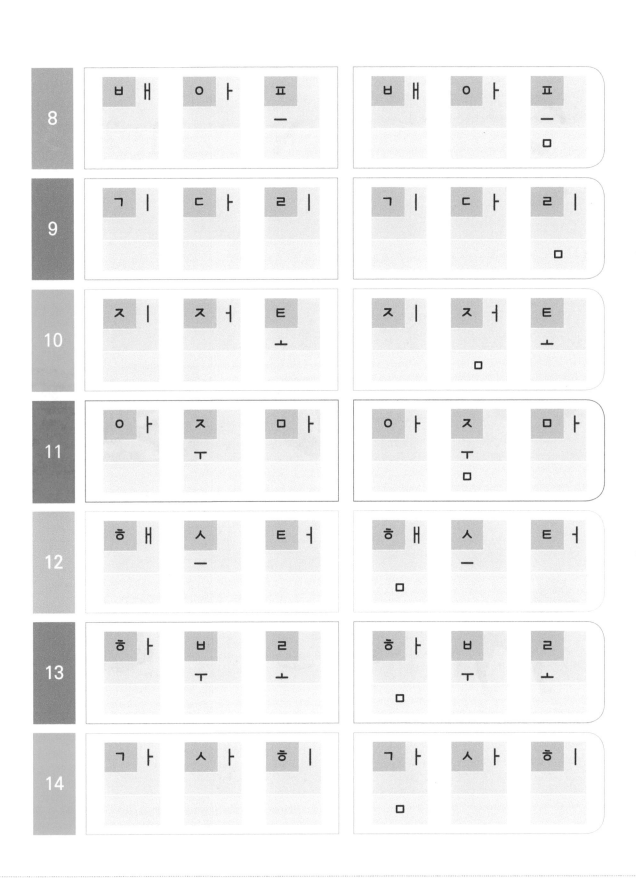

05 그림을 보고 받침 /음/ 소리가 들리는지 찾아보세요. 들리면 O, 안 들리면 X 하세요.

guide!

1. 그림을 보고 아동이 목표 낱말을 말하지 못할 때에는 목표 낱말을 들려주세요.
2. 소리를 들려줄 때에는 받침 소리를 강조해서 들려주세요.

O X

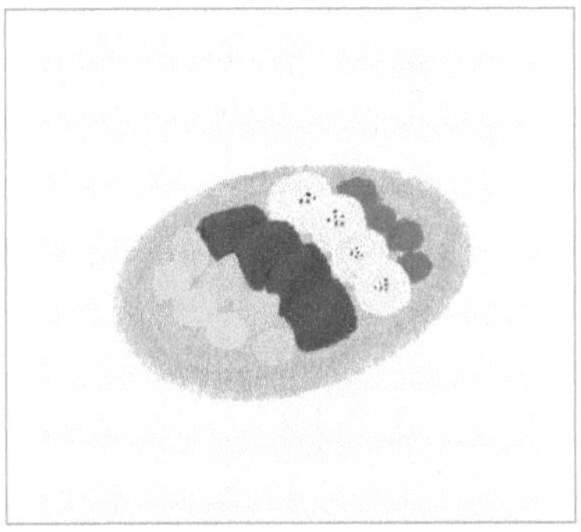

O X

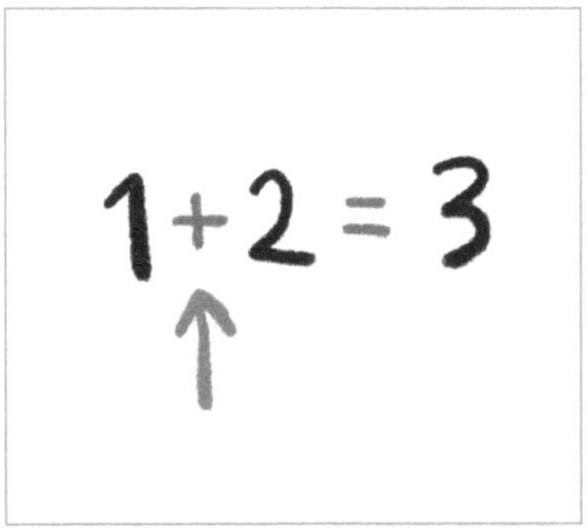

O X

O X

O X

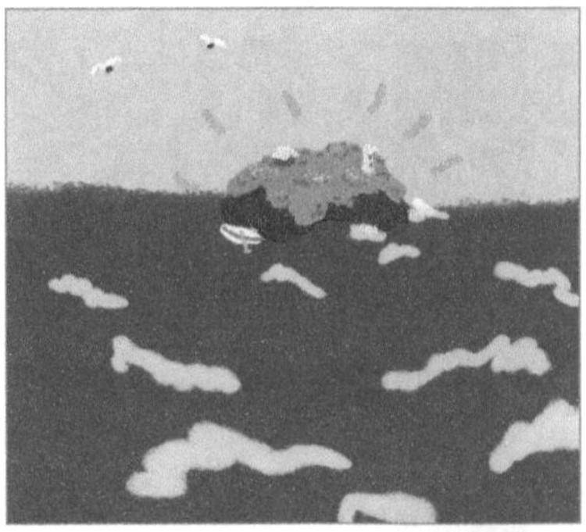

O X

O X

O X

O X

정답

1. O삼. 2. X떡. 3. X합. 4. O쌈. 5. X꼳(꽃). 6. O섬. 7. X말. 8. O햄. 9. X똥

06 그림을 보고 받침 /음/ 소리가 들리는지 찾아보세요. 들리면 O, 안 들리면 X 하세요.

guide!

1. 그림을 보고 아동이 목표 낱말을 말하지 못할 때에는 목표 낱말을 들려주세요.
2. 소리를 들려줄 때에는 받침 소리를 강조해서 들려주세요.

O X

O X

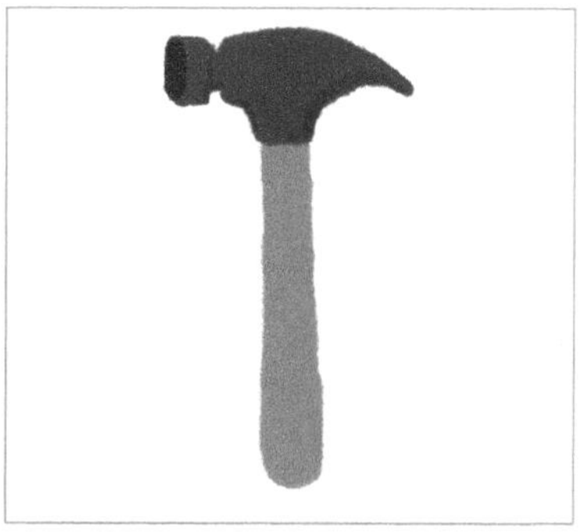

O X

O X

O X

O X

O X

O X

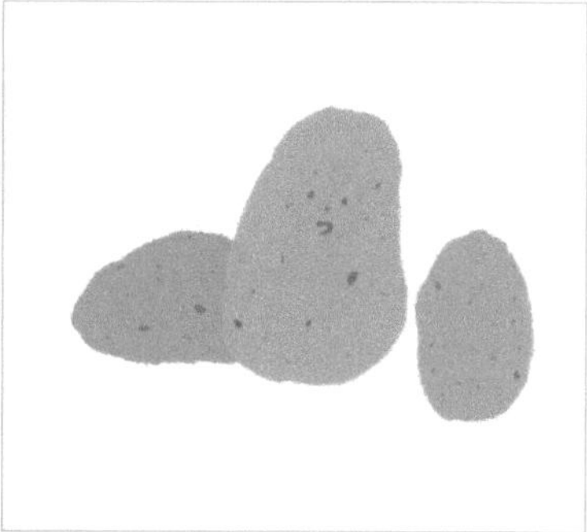

O X

정답

1. O표범. 2. X리본. 3. X망치. 4. X버섯(버섯). 5. O바람. 6. X낙타. 7. X잡초. 8. X나팔. 9. O감자

07 그림을 보고 목표 음소에 맞는 그림 카드 번호를 써보세요.

guide! 1. 아동이 낱말을 모르거나, 목표 낱말을 말하지 못할 때에는 목표 낱말을 들려주세요.

첫 소리 /ㅁ/	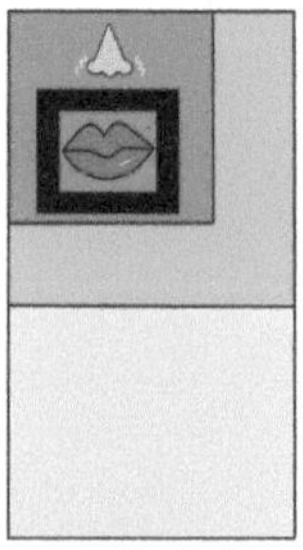	
받침 소리 /음/	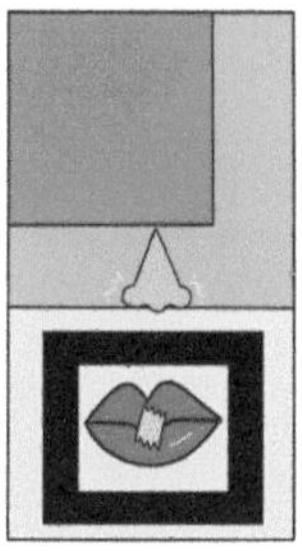	①

1

2

3

4
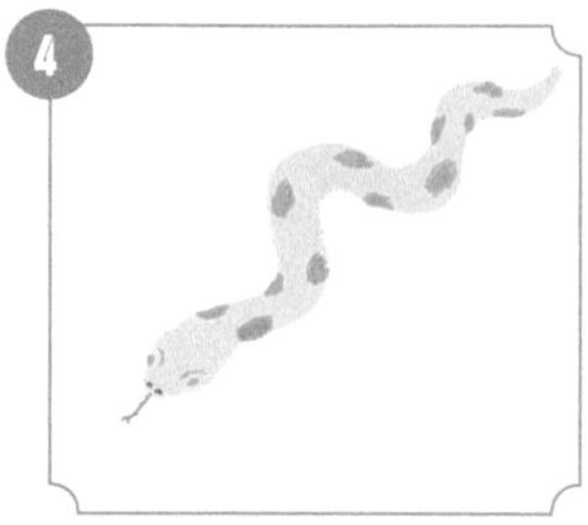

5
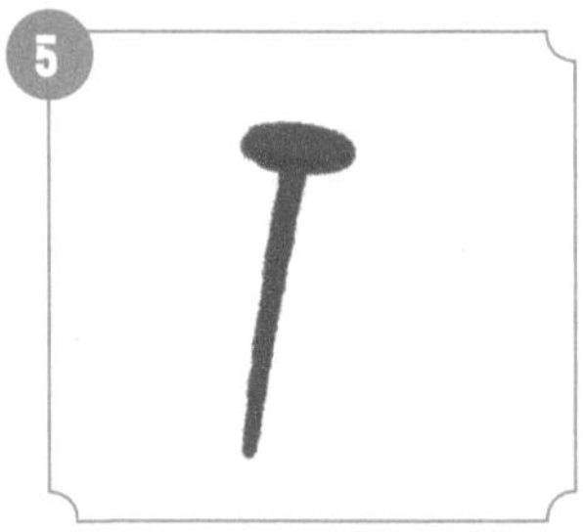

6

7

8

9
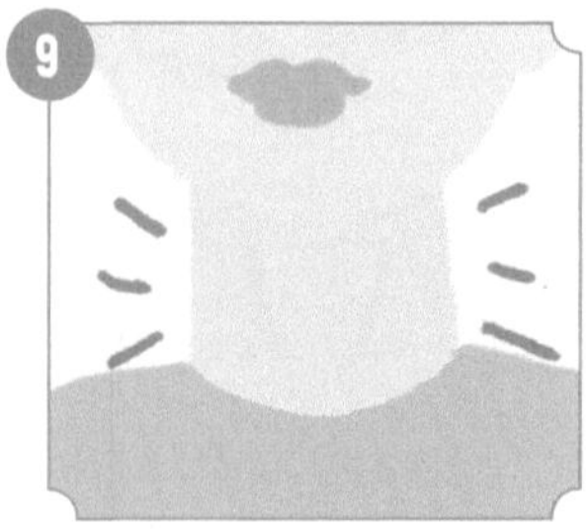

10
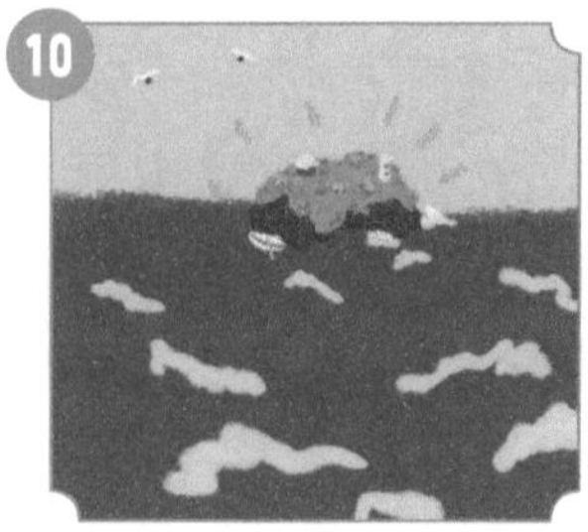

11

12

정답
첫소리 3.말 5.못 8.물 9.목 / 받침소리 1.껌 2.솜 4.뱀 6.햄 7.꿈 10.섬 11.삼 12.곰

08 각각의 소리를 더하여 하나의 소리로 만들어 보세요. 어떤 소리가 완성되나요?

guide!

1. 손으로 소리 상자를 모두 가리고 차례대로 하나씩 보여주세요.
2. 소리를 끊지 않고 부드럽게 연결하여 이음새 없이 점차 한숨에 합쳐보세요.
3. 어떤 소리가 완성되는지 말해보세요.

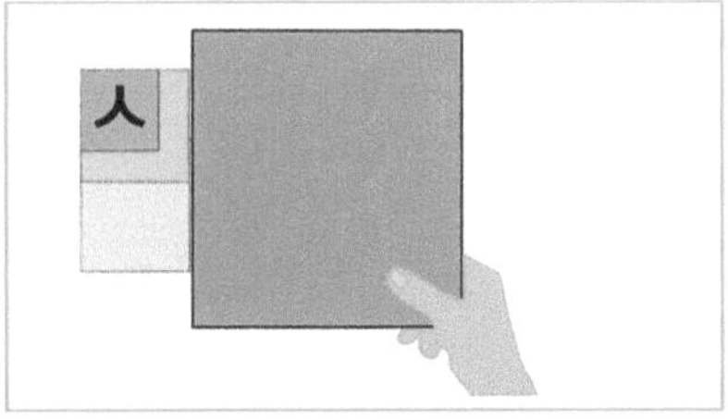

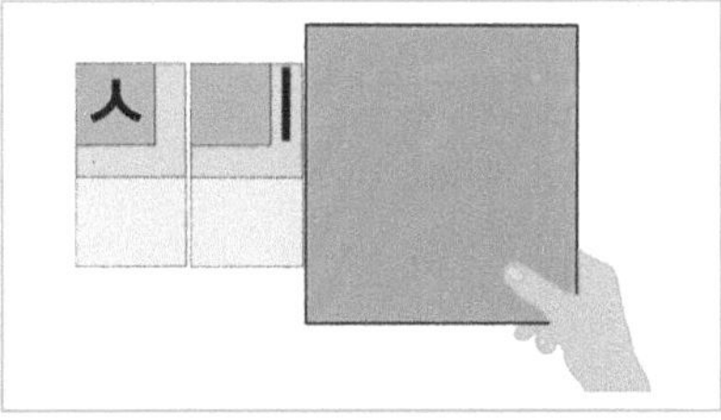

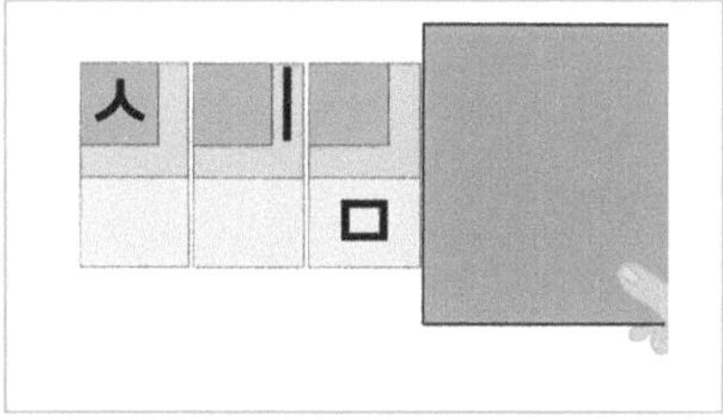

왼쪽부터 차례대로 소리를 합쳐보세요.	반응
ㅜ ㅁ	
ㅌ ㅜ ㅁ	
ㄷ ㅡ ㅁ	
ㅅ ㅣ ㅁ	
ㅎ ㅏ ㅁ	

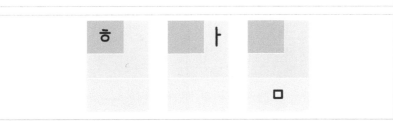

09 각각의 소리를 더하여 하나의 소리로 만들어 보세요. 어떤 소리가 완성되나요?

guide !

1. 손으로 소리 상자를 모두 가리고 차례대로 하나씩 보여주세요.
2. 소리를 끊지 않고 부드럽게 연결하여 이음새 없이 점차 한숨에 합쳐보세요.
3. 어떤 소리가 완성되는지 말해보세요.

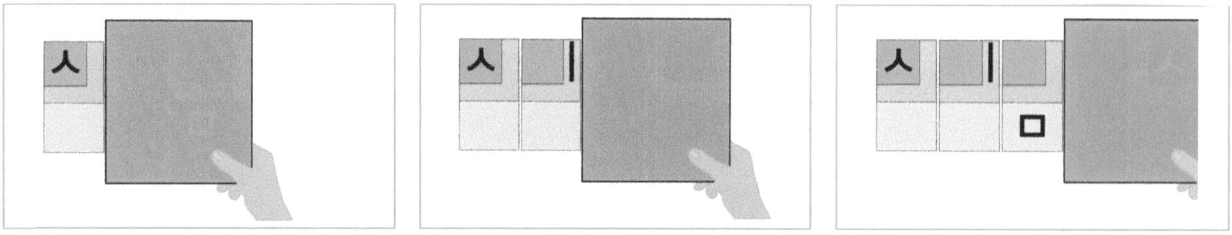

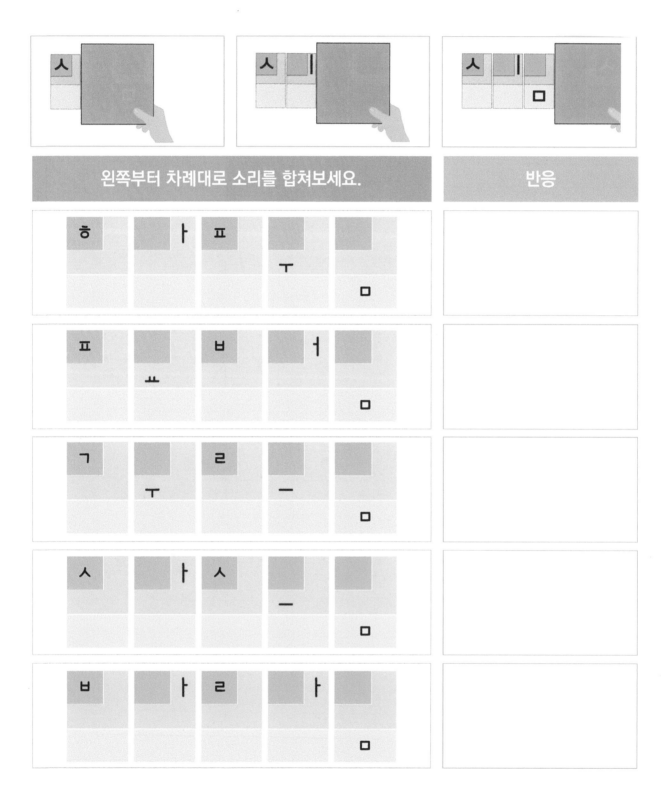

왼쪽부터 차례대로 소리를 합쳐보세요.					반응
ㅎ	ㅏ	ㅍ	ㅜ	ㅁ	
ㅍ	ㅛ	ㅂ	ㅓ	ㅁ	
ㄱ	ㅜ	ㄹ	ㅡ	ㅁ	
ㅅ	ㅏ	ㅅ	ㅡ	ㅁ	
ㅂ	ㅏ	ㄹ	ㅏ	ㅁ	

10 각각의 소리를 더하여 하나의 소리로 만들어 보세요. 어떤 소리가 완성되나요?

guide!

1. 손으로 소리 상자를 모두 가리고 차례대로 하나씩 보여주세요.
2. 소리를 끊지 않고 부드럽게 연결하여 이음새 없이 점차 한숨에 합쳐보세요.
3. 어떤 소리가 완성되는지 말해보세요.

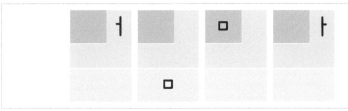

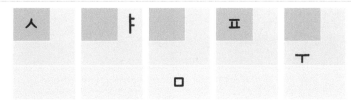

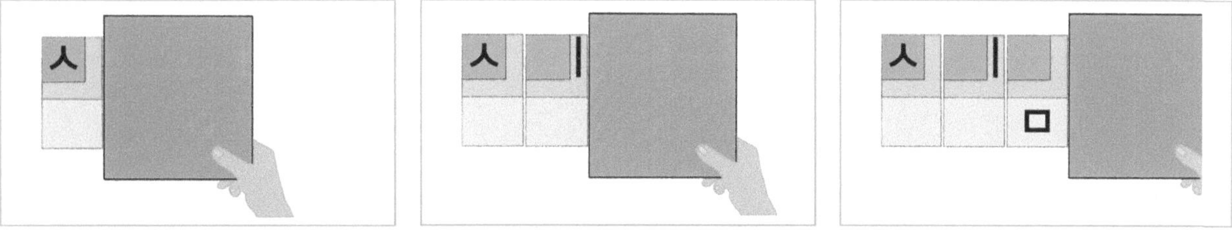

왼쪽부터 차례대로 소리를 합쳐보세요.	반응
ㅓ ㅁ ㅁ ㅏ	
ㅊ ㅣ ㅁ ㄷ ㅐ	
ㄱ ㅏ ㅁ ㅈ ㅏ	
ㅊ ㅏ ㅁ ㅅ ㅐ	
ㅅ ㅑ ㅁ ㅍ ㅜ	

11 각각의 소리를 더하여 하나의 소리로 만들어 보세요. 어떤 소리가 완성되나요?

guide!

1. 손으로 소리 상자를 모두 가리고 차례대로 하나씩 보여주세요.
2. 소리를 끊지 않고 부드럽게 연결하여 이음새 없이 점차 한숨에 합쳐보세요.
3. 어떤 소리가 완성되는지 말해보세요.

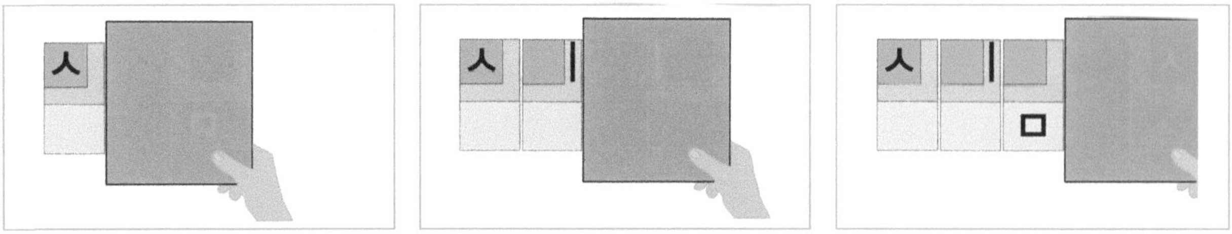

왼쪽부터 차례대로 소리를 합쳐보세요.	반응
ㅣ / ㅁ / ㄱ / ㅡ / ㅁ	
ㅅ / ㅣ / ㅁ / ㅅ / ㅣ / ㅁ	
ㅁ / ㅐ / ㅁ / ㅁ / ㅐ / ㅁ	
ㅈ / ㅓ / ㅁ / ㅈ / ㅓ / ㅁ	
ㅊ / ㅏ / ㅁ / ㄷ / ㅗ / ㅁ	

12 /음/받침은 어디에 있을까요? 들리는 소리에 o 하세요.

guide! 종성의 위치를 파악하며 듣는 연습입니다. 두 낱말 중 무작위로 하나만 선택해 소리를 들려주세요.

1	ㅈ ㅣ | ㄱ ㅡ ㅁ	ㅈ ㅣ ㅁ | ㄱ ㅡ
2	ㅁ ㅏ | ㄱ ㅏ ㅁ	ㅁ ㅏ ㅁ | ㄱ ㅏ
3	ㅈ ㅏ | ㅅ ㅜ ㅁ	ㅈ ㅏ ㅁ | ㅅ ㅜ
4	ㅂ ㅏ | ㅅ ㅐ ㅁ	ㅂ ㅏ ㅁ | ㅅ ㅐ
5	ㅎ ㅏ | ㄲ ㅔ ㅁ	ㅎ ㅏ ㅁ | ㄲ ㅔ
6	ㅅ ㅏ | ㅅ ㅡ ㅁ	ㅅ ㅏ ㅁ | ㅅ ㅡ
7	ㅂ ㅣ | ㄷ ㅡ ㅁ	ㅂ ㅣ ㅁ | ㄷ ㅡ
8	ㄱ ㅏ | ㅅ ㅏ ㅁ	ㄱ ㅏ ㅁ | ㅅ ㅏ
9	ㅅ ㅐ | ㅅ ㅏ ㅁ	ㅅ ㅐ ㅁ | ㅅ ㅏ
10	ㅅ ㅗ | ㅅ ㅣ ㅁ	ㅅ ㅗ ㅁ | ㅅ ㅣ
11	ㅂ ㅜ | ㄷ ㅏ ㅁ	ㅂ ㅜ ㅁ | ㄷ ㅏ
12	ㅇ ㅏ | ㅊ ㅣ ㅁ	ㅇ ㅏ ㅁ | ㅊ ㅣ
13	ㅈ ㅓ | ㄱ ㅡ ㅁ	ㅈ ㅓ ㅁ | ㄱ ㅡ
14	ㄱ ㅡ | ㅁ ㅡ ㅁ	ㄱ ㅡ ㅁ | ㅁ ㅡ

15	ㄷ ㅣ / ㄷ ㅣ ㅁ	ㄷ ㅣ ㅁ / ㄷ ㅣ
16	ㅂ ㅣ / ㅂ ㅣ ㅁ	ㅂ ㅣ ㅁ / ㅂ ㅣ
17	ㄱ ㅏ / ㄱ ㅣ ㅁ	ㄱ ㅏ ㅁ / ㄱ ㅣ
18	ㅅ ㅗ / ㅆ ㅣ ㅁ	ㅅ ㅗ ㅁ / ㅆ ㅣ
19	ㅈ ㅏ / ㅅ ㅣ ㅁ	ㅈ ㅏ ㅁ / ㅅ ㅣ
20	ㄱ ㅏ / ㅈ ㅏ ㅁ	ㄱ ㅏ ㅁ / ㅈ ㅏ
21	ㄱ ㅏ / ㅅ ㅡ ㅁ	ㄱ ㅏ ㅁ / ㅅ ㅡ
22	ㅈ ㅓ / ㅅ ㅜ ㅁ	ㅈ ㅓ ㅁ / ㅅ ㅜ
23	ㅈ ㅜ / ㅊ ㅜ ㅁ	ㅈ ㅜ ㅁ / ㅊ ㅜ
24	ㅈ ㅗ / ㅅ ㅣ ㅁ	ㅈ ㅗ ㅁ / ㅅ ㅣ
25	ㄱ ㅏ / ㄴ ㅡ ㅁ	ㄱ ㅏ ㅁ / ㄴ ㅡ
26	ㅇ ㅛ / ㅈ ㅡ ㅁ	ㅇ ㅛ ㅁ / ㅈ ㅡ
27	ㅎ ㅏ / ㅍ ㅜ ㅁ	ㅎ ㅏ ㅁ / ㅍ ㅜ
28	ㅍ ㅜ / ㅈ ㅣ ㅁ	ㅍ ㅜ ㅁ / ㅈ ㅣ

13 그림을 보고 빈 칸에 받침/음/을 써보세요. 낱말을 모른다면, 목표 낱말을 들려주세요.

guide!

1. 쓰기 어려워할 시엔, 소리와 소리 사이를 연장해서 들려주세요.(예, /하푸~~ㅁ/)
2. 대표 받침 소리로 쓰도록 알려주세요. 그리고 맞춤법에 맞는 받침도 알려주세요.

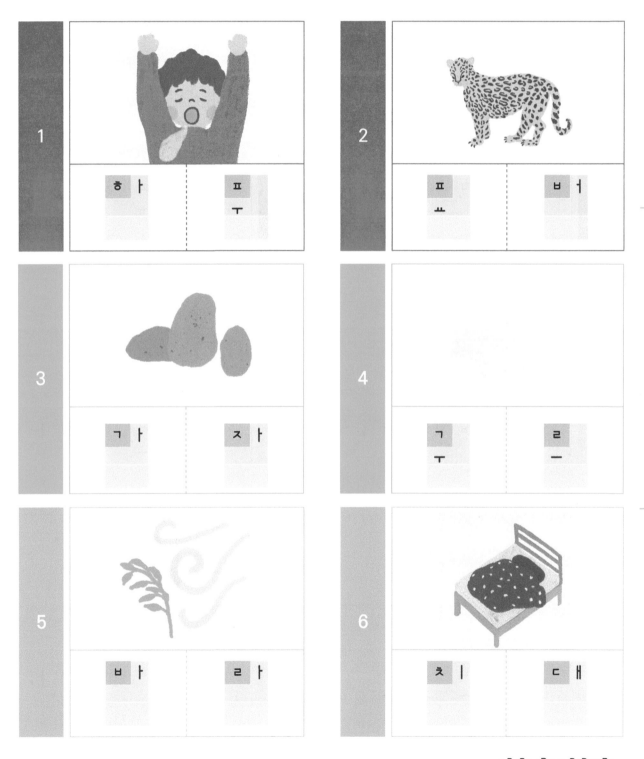

1

ㅎ ㅏ	ㅍ ㅜ

2

ㅍ ㅛ	ㅂ ㅓ

3

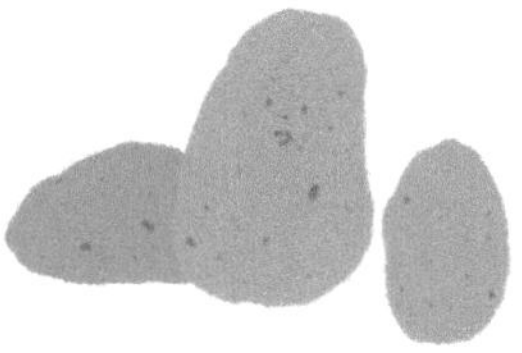

ㄱ ㅏ	ㅈ ㅏ

4

ㄱ ㅜ	ㄹ ㅡ

5

ㅂ ㅏ	ㄹ ㅏ

6

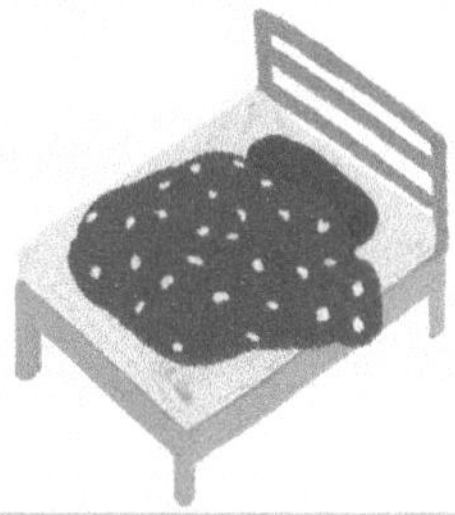

ㅊ ㅣ	ㄷ ㅐ

정답

하품, 표범, 감자, 구름, 바람, 침대

14 그림을 보고 빈 칸에 받침/음/을 써보세요. 낱말을 모른다면, 목표 낱말을 들려주세요.

guide!

1. 쓰기 어려워할 시엔, 소리와 소리 사이를 연장해서 들려주세요.(예, /하푸~~ㅁ/)
2. 대표 받침 소리로 쓰도록 알려주세요. 그리고 맞춤법에 맞는 받침도 알려주세요.

1

ㄷ ㅗ	ㅁ ㅏ	ㅂ ㅐ

2

ㅋ ㅓ	ㅍ ㅠ	ㅌ ㅓ

3

ㅎ ㅐ	ㅂ ㅓ	ㄱ ㅓ

4

ㅅ ㅣ	ㄱ ㅡ	ㅊ ㅣ

5

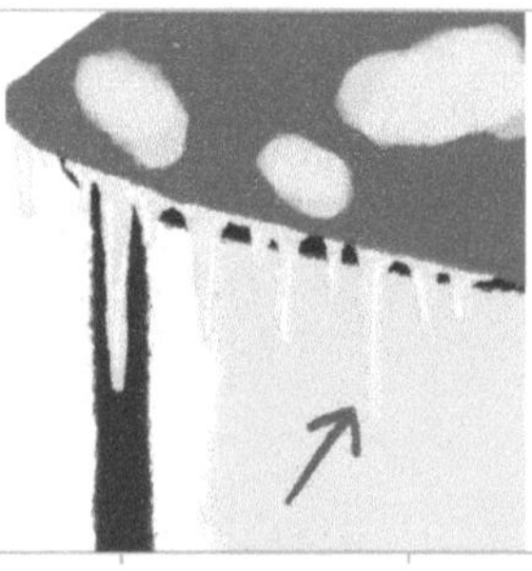

ㄱ ㅗ	ㄷ ㅡ	ㄹ ㅡ

6

ㄷ ㅏ	ㄹ ㅏ	ㅈ ㅜ

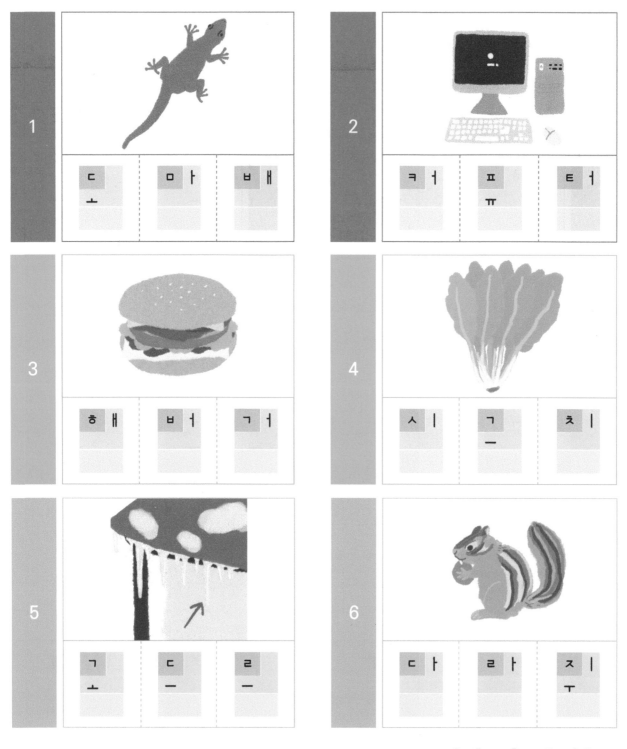

정답 도마뱀, 컴퓨터, 햄버거, 시금치, 고드름, 다람쥐

15 그림을 보고 빈 칸에 받침/음/을 써보세요. 낱말을 모른다면, 목표 낱말을 들려주세요.

guide!

1. 쓰기 어려워할 시엔, 소리와 소리 사이를 연장해서 들려주세요.(예, /하푸~~ㅁ/)
2. 대표 받침 소리로 쓰도록 알려주세요. 그리고 맞춤법에 맞는 받침도 알려주세요.

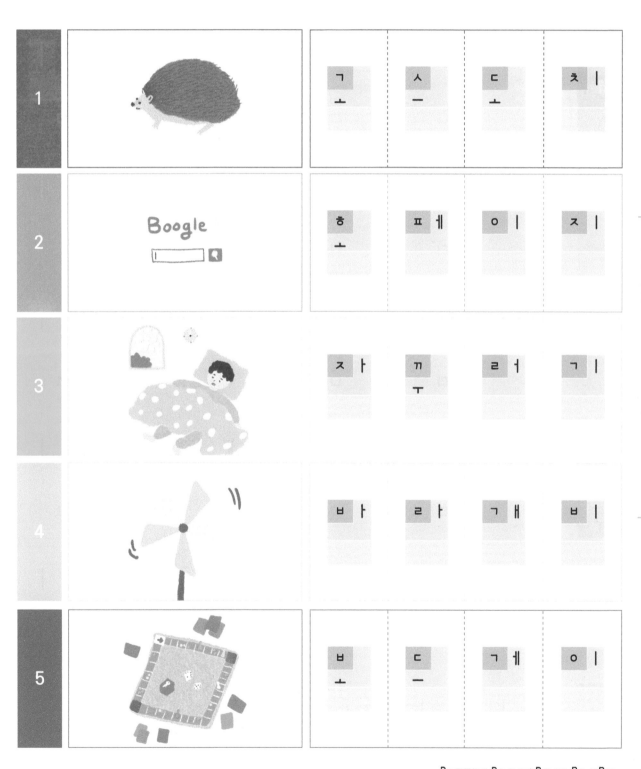

1		ㄱ ㅗ	ㅅ ㅡ	ㄷ ㅗ	ㅊ ㅣ
2		ㅎ ㅗ	ㅍ ㅔ	ㅇ ㅣ	ㅈ ㅣ
3		ㅈ ㅏ	ㄲ ㅜ	ㄹ ㅓ	ㄱ ㅣ
4		ㅂ ㅏ	ㄹ ㅏ	ㄱ ㅐ	ㅂ ㅣ
5	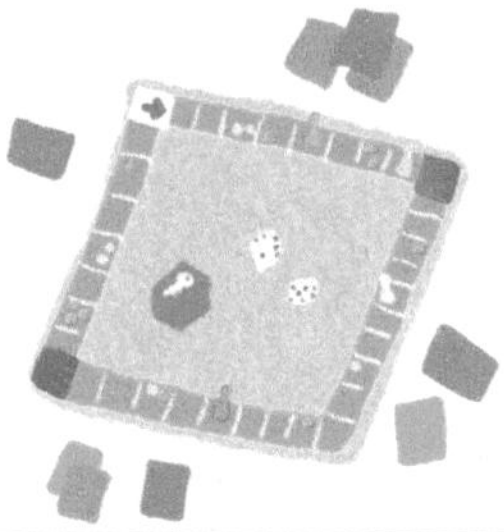	ㅂ ㅗ	ㄷ ㅡ	ㄱ ㅔ	ㅇ ㅣ

정답
고슴도치, 홈페이지, 잠꾸러기, 바람개비, 보드게임

16 받침/음/이 포함된 낱말을 읽어요. 왼쪽부터 오른쪽 순서대로 읽어보세요.

1	ㄷ ㅣ / ㄷ ㅣ ㅁ	ㄷ ㅣ ㅁ / ㄷ ㅣ	ㄷ ㅣ ㅁ / ㄷ ㅣ ㅁ
2	ㅂ ㅣ / ㅂ ㅣ ㅁ	ㅂ ㅣ ㅁ / ㅂ ㅣ	ㅂ ㅣ ㅁ / ㅂ ㅣ ㅁ
3	ㄱ ㅏ / ㄱ ㅣ ㅁ	ㄱ ㅏ ㅁ / ㄱ ㅣ	ㄱ ㅏ ㅁ / ㄱ ㅣ ㅁ
4	ㄱ ㅏ / ㅅ ㅣ ㅁ	ㄱ ㅏ ㅁ / ㅅ ㅣ	ㄱ ㅏ ㅁ / ㅅ ㅣ ㅁ
5	ㅅ ㅗ / ㅆ ㅣ ㅁ	ㅅ ㅗ ㅁ / ㅆ ㅣ	ㅅ ㅗ ㅁ / ㅆ ㅣ ㅁ
6	ㅈ ㅏ / ㅅ ㅣ ㅁ	ㅈ ㅏ ㅁ / ㅅ ㅣ	ㅈ ㅏ ㅁ / ㅅ ㅣ ㅁ

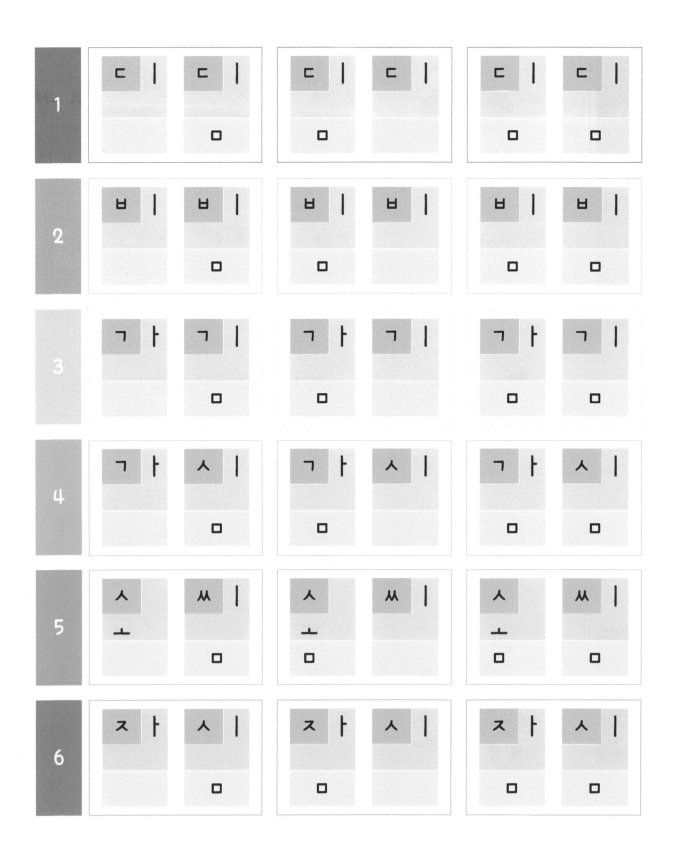

7	ㄱ ㅏ / ㅈ ㅏ ㅁ	ㄱ ㅏ ㅁ / ㅈ ㅏ	ㄱ ㅏ ㅁ / ㅈ ㅏ ㅁ
8	ㅈ ㅓ / ㅅ ㅜ ㅁ	ㅈ ㅓ ㅁ / ㅅ ㅜ	ㅈ ㅓ ㅁ / ㅅ ㅜ ㅁ
9	ㅇ ㅛ / ㅈ ㅡ ㅁ	ㅇ ㅛ ㅁ / ㅈ ㅡ	ㅇ ㅛ ㅁ / ㅈ ㅡ ㅁ
10	ㅎ ㅏ / ㅍ ㅜ ㅁ	ㅎ ㅏ ㅁ / ㅍ ㅜ	ㅎ ㅏ ㅁ / ㅍ ㅜ ㅁ
11	ㅈ ㅗ / ㅅ ㅣ ㅁ	ㅈ ㅗ ㅁ / ㅅ ㅣ	ㅈ ㅗ ㅁ / ㅅ ㅣ ㅁ
12	ㄱ ㅏ / ㅅ ㅡ ㅁ	ㄱ ㅏ ㅁ / ㅅ ㅡ	ㄱ ㅏ ㅁ / ㅅ ㅡ ㅁ

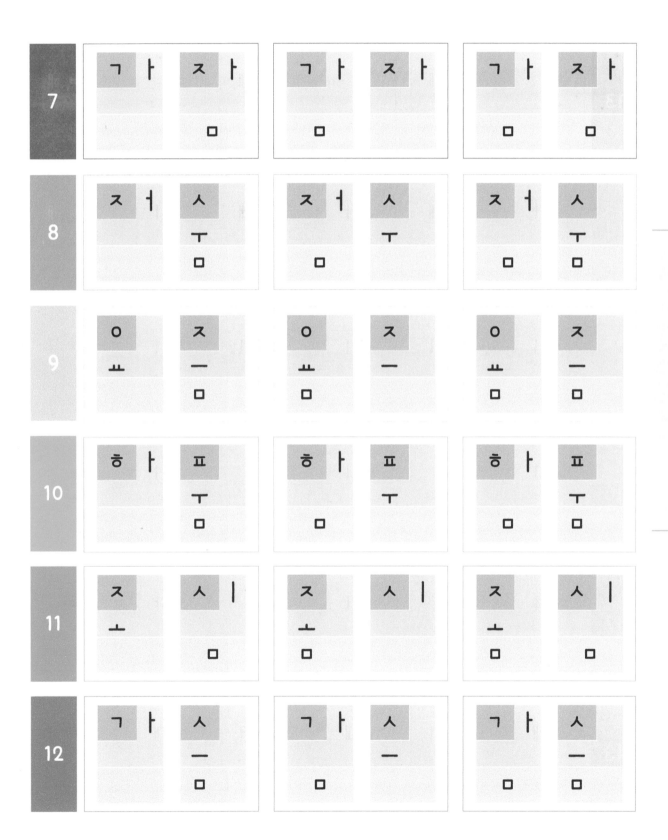

13	ㄷ ㅗ / ㅁ ㅏ / ㅂ ㅐ ㅁ	ㄷ ㅗ / ㅁ ㅏ ㅁ / ㅂ ㅐ	ㄷ ㅗ ㅁ / ㅁ ㅏ / ㅂ ㅐ
14	ㅁ ㅏ / ㅊ ㅣ / ㄴ ㅐ ㅁ	ㅁ ㅏ / ㅊ ㅣ ㅁ / ㄴ ㅐ	ㅁ ㅏ ㅁ / ㅊ ㅣ / ㄴ ㅐ
15	ㅅ ㅣ / ㄱ ㅡ / ㅊ ㅣ ㅁ	ㅅ ㅣ / ㄱ ㅡ ㅁ / ㅊ ㅣ	ㅅ ㅣ ㅁ / ㄱ ㅡ / ㅊ ㅣ
16	ㅈ ㅣ / ㅈ ㅓ / ㅌ ㅗ ㅁ	ㅈ ㅣ / ㅈ ㅓ ㅁ / ㅌ ㅗ	ㅈ ㅣ ㅁ / ㅈ ㅓ / ㅌ ㅗ
17	ㄱ ㅏ / ㄴ ㅏ / ㅁ ㅜ ㅁ	ㄱ ㅏ / ㄴ ㅏ ㅁ / ㅁ ㅜ	ㄱ ㅏ ㅁ / ㄴ ㅏ / ㅁ ㅜ
18	ㅎ ㅐ / ㅂ ㅓ / ㄱ ㅓ ㅁ	ㅎ ㅐ / ㅂ ㅓ ㅁ / ㄱ ㅓ	ㅎ ㅐ ㅁ / ㅂ ㅓ / ㄱ ㅓ

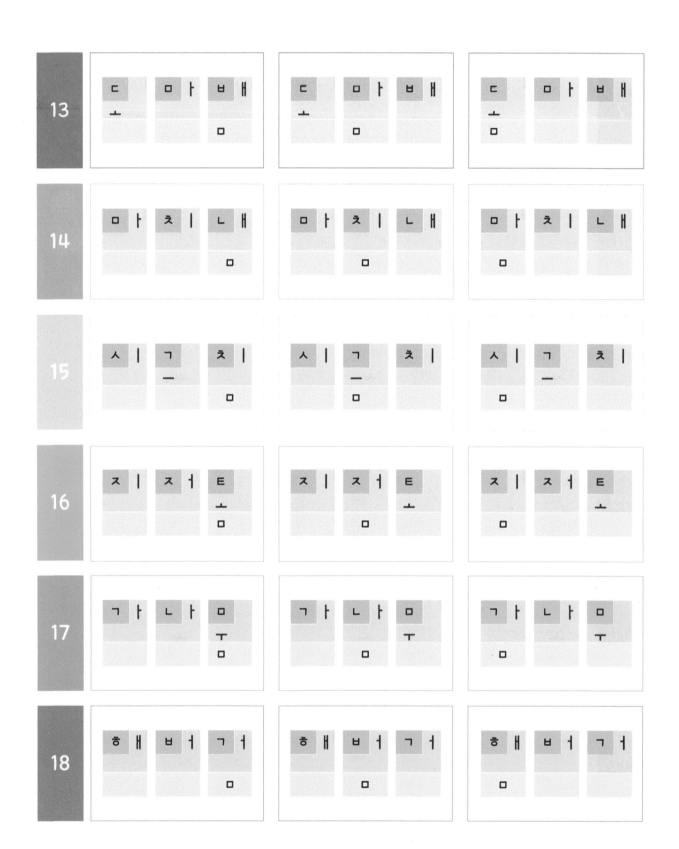

19	ㅈ ㅏ | ㄱ ㅡ | ㄷ ㅏ ㅁ	ㅈ ㅏ | ㄱ ㅡ ㅁ | ㄷ ㅏ	ㅈ ㅏ ㅁ | ㄱ ㅡ | ㄷ ㅏ
20	ㄱ ㅏ | ㅊ ㅜ | ㄷ ㅏ ㅁ	ㄱ ㅏ | ㅊ ㅜ ㅁ | ㄷ ㅏ	ㄱ ㅏ ㅁ | ㅊ ㅜ | ㄷ ㅏ
21	ㄱ ㅏ | ㅅ ㅏ | ㅎ ㅣ ㅁ	ㄱ ㅏ | ㅅ ㅏ ㅁ | ㅎ ㅣ	ㄱ ㅏ ㅁ | ㅅ ㅏ | ㅎ ㅣ
22	ㅋ ㅗ | ㄱ ㅏ | ㄱ ㅣ ㅁ	ㅋ ㅗ | ㄱ ㅏ ㅁ | ㄱ ㅣ	ㅋ ㅗ ㅁ | ㄱ ㅏ | ㄱ ㅣ
23	ㅇ ㅏ | ㅈ ㅜ | ㅁ ㅏ ㅁ	ㅇ ㅏ | ㅈ ㅜ ㅁ | ㅁ ㅏ	ㅇ ㅏ ㅁ | ㅈ ㅜ | ㅁ ㅏ
24	ㅈ ㅏ | ㅈ ㅏ | ㄷ ㅏ ㅁ	ㅈ ㅏ | ㅈ ㅏ ㅁ | ㄷ ㅏ	ㅈ ㅏ ㅁ | ㅈ ㅏ | ㄷ ㅏ

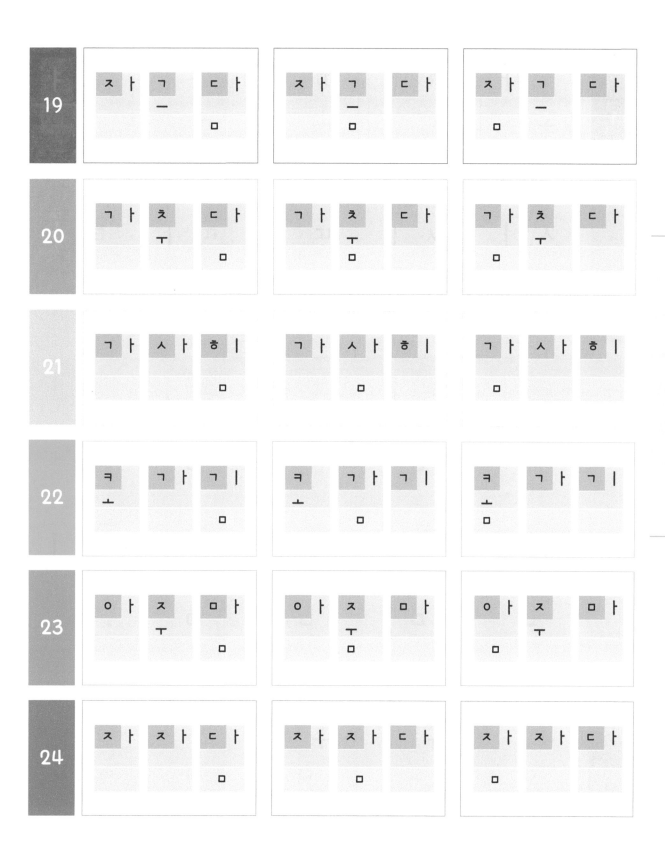

17 하나씩 달라지는 소리를 확인하며 읽어보세요.

guide! 어려운 모음이 포함되어 있어요. 초성, 모음, 종성 순으로 합성하여 읽게 해주세요.

1	ㄱ ㅏ ㅗ ㅁ	ㅋ ㅏ ㅗ ㅁ	ㄲ ㅏ ㅗ ㅁ	ㄲ ㅣ ㅜ ㅁ	ㄲ ㅕ ㅁ
2	ㅅ ㅣ ㅜ ㅁ	ㅆ ㅣ ㅜ ㅁ	ㄸ ㅣ ㅜ ㅁ	ㄸ ㅏ ㅗ ㅁ	ㅌ ㅏ ㅗ ㅁ
3	ㄹ ㅣ ㅜ ㅁ	ㄹ ㅏ ㅗ ㅁ	ㄹ ㅓ ㅜ ㅁ	ㅍ ㅓ ㅜ ㅁ	ㅍ ㅕ ㅁ
4	ㅊ ㅣ ㅗ ㅁ	ㅊ ㅣ ㅜ ㅁ	ㅌ ㅣ ㅜ ㅁ	ㅋ ㅣ ㅜ ㅁ	ㅋ ㅓ ㅜ ㅁ
5	ㅈ ㅣ ㅜ ㅁ	ㅈ ㅔ ㅜ ㅁ	ㅂ ㅔ ㅜ ㅁ	ㅂ ㅖ ㅁ	ㅂ ㅠ ㅁ

2. ㄴ 받침

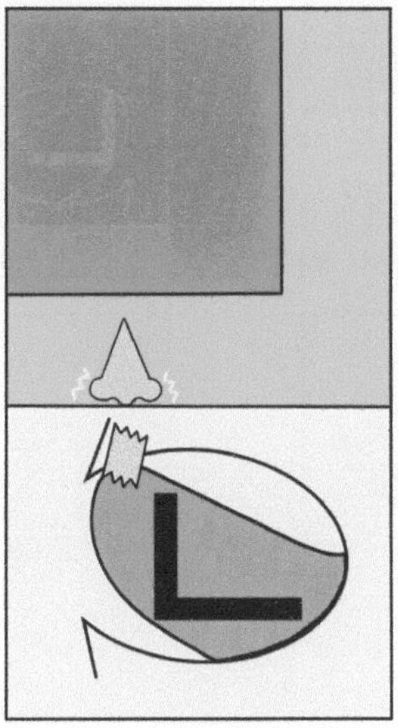

소리 내기

받침 ‘ㄴ’ 소리를 내볼까요? ‘으-’소리를 내면서 준비를 하다가 혀끝과 윗니 뒷부분을 딱 붙이고 코를 울리며 소리를 내요. /으--ㄴ//으-ㄴ//은/ 점차 ‘으’소리는 줄여보세요.

초성과의 차이

초성 ‘ㄴ’는 혀끝과 윗니 뒷부분을 딱 붙이고 코를 울리다가 혀를 떼면서 소리를 내요.

초성 자음과 종성 자음의 차이를 느끼면서 소리 내보세요.

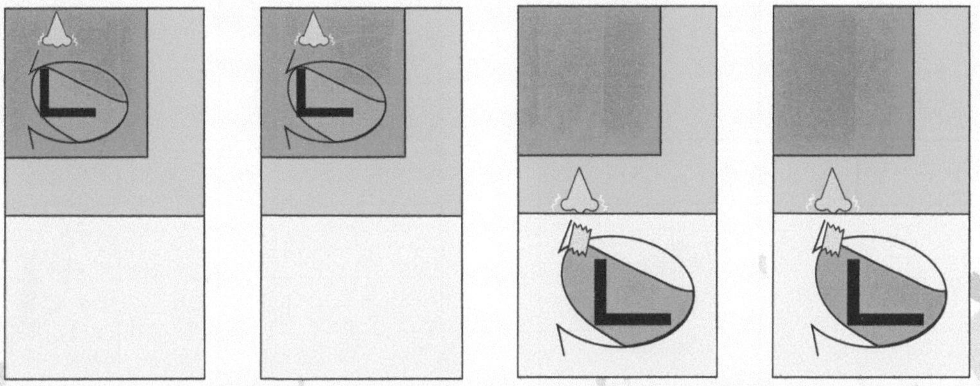

01 손으로 짚으면서 순서대로 읽어보세요.

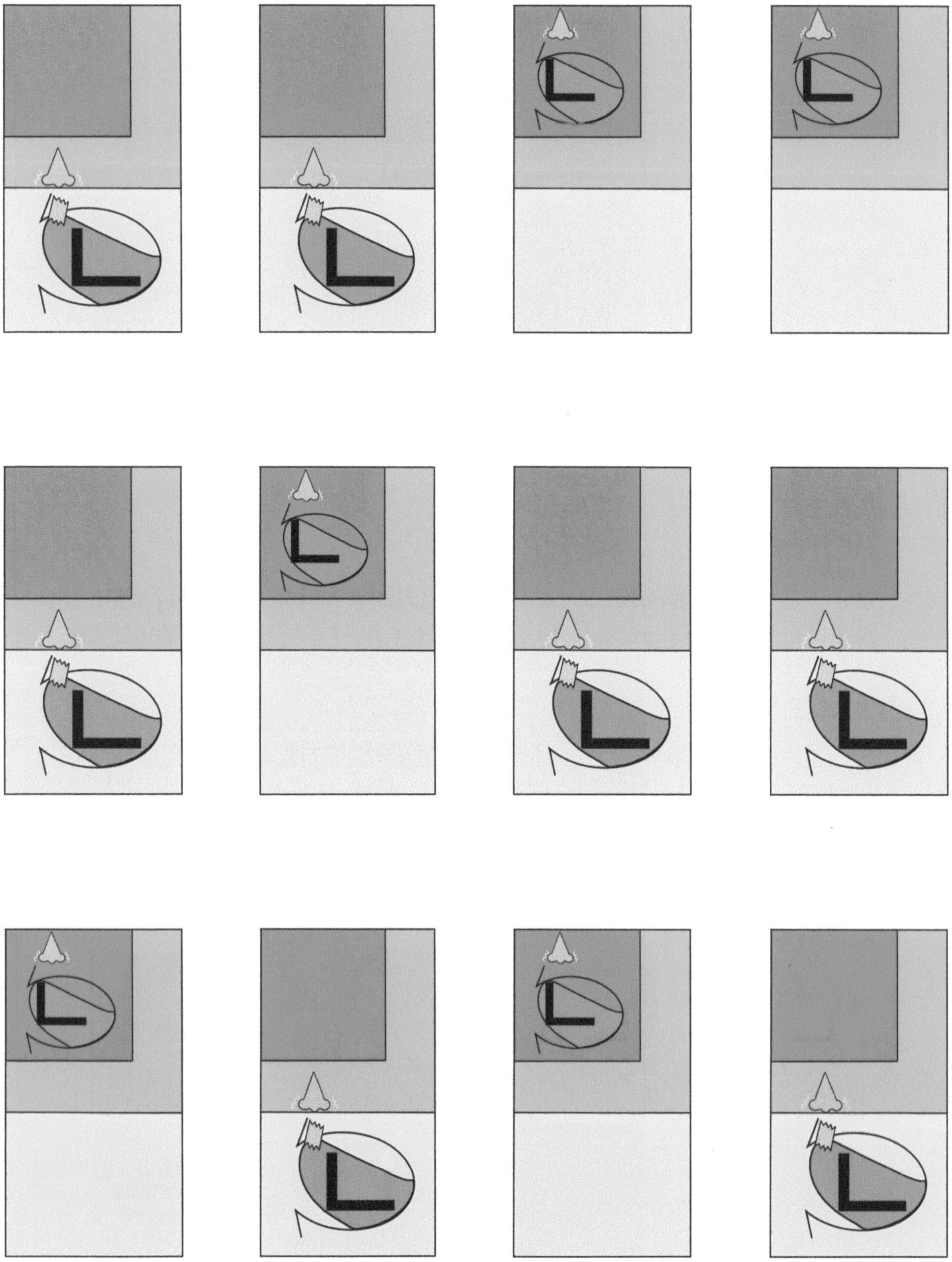

02 손으로 짚으면서 순서대로 읽어보세요.

ㄴ	ㄴ	ㄴ	ㄴ
ㄴ	ㄴ	ㄴ	ㄴ
ㄴ	ㄴ	ㄴ	ㄴ

03 들리는 소리에 동그라미 하세요.

guide!

1. 받침이 있는 음절과, 없는 음절을 무작위로 불러주세요.
2. 받침이 있는 음절을 불러줄 때는 받침의 소리가 더 잘 들릴 수 있도록 연장하거나 강조해서 불러주셔도 됩니다.

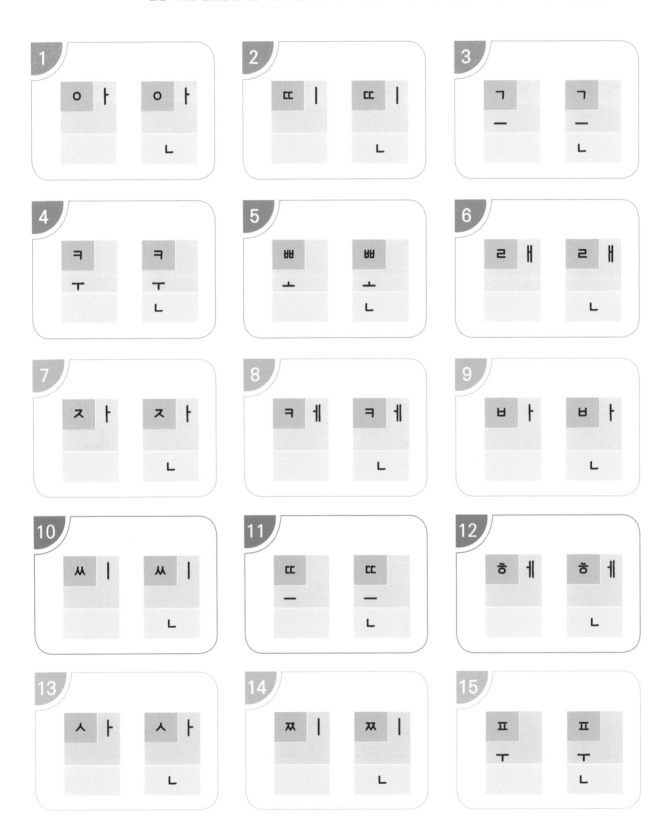

1. ㅇ ㅏ / ㅇ ㅏ ㄴ
2. ㄸ ㅣ / ㄸ ㅣ ㄴ
3. ㄱ ㅡ / ㄱ ㅡ ㄴ
4. ㅋ ㅜ / ㅋ ㅜ ㄴ
5. ㅃ ㅗ / ㅃ ㅗ ㄴ
6. ㄹ ㅐ / ㄹ ㅐ ㄴ
7. ㅈ ㅏ / ㅈ ㅏ ㄴ
8. ㅋ ㅔ / ㅋ ㅔ ㄴ
9. ㅂ ㅏ / ㅂ ㅏ ㄴ
10. ㅆ ㅣ / ㅆ ㅣ ㄴ
11. ㄸ ㅡ / ㄸ ㅡ ㄴ
12. ㅎ ㅔ / ㅎ ㅔ ㄴ
13. ㅅ ㅏ / ㅅ ㅏ ㄴ
14. ㅉ ㅣ / ㅉ ㅣ ㄴ
15. ㅍ ㅜ / ㅍ ㅜ ㄴ

04 들리는 소리에 동그라미 하세요.

guide!

1. 받침이 있는 음절과, 없는 음절을 무작위로 불러주세요.
2. 받침이 있는 음절을 불러줄 때는 받침의 소리가 더 잘 들릴 수 있도록 연장하거나 강조해서 불러주셔도 됩니다.

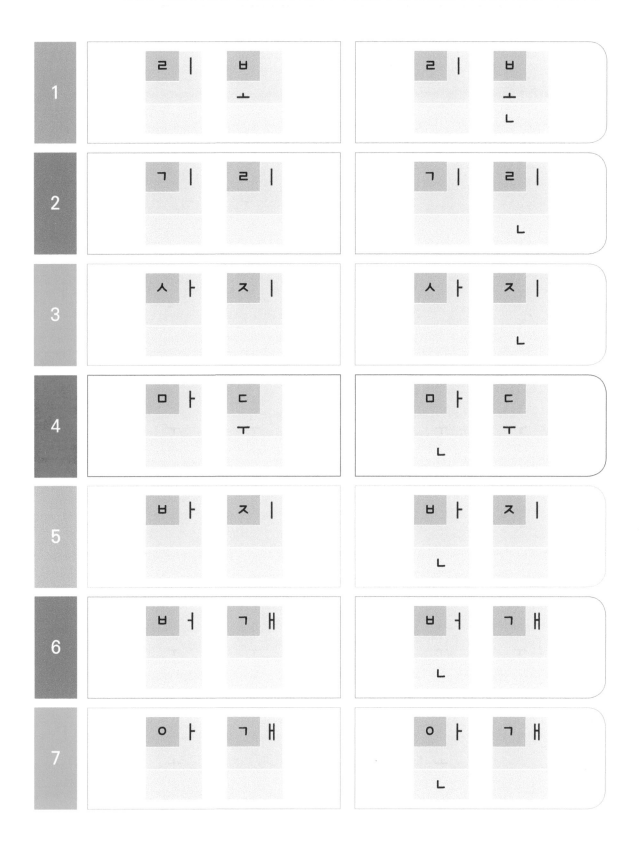

1	ㄹ ㅣ	ㅂ ㅗ	ㄹ ㅣ	ㅂ ㅗ ㄴ
2	ㄱ ㅣ	ㄹ ㅣ	ㄱ ㅣ	ㄹ ㅣ ㄴ
3	ㅅ ㅏ	ㅈ ㅣ	ㅅ ㅏ	ㅈ ㅣ ㄴ
4	ㅁ ㅏ	ㄷ ㅜ	ㅁ ㅏ ㄴ	ㄷ ㅜ
5	ㅂ ㅏ	ㅈ ㅣ	ㅂ ㅏ ㄴ	ㅈ ㅣ
6	ㅂ ㅓ	ㄱ ㅐ	ㅂ ㅓ ㄴ	ㄱ ㅐ
7	ㅇ ㅏ	ㄱ ㅐ	ㅇ ㅏ ㄴ	ㄱ ㅐ

8	ㅂ ㅐ	ㅇ ㅏ	ㅍ ㅡ	ㅂ ㅐ	ㅇ ㅏ	ㅍ ㅡ ㄴ
9	ㄱ ㅣ	ㄷ ㅏ	ㄹ ㅣ	ㄱ ㅣ	ㄷ ㅏ	ㄹ ㅣ ㄴ
10	ㅈ ㅏ	ㅈ ㅓ	ㄱ ㅓ	ㅈ ㅏ	ㅈ ㅓ ㄴ	ㄱ ㅓ
11	ㄲ ㅜ	ㅈ ㅜ	ㅎ ㅣ	ㄲ ㅜ	ㅈ ㅜ ㄴ	ㅎ ㅣ
12	ㅍ ㅕ	ㅈ ㅣ	ㅈ ㅣ	ㅍ ㅕ ㄴ	ㅈ ㅣ	ㅈ ㅣ
13	ㅅ ㅜ	ㄷ ㅜ	ㅂ ㅜ	ㅅ ㅜ ㄴ	ㄷ ㅜ	ㅂ ㅜ
14	ㄱ ㅏ	ㅎ ㅗ	ㅅ ㅏ	ㄱ ㅏ ㄴ	ㅎ ㅗ	ㅅ ㅏ

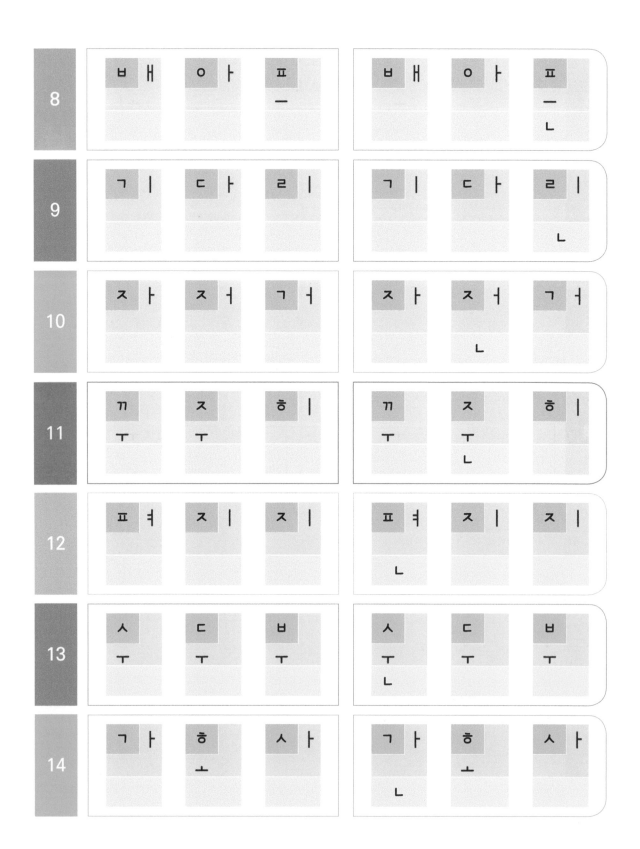

05 그림을 보고 받침/은/ 소리가 들리는지 찾아보세요. 들리면 O, 안 들리면 X 하세요.

guide!

1. 그림을 보고 아동이 목표 낱말을 말하지 못할 때에는 목표 낱말을 들려주세요.
2. 소리를 들려줄 때에는 받침 소리를 강조해서 들려주세요.

O X

O X

O X

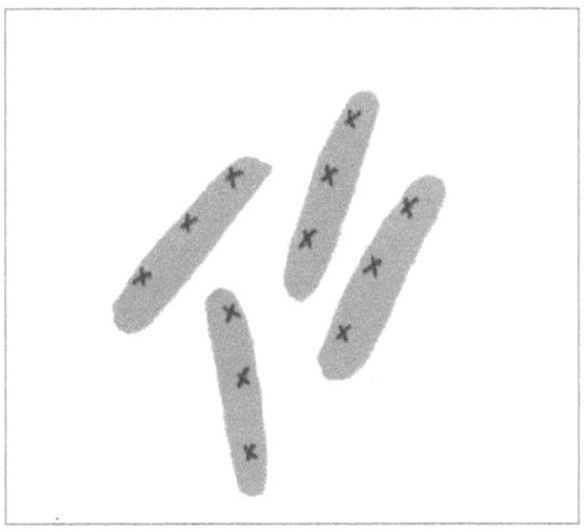

O X

O X

O X

O X

O X

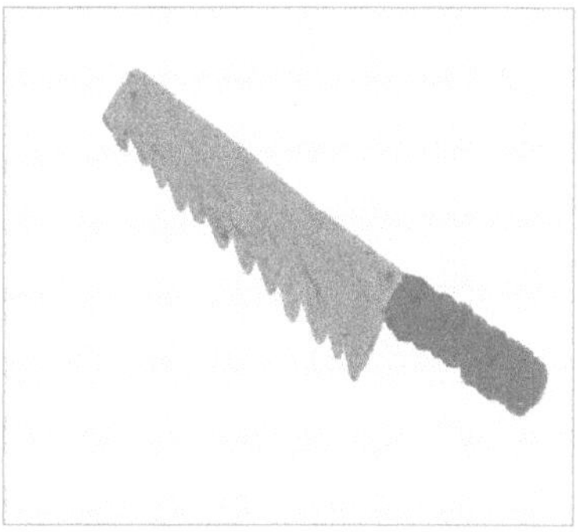

O X

정답

1. O손. 2. X형. 3. X솓(솥). 4. X윧(윷). 5. O끈. 6. O산. 7. O돈. 8. X뿔. 9. X톱

2. 하나씩 배워요

06 그림을 보고 받침/은/ 소리가 들리는지 찾아보세요. 들리면 O, 안 들리면 X 하세요.

guide!

1. 그림을 보고 아동이 목표 낱말을 말하지 못할 때에는 목표 낱말을 들려주세요.
2. 소리를 들려줄 때에는 받침 소리를 강조해서 들려주세요.

O X

O X

O X

O X

O X

O X

O X

O X

O X

정답

1. O라면, 2. X하품, 3. O반지, 4. X콜라, 5. O번개, 6. X트럭, 7. X마늘, 8. X소풍, 9. O레몬

07 그림을 보고 목표 음소에 맞는 그림 카드 번호를 써보세요.

guide! 1. 아동이 낱말을 모르거나, 목표 낱말을 말하지 못할 때에는 목표 낱말을 들려주세요.

첫 소리 /ㄴ/	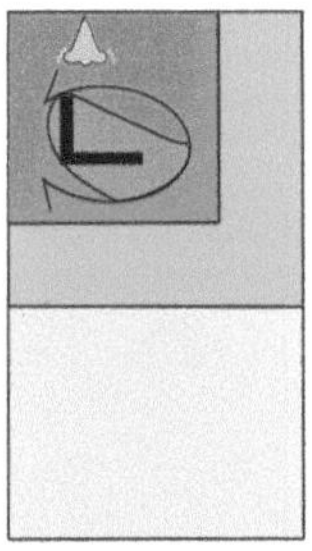	
받침 소리 /은/	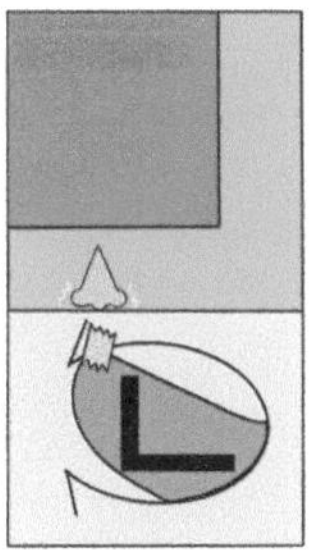	①

1

2

3

4

5

6

7

8

9

10

11

12

정답
첫소리ㄴ 3.낫. 5.곤. 6.넷 7.나. 8.너. 11.나비 / 받침소리ㅁ 1.돈. 2.산. 4.손. 5.곤. 9.문. 10.캔. 12.천

08 각각의 소리를 더하여 하나의 소리로 만들어 보세요. 어떤 소리가 완성되나요?

guide!

1. 손으로 소리 상자를 모두 가리고 차례대로 하나씩 보여주세요.
2. 소리를 끊지 않고 부드럽게 연결하여 이음새 없이 점차 한숨에 합쳐보세요.
3. 어떤 소리가 완성되는지 말해보세요.

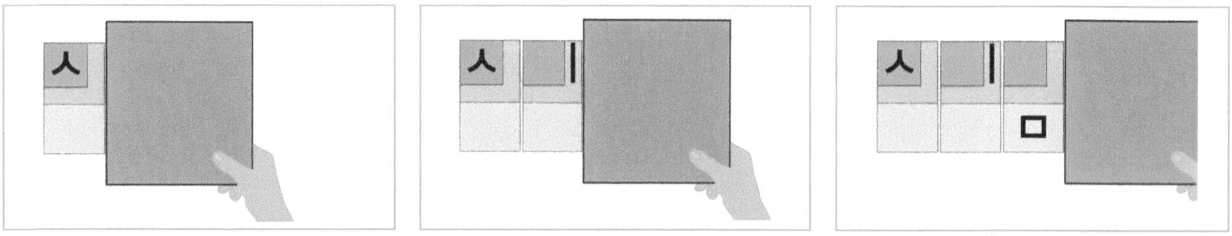

왼쪽부터 차례대로 소리를 합쳐보세요.	반응
ㅣ ㄴ	
ㅁ ㅔ ㄴ	
ㄷ ㅣ ㄴ	
ㅅ ㅡ ㄴ	
ㅂ ㅐ ㄴ	

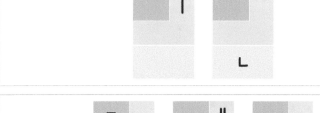

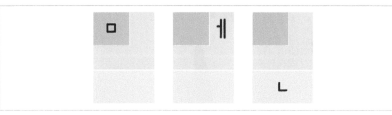

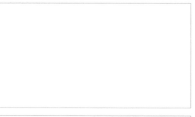

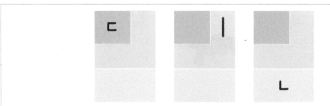

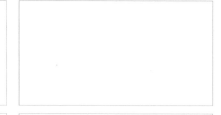

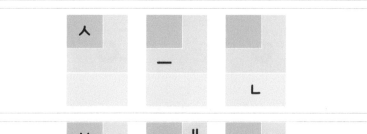

09 각각의 소리를 더하여 하나의 소리로 만들어 보세요. 어떤 소리가 완성되나요?

guide!

1. 손으로 소리 상자를 모두 가리고 차례대로 하나씩 보여주세요.
2. 소리를 끊지 않고 부드럽게 연결하여 이음새 없이 점차 한숨에 합쳐보세요.
3. 어떤 소리가 완성되는지 말해보세요.

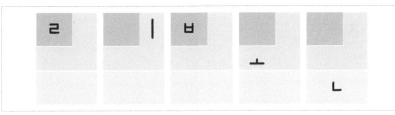

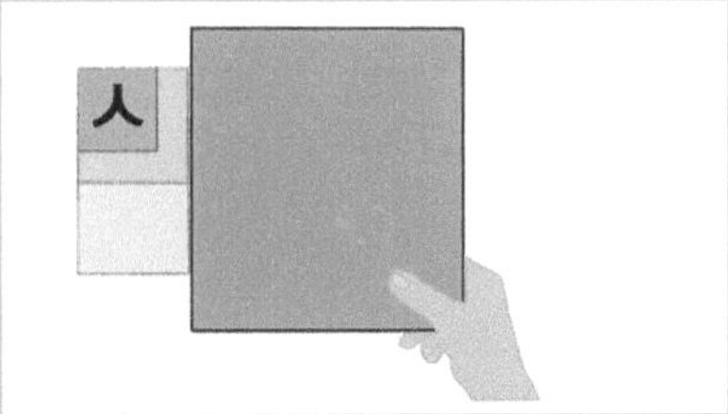

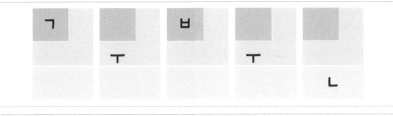

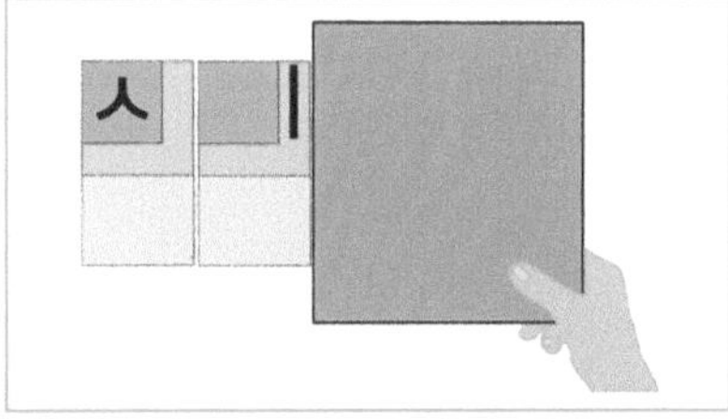

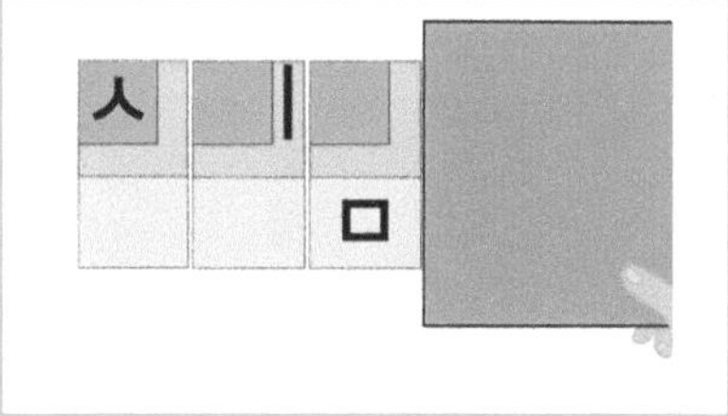

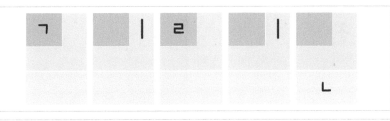

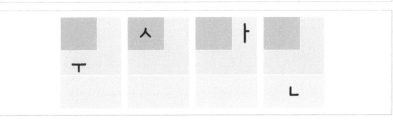

왼쪽부터 차례대로 소리를 합쳐보세요.	반응
ㄹ ㅣ ㅂ ㅗ ㄴ	
ㄱ ㅜ ㅂ ㅜ ㄴ	
ㅅ ㅣ ㄱ ㅏ ㄴ	
ㄱ ㅣ ㄹ ㅣ ㄴ	
ㅜ ㅅ ㅏ ㄴ	

10 각각의 소리를 더하여 하나의 소리로 만들어 보세요. 어떤 소리가 완성되나요?

guide!

1. 손으로 소리 상자를 모두 가리고 차례대로 하나씩 보여주세요.
2. 소리를 끊지 않고 부드럽게 연결하여 이음새 없이 점차 한숨에 합쳐보세요.
3. 어떤 소리가 완성되는지 말해보세요.

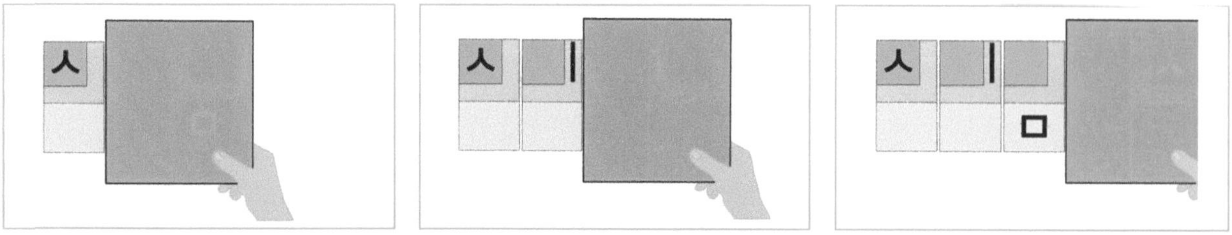

왼쪽부터 차례대로 소리를 합쳐보세요.					반응
ㅂ	ㅏ	ㄴ	ㅈ	ㅣ	
ㅅ	ㅓ	ㄴ	ㅅ	ㅜ	
ㅣ	ㄴ	ㅅ	ㅏ		
ㅈ	ㅓ	ㄴ	ㅊ	ㅔ	
ㅕ	ㄴ	ㄱ	ㅣ		

11 각각의 소리를 더하여 하나의 소리로 만들어 보세요. 어떤 소리가 완성되나요?

guide!

1. 손으로 소리 상자를 모두 가리고 차례대로 하나씩 보여주세요.
2. 소리를 끊지 않고 부드럽게 연결하여 이음새 없이 점차 한숨에 합쳐보세요.
3. 어떤 소리가 완성되는지 말해보세요.

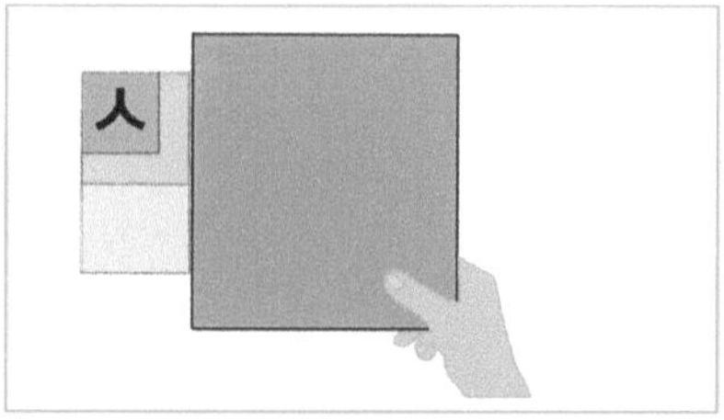

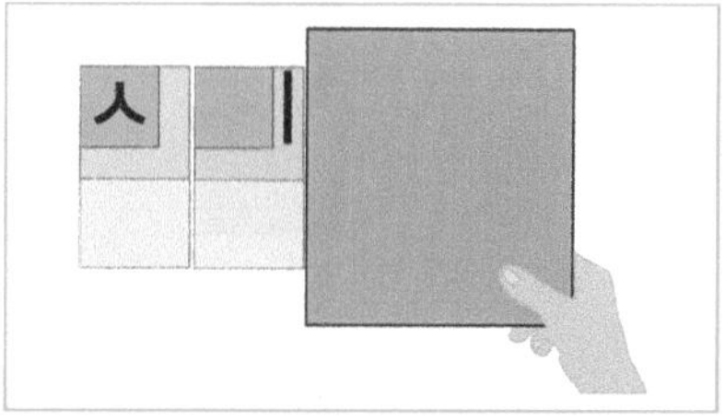

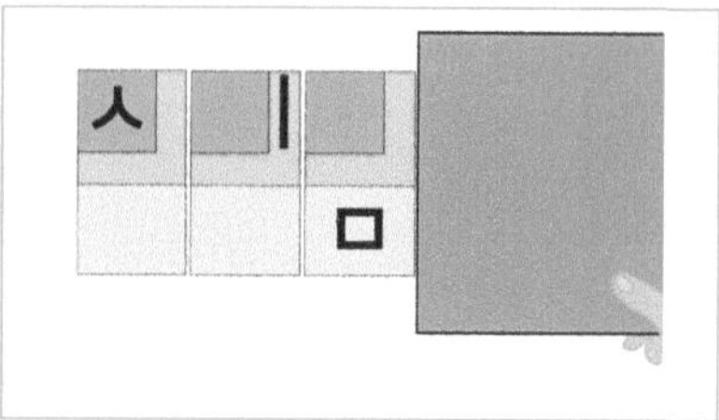

왼쪽부터 차례대로 소리를 합쳐보세요.	반응
ㅅ ㅣ ㄴ ㅁ ㅜ ㄴ	
ㅏ ㄴ ㅈ ㅓ ㄴ	
ㅈ ㅓ ㄴ ㅈ ㅣ ㄴ	
ㅅ ㅓ ㄴ ㅂ ㅏ ㄴ	
ㅜ ㄴ ㅈ ㅓ ㄴ	

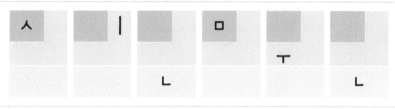

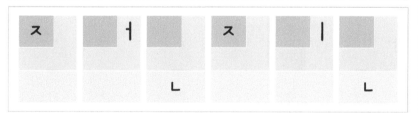

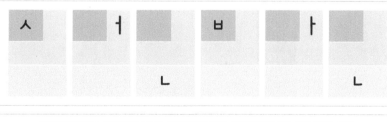

12 /은/받침은 어디에 있을까요?

guide! 종성의 위치를 파악하며 듣는 연습입니다. 두 낱말 중 무작위로 하나만 선택해 소리를 들려주세요.

1	ㅊㅣ / ㄱㅜㄴ	ㅊㅣㄴ / ㄱㅜ
2	ㅅㅣ / ㄱㅏㄴ	ㅅㅣㄴ / ㄱㅏ
3	ㅍㅕ / ㅈㅣㄴ	ㅍㅕㄴ / ㅈㅣ
4	ㅅㅜ / ㄷㅏㄴ	ㅅㅜㄴ / ㄷㅏ
5	ㅎㅗㅏ / ㅂㅜㄴ	ㅎㅗㅏㄴ / ㅂㅜ
6	ㅈㅜ / ㅂㅕㄴ	ㅈㅜㄴ / ㅂㅕ
7	ㅈㅓ / ㅎㅗㅏㄴ	ㅈㅓㄴ / ㅎㅗㅏ
8	ㄱㅜ / ㅂㅜㄴ	ㄱㅜㄴ / ㅂㅜ
9	ㅁㅜ / ㅈㅔㄴ	ㅁㅜㄴ / ㅈㅔ
10	ㅎㅗㅏ / ㅅㅏㄴ	ㅎㅗㅏㄴ / ㅅㅏ
11	ㅂㅕ / ㅎㅗㅏㄴ	ㅂㅕㄴ / ㅎㅗㅏ
12	ㅇㅣ / ㄱㅜㄴ	ㅇㅣㄴ / ㄱㅜ
13	ㄱㅗ / ㅁㅣㄴ	ㄱㅗㄴ / ㅁㅣ
14	ㅈㅓ / ㅊㅔㄴ	ㅈㅓㄴ / ㅊㅔ

15	ㅈ ㅗ / ㅅ ㅓ ㄴ	ㅈ ㅗ ㄴ / ㅅ ㅓ
16	ㅎ ㅗ / ㅈ ㅏ ㄴ	ㅎ ㅗ ㄴ / ㅈ ㅏ
17	ㅍ ㅛ / ㅎ ㅕ ㄴ	ㅍ ㅛ ㄴ / ㅎ ㅕ
18	ㄱ ㅖ / ㅅ ㅏ ㄴ	ㄱ ㅖ ㄴ / ㅅ ㅏ
19	ㅂ ㅜ / ㅂ ㅜ ㄴ	ㅂ ㅜ ㄴ / ㅂ ㅜ
20	ㅁ ㅜ / ㅎ ㅏ ㅗ ㄴ	ㅁ ㅜ ㄴ / ㅎ ㅏ ㅗ
21	ㅇ ㅏ / ㄴ ㅐ ㄴ	ㅇ ㅏ ㄴ / ㄴ ㅐ
22	ㅎ ㅏ ㅗ / ㅈ ㅏ ㄴ	ㅎ ㅏ ㅗ ㄴ / ㅈ ㅏ
23	ㄱ ㅛ / ㅎ ㅜ ㄴ	ㄱ ㅛ ㄴ / ㅎ ㅜ
24	ㅈ ㅓ / ㅈ ㅏ ㄴ	ㅈ ㅓ ㄴ / ㅈ ㅏ
25	ㅅ ㅣ / ㅂ ㅜ ㄴ	ㅅ ㅣ ㄴ / ㅂ ㅜ
26	ㅇ ㅣ / ㅂ ㅓ ㄴ	ㅇ ㅣ ㄴ / ㅂ ㅓ
27	ㅅ ㅗ / ㅈ ㅏ ㄴ	ㅅ ㅗ ㄴ / ㅈ ㅏ
28	ㅇ ㅗ / ㄴ ㅡ ㄴ	ㅇ ㅗ ㄴ / ㄴ ㅡ

13 그림을 보고 빈 칸에 받침 /은/을 써보세요. 낱말을 모른다면, 목표 낱말을 들려주세요.

guide!

1. 쓰기 어려워할 시엔, 소리와 소리 사이를 연장해서 들려주세요.(예, /하푸~~ㅁ/)
2. 대표 받침 소리로 쓰도록 알려주세요. 그리고 맞춤법에 맞는 받침도 알려주세요.

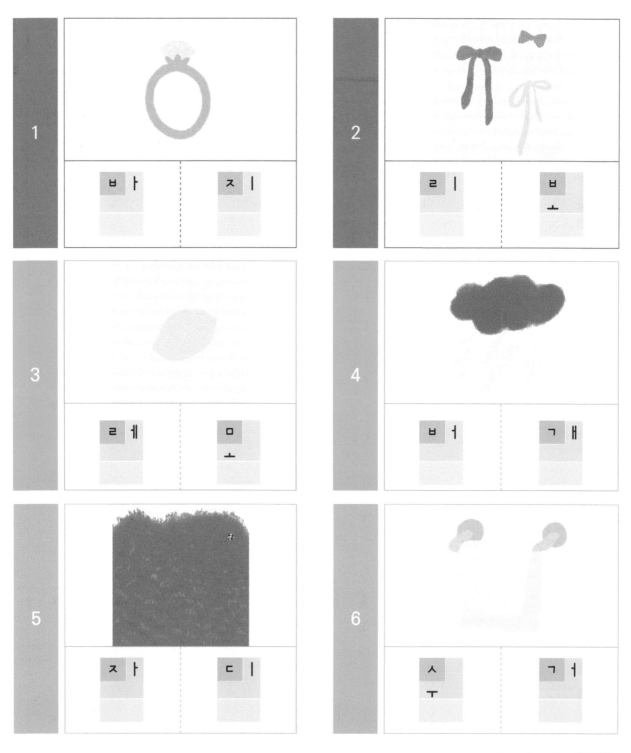

1

ㅂ ㅏ | ㅈ ㅣ

2

ㄹ ㅣ | ㅂ ㅗ

3

ㄹ ㅔ | ㅁ ㅗ

4

ㅂ ㅓ | ㄱ ㅐ

5

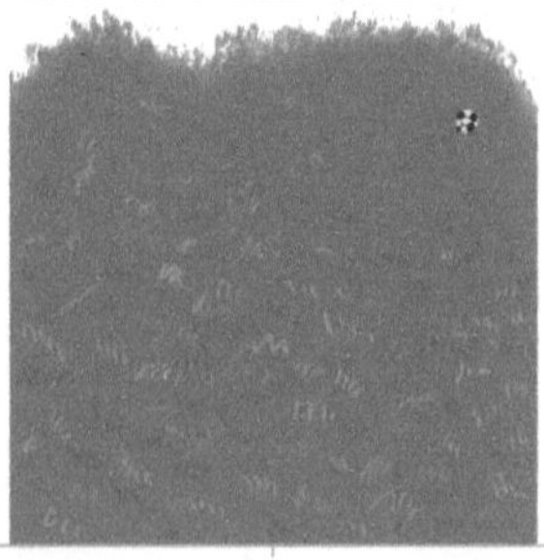

ㅈ ㅏ | ㄷ ㅣ

6

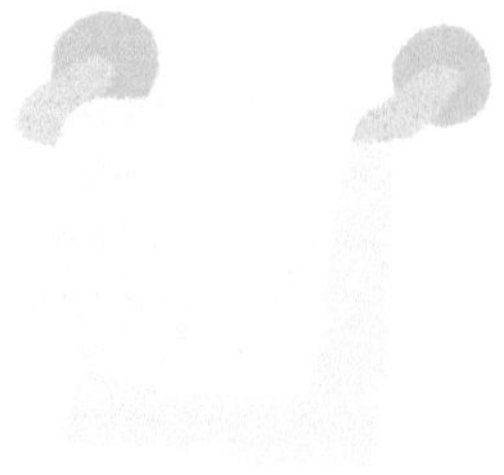

ㅅ ㅜ | ㄱ ㅓ

정답

반지, 리본, 레몬, 번개, 잔디, 수건

14 그림을 보고 빈 칸에 받침 /은/을 써보세요. 낱말을 모른다면, 목표 낱말을 들려주세요.

guide!

1. 쓰기 어려워할 시엔, 소리와 소리 사이를 연장해서 들려주세요.(예, /하푸~~ㅁ/)
2. 대표 받침 소리로 쓰도록 알려주세요. 그리고 맞춤법에 맞는 받침도 알려주세요.

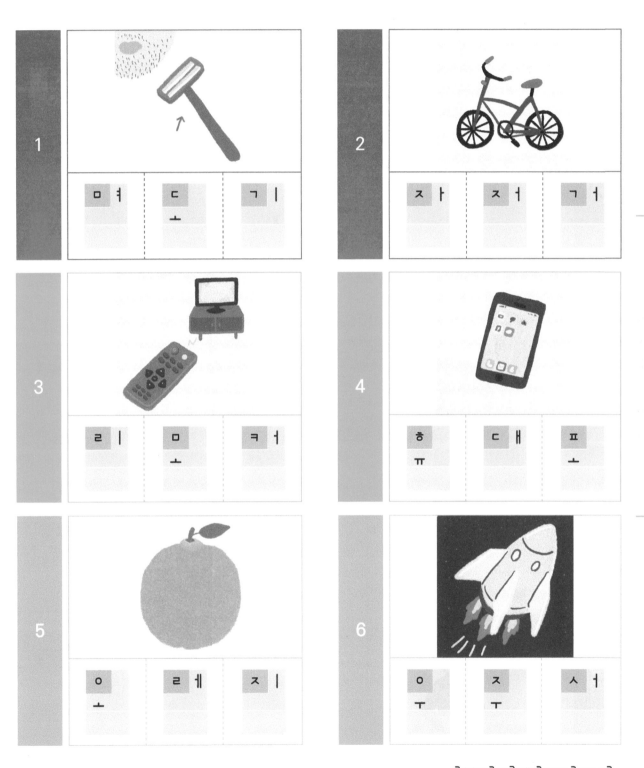

1

ㅁㅕ	ㄷㅗ	ㄱㅣ

2

ㅈㅏ	ㅈㅓ	ㄱㅓ

3

ㄹㅣ	ㅁㅗ	ㅋㅓ

4

ㅎㅠ	ㄷㅐ	ㅍㅗ

5

ㅇㅗ	ㄹㅔ	ㅈㅣ

6

ㅇㅜ	ㅈㅜ	ㅅㅓ

정답 면도기, 자전거, 리모컨, 휴대폰, 오렌지, 우주선

15 그림을 보고 빈 칸에 받침 /은/을 써보세요. 낱말을 모른다면, 목표 낱말을 들려주세요.

guide!

1. 쓰기 어려워할 시엔, 소리와 소리 사이를 연장해서 들려주세요.(예, /하푸~~ㅁ/)
2. 대표 받침 소리로 쓰도록 알려주세요. 그리고 맞춤법에 맞는 받침도 알려주세요.

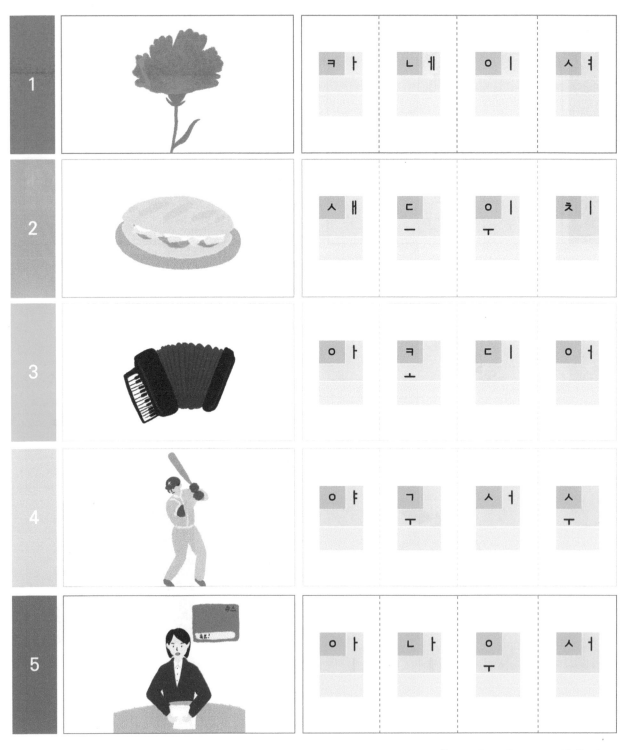

1		ㅋ ㅏ	ㄴ ㅔ	ㅇ ㅣ	ㅅ ㅕ
2		ㅅ ㅐ	ㄷ ㅡ	ㅇ ㅣ ㅜ	ㅊ ㅣ
3		ㅇ ㅏ	ㅋ ㅗ	ㄷ ㅣ	ㅇ ㅓ
4	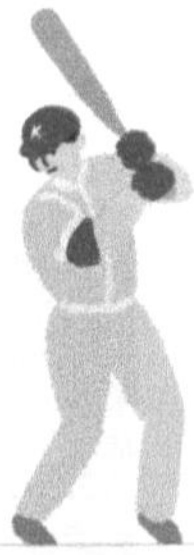	ㅇ ㅑ	ㄱ ㅜ	ㅅ ㅓ	ㅅ ㅜ
5		ㅇ ㅏ	ㄴ ㅏ	ㅇ ㅜ	ㅅ ㅓ

정답 카네이션, 샌드위치, 아코디언, 야구선수, 아나운서

16 받침/은/이 포함된 낱말을 읽어요. 왼쪽부터 오른쪽 순서대로 읽어보세요.

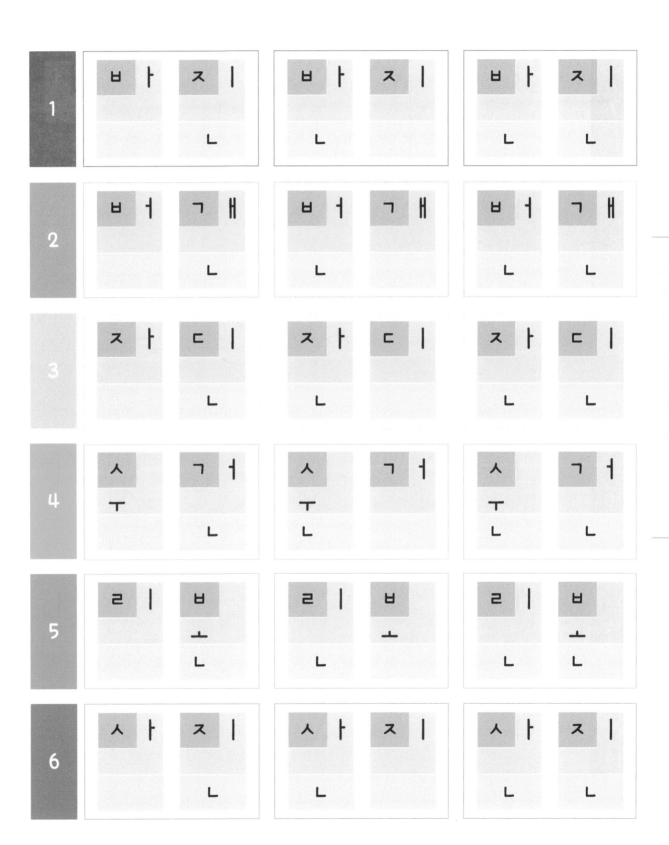

1	ㅂ ㅏ / ㅈ ㅣ ㄴ	ㅂ ㅏ ㄴ / ㅈ ㅣ	ㅂ ㅏ ㄴ / ㅈ ㅣ ㄴ
2	ㅂ ㅓ / ㄱ ㅐ ㄴ	ㅂ ㅓ ㄴ / ㄱ ㅐ	ㅂ ㅓ ㄴ / ㄱ ㅐ ㄴ
3	ㅈ ㅏ / ㄷ ㅣ ㄴ	ㅈ ㅏ ㄴ / ㄷ ㅣ	ㅈ ㅏ ㄴ / ㄷ ㅣ ㄴ
4	ㅅ ㅜ / ㄱ ㅓ ㄴ	ㅅ ㅜ ㄴ / ㄱ ㅓ	ㅅ ㅜ ㄴ / ㄱ ㅓ ㄴ
5	ㄹ ㅣ / ㅂ ㅗ ㄴ	ㄹ ㅣ ㄴ / ㅂ ㅗ	ㄹ ㅣ ㄴ / ㅂ ㅗ ㄴ
6	ㅅ ㅏ / ㅈ ㅣ ㄴ	ㅅ ㅏ ㄴ / ㅈ ㅣ	ㅅ ㅏ ㄴ / ㅈ ㅣ ㄴ

7	ㅅ ㅏ / ㅈ ㅓ ㄴ	ㅅ ㅏ ㄴ / ㅈ ㅓ	ㅅ ㅏ ㄴ / ㅈ ㅓ ㄴ
8	ㅁ ㅏ / ㄷ ㅜ ㄴ	ㅁ ㅏ ㄴ / ㄷ ㅜ	ㅁ ㅏ ㄴ / ㄷ ㅜ ㄴ
9	ㅅ ㅓ / ㅅ ㅜ ㄴ	ㅅ ㅓ ㄴ / ㅅ ㅜ	ㅅ ㅓ ㄴ / ㅅ ㅜ ㄴ
10	ㅈ ㅏ / ㅊ ㅣ ㄴ	ㅈ ㅏ ㄴ / ㅊ ㅣ	ㅈ ㅏ ㄴ / ㅊ ㅣ ㄴ
11	ㅇ ㅣ / ㅅ ㅏ ㄴ	ㅇ ㅣ ㄴ / ㅅ ㅏ	ㅇ ㅣ ㄴ / ㅅ ㅏ ㄴ
12	ㄱ ㅣ / ㅂ ㅜ ㄴ	ㄱ ㅣ ㄴ / ㅂ ㅜ	ㄱ ㅣ ㄴ / ㅂ ㅜ ㄴ

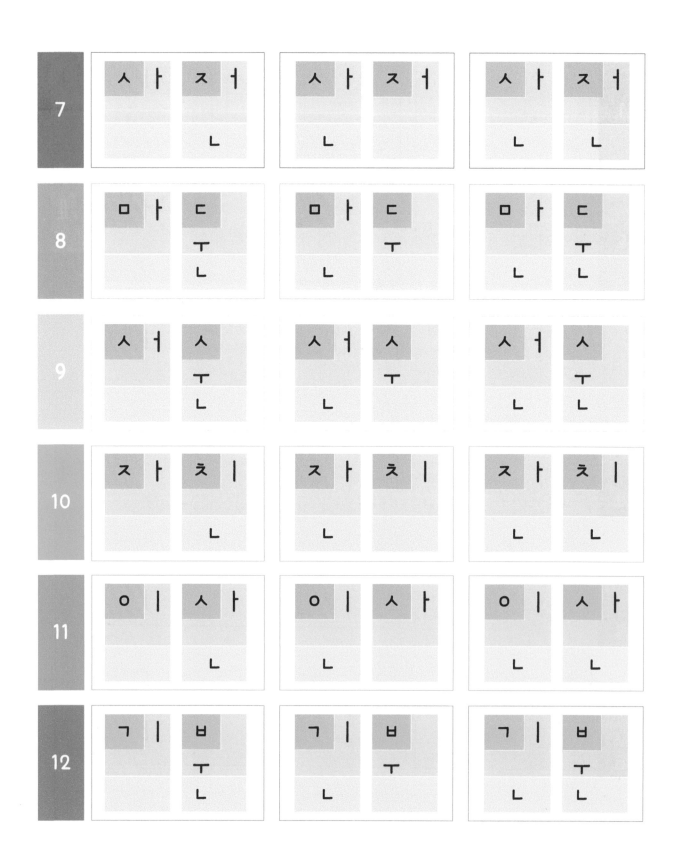

13	ㄱ ㅏ / ㅎ ㅗ / ㅅ ㅏ ㄴ	ㄱ ㅏ / ㅎ ㅗ ㄴ / ㅅ ㅏ	ㄱ ㅏ ㄴ / ㅎ ㅗ / ㅅ ㅏ
14	ㅂ ㅗ / ㄱ ㅓ / ㅅ ㅗ ㄴ	ㅂ ㅗ / ㄱ ㅓ ㄴ / ㅅ ㅗ	ㅂ ㅗ ㄴ / ㄱ ㅓ / ㅅ ㅗ
15	ㅈ ㅜ / ㅈ ㅓ / ㅈ ㅏ ㄴ	ㅈ ㅜ / ㅈ ㅓ ㄴ / ㅈ ㅏ	ㅈ ㅜ ㄴ / ㅈ ㅓ / ㅈ ㅏ
16	ㄱ ㅏ / ㅂ ㅜ / ㅅ ㅜ ㄴ	ㄱ ㅏ / ㅂ ㅜ ㄴ / ㅅ ㅜ	ㄱ ㅏ ㄴ / ㅂ ㅜ / ㅅ ㅜ
17	ㅂ ㅏ / ㄱ ㅣ / ㄷ ㅏ ㄴ	ㅂ ㅏ / ㄱ ㅣ ㄴ / ㄷ ㅏ	ㅂ ㅏ ㄴ / ㄱ ㅣ / ㄷ ㅏ
18	ㄱ ㅏ / ㅁ ㅏ / ㅎ ㅣ ㄴ	ㄱ ㅏ / ㅁ ㅏ ㄴ / ㅎ ㅣ	ㄱ ㅏ ㄴ / ㅁ ㅏ / ㅎ ㅣ

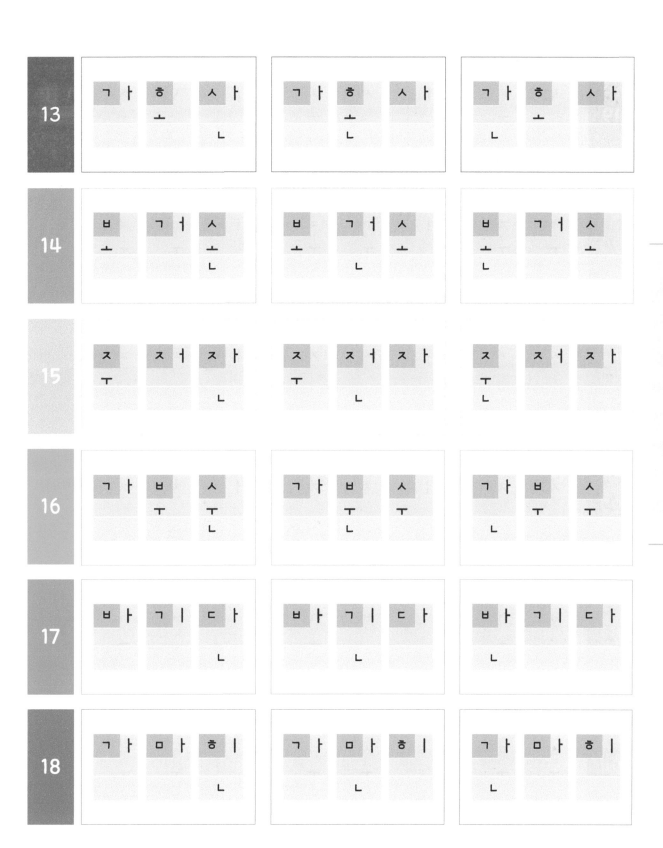

19	ㅅ ㅏ / ㅊ ㅜ / ㄱ ㅣ ㄴ	ㅅ ㅏ / ㅊ ㅜ ㄴ / ㄱ ㅣ	ㅅ ㅏ ㄴ / ㅊ ㅜ / ㄱ ㅣ
20	ㄲ ㅜ / ㅈ ㅜ / ㅎ ㅣ ㄴ	ㄲ ㅜ / ㅈ ㅜ ㄴ / ㅎ ㅣ	ㄲ ㅜ ㄴ / ㅈ ㅜ / ㅎ ㅣ
21	ㅅ ㅏ / ㅈ ㅣ / ㅅ ㅏ ㄴ	ㅅ ㅏ / ㅈ ㅣ ㄴ / ㅅ ㅏ	ㅅ ㅏ ㄴ / ㅈ ㅣ / ㅅ ㅏ
22	ㅈ ㅏ / ㅈ ㅓ / ㄱ ㅓ ㄴ	ㅈ ㅏ / ㅈ ㅓ ㄴ / ㄱ ㅓ	ㅈ ㅏ ㄴ / ㅈ ㅓ / ㄱ ㅓ
23	ㅂ ㅐ / ㄱ ㅗ / ㅍ ㅡ ㄴ	ㅂ ㅐ / ㄱ ㅗ ㄴ / ㅍ ㅡ	ㅂ ㅐ ㄴ / ㄱ ㅗ / ㅍ ㅡ
24	ㅅ ㅜ / ㄷ ㅜ / ㅂ ㅜ ㄴ	ㅅ ㅜ / ㄷ ㅜ ㄴ / ㅂ ㅜ	ㅅ ㅜ ㄴ / ㄷ ㅜ / ㅂ ㅜ

17 하나씩 달라지는 소리를 확인하며 읽어보세요.

guide! 어려운 모음이 포함되어 있어요. 초성, 모음, 종성 순으로 합성하여 읽게 해주세요.

1	ㅁ ㅐ ㅗ ㄴ	ㅁ ㅣ ㅜ ㄴ	ㅁ ㅓ ㅜ ㄴ	ㅃ ㅓ ㅜ ㄴ	ㅃ ㅠ ㄴ
2	ㄴ ㅔ ㄴ	ㅌ ㅔ ㄴ	ㅌ ㅐ ㅗ ㄴ	ㅌ ㅓ ㅜ ㄴ	ㄸ ㅓ ㅜ ㄴ
3	ㄱ ㅑ ㄴ	ㄲ ㅑ ㄴ	ㄲ ㅠ ㄴ	ㄲ ㅣ ㅜ ㄴ	ㄲ ㅓ ㅜ ㄴ
4	ㅈ ㅏ ㅗ ㄴ	ㅉ ㅏ ㅗ ㄴ	ㅊ ㅏ ㅗ ㄴ	ㅊ ㅣ ㅜ ㄴ	ㅉ ㅣ ㅜ ㄴ
5	ㄹ ㅣ ㅜ ㄴ	ㄹ ㅐ ㅗ ㄴ	ㄹ ㅕ ㄴ	ㄹ ㅑ ㄴ	ㄹ ㅖ ㄴ

3. ㅎ 받침

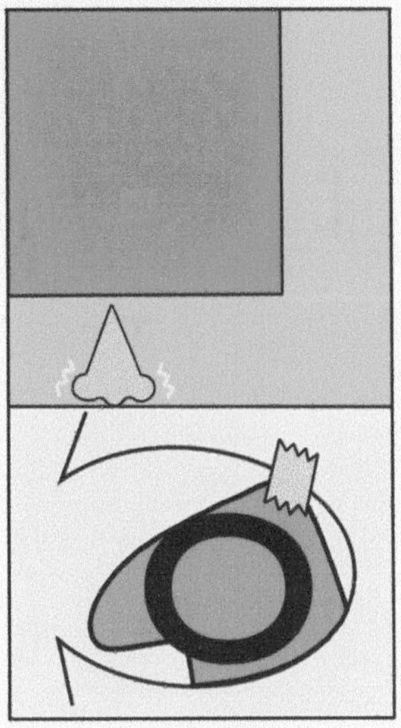

소리 내기

받침 'ㅇ' 소리를 내볼까요? '으-'소리를 내면서 준비를 하다가 혀의 뒷부분과 안쪽 입천장을 딱 붙이고 코로 진동하며 소리를 내요. /으--ㅇ//으-ㅇ//응/ 점차 '으'소리는 줄여보세요.

초성과의 차이

초성 'ㅇ'는 소리가 나지 않아요. 대신 박수를 쳐보세요.

초성 자음과 종성 자음의 차이를 느끼면서 소리 내보세요.

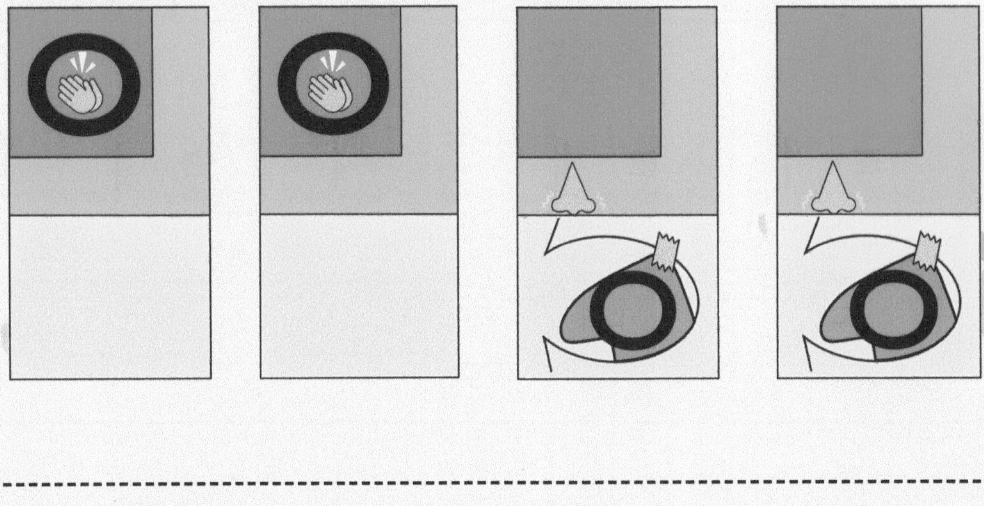

01 손으로 짚으면서 순서대로 읽어보세요.

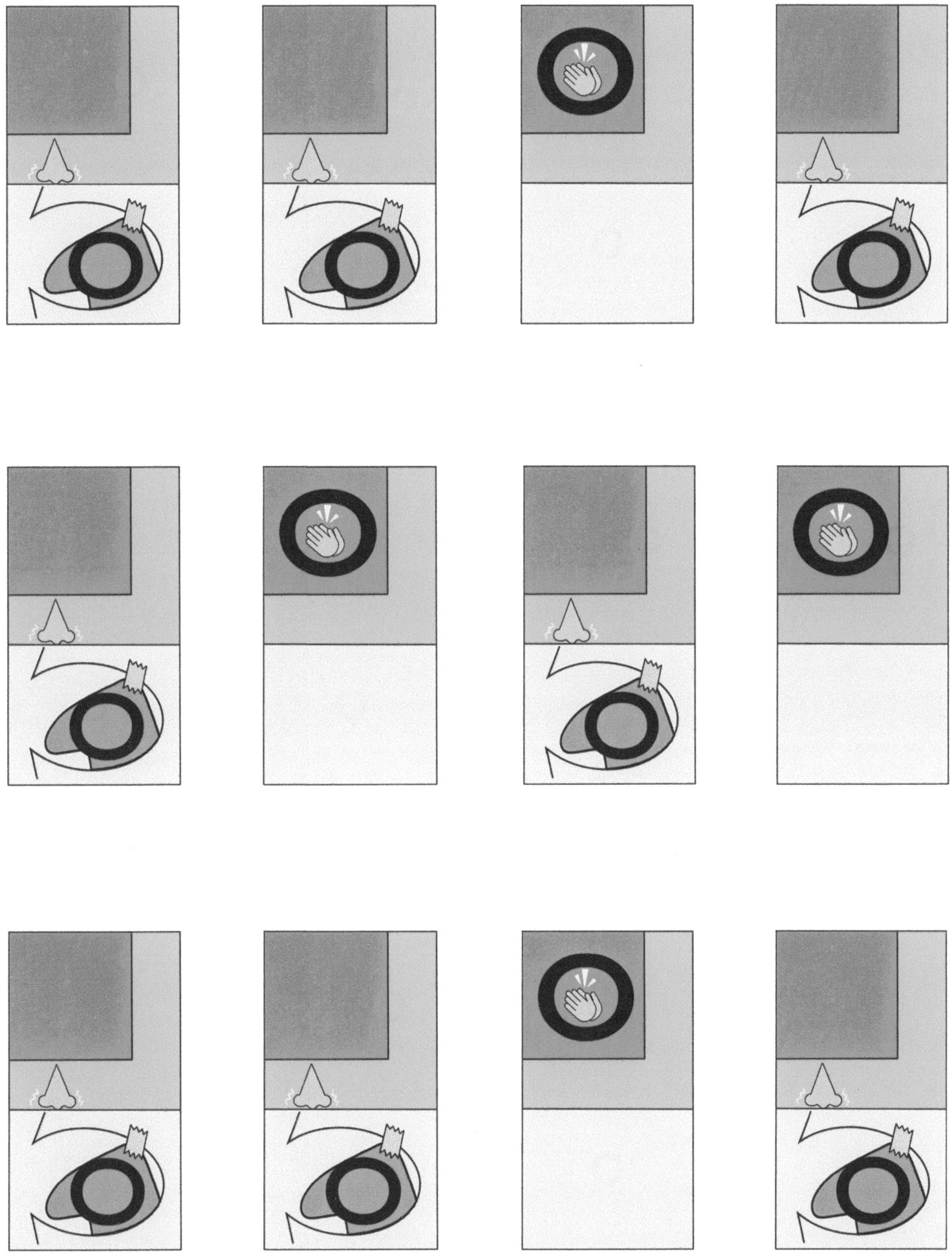

02 손으로 짚으면서 순서대로 읽어보세요.

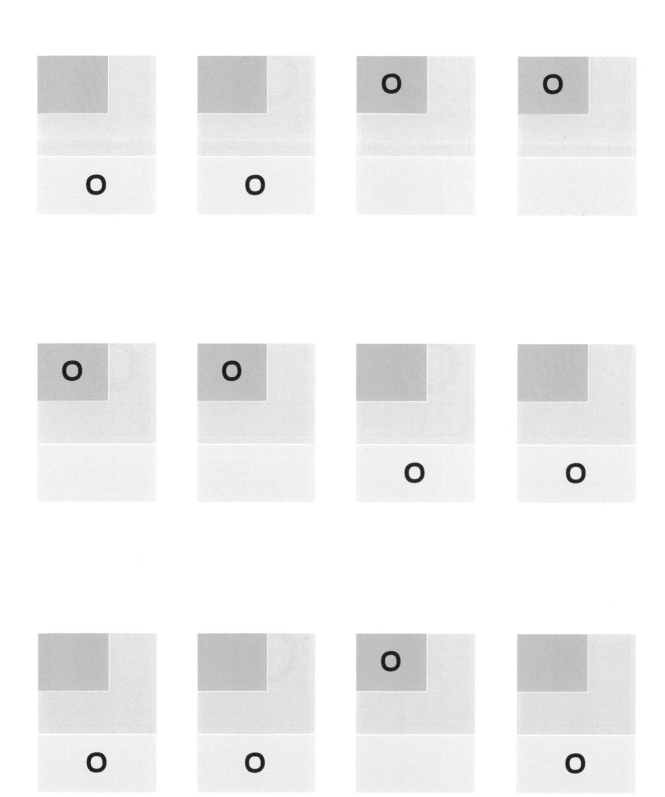

ㅇ	ㅇ	ㅇ	ㅇ
ㅇ	ㅇ	ㅇ	ㅇ
ㅇ	ㅇ	ㅇ	ㅇ

03 들리는 소리에 동그라미 하세요.

guide!

1. 받침이 있는 음절과, 없는 음절을 무작위로 불러주세요.
2. 받침이 있는 음절을 불러줄 때는 받침의 소리가 더 잘 들릴 수 있도록 연장하거나 강조해서 불러주셔도 됩니다.

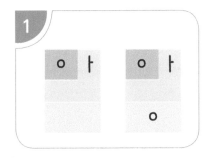

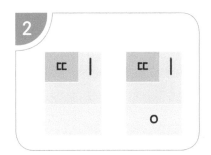

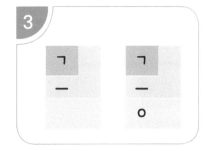

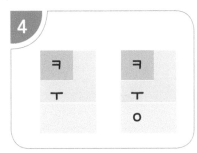

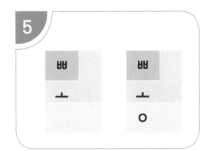

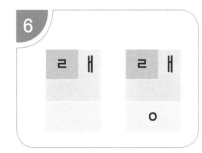

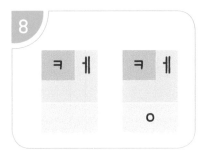

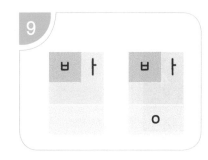

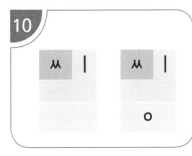

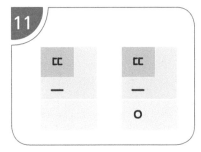

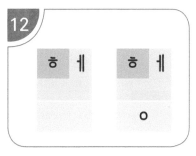

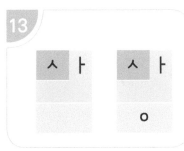

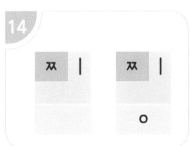

번호		
1	ㅇ ㅏ	ㅇ ㅏ ㅇ
2	ㄸ ㅣ	ㄸ ㅣ ㅇ
3	ㄱ ㅡ	ㄱ ㅡ ㅇ
4	ㅋ ㅜ	ㅋ ㅜ ㅇ
5	ㅃ ㅗ	ㅃ ㅗ ㅇ
6	ㄹ ㅐ	ㄹ ㅐ ㅇ
7	ㅈ ㅏ	ㅈ ㅏ ㅇ
8	ㅋ ㅔ	ㅋ ㅔ ㅇ
9	ㅂ ㅏ	ㅂ ㅏ ㅇ
10	ㅆ ㅣ	ㅆ ㅣ ㅇ
11	ㄸ ㅡ	ㄸ ㅡ ㅇ
12	ㅎ ㅔ	ㅎ ㅔ ㅇ
13	ㅅ ㅏ	ㅅ ㅏ ㅇ
14	ㅉ ㅣ	ㅉ ㅣ ㅇ
15	ㅍ ㅜ	ㅍ ㅜ ㅇ

04 들리는 소리에 동그라미 하세요.

guide!

1. 받침이 있는 음절과, 없는 음절을 무작위로 불러주세요.
2. 받침이 있는 음절을 불러줄 때는 받침의 소리가 더 잘 들릴 수 있도록 연장하거나 강조해서 불러주셔도 됩니다.

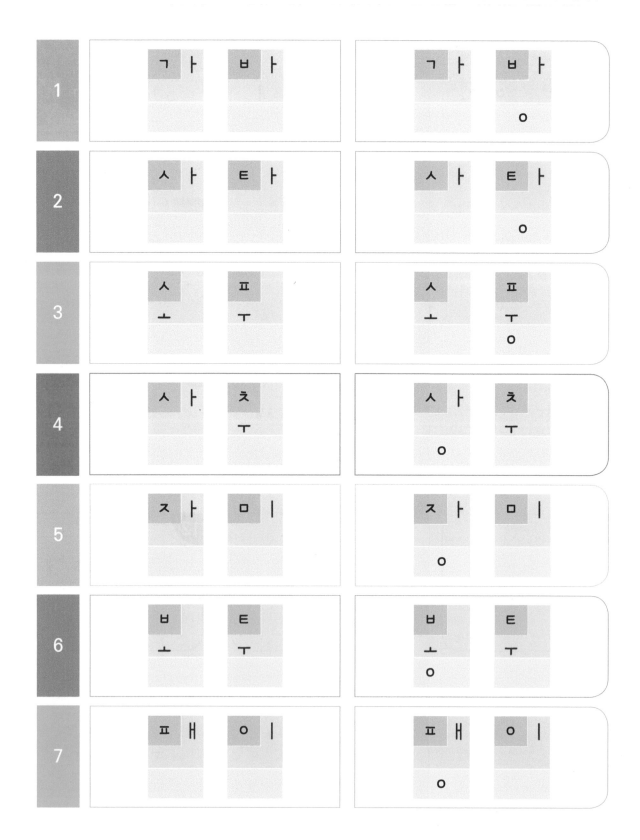

1	ㄱ ㅏ	ㅂ ㅏ	ㄱ ㅏ	ㅂ ㅏ ㅇ
2	ㅅ ㅏ	ㅌ ㅏ	ㅅ ㅏ	ㅌ ㅏ ㅇ
3	ㅅ ㅗ	ㅍ ㅜ	ㅅ ㅗ	ㅍ ㅜ ㅇ
4	ㅅ ㅏ	ㅊ ㅜ	ㅅ ㅏ ㅇ	ㅊ ㅜ
5	ㅈ ㅏ	ㅁ ㅣ	ㅈ ㅏ ㅇ	ㅁ ㅣ
6	ㅂ ㅗ	ㅌ ㅜ	ㅂ ㅗ ㅇ	ㅌ ㅜ
7	ㅍ ㅐ	ㅇ ㅣ	ㅍ ㅐ ㅇ	ㅇ ㅣ

8	ㄱ ㅗ	ㅊ ㅜ	ㅈ ㅏ	ㄱ ㅗ	ㅊ ㅜ	ㅈ ㅏ ㅇ
9	ㅇ ㅑ	ㄱ ㅜ	ㄱ ㅗ	ㅇ ㅑ	ㄱ ㅜ	ㄱ ㅗ ㅇ
10	ㄲ ㅗ	ㅁ ㅐ	ㅇ ㅣ	ㄲ ㅗ	ㅁ ㅐ ㅇ	ㅇ ㅣ
11	ㄷ ㅐ	ㅈ ㅏ	ㅂ ㅜ	ㄷ ㅐ	ㅈ ㅏ ㅇ	ㅂ ㅜ
12	ㅅ ㅗ	ㅂ ㅏ	ㅅ ㅓ	ㅅ ㅗ	ㅂ ㅏ ㅇ	ㅅ ㅓ
13	ㅂ ㅗ	ㅇ ㅜ	ㄹ ㅣ	ㅂ ㅗ ㅇ	ㅇ ㅜ	ㄹ ㅣ
14	ㅊ ㅓ	ㅂ ㅏ	ㅈ ㅣ	ㅊ ㅓ ㅇ	ㅂ ㅏ	ㅈ ㅣ

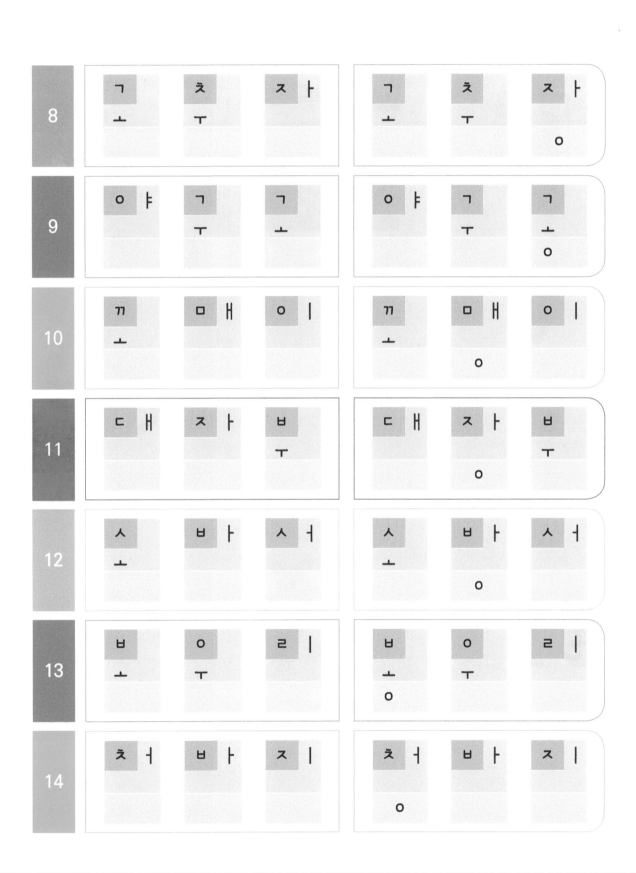

05 그림을 보고 받침/응/ 소리가 들리는지 찾아보세요. 들리면 O, 안 들리면 X 하세요.

guide!

1. 그림을 보고 아동이 목표 낱말을 말하지 못할 때에는 목표 낱말을 들려주세요.
2. 소리를 들려줄 때에는 받침 소리를 강조해서 들려주세요.

O X

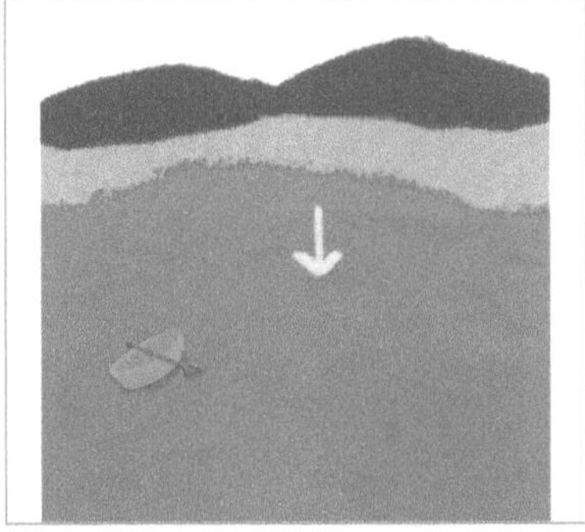

O X

O X

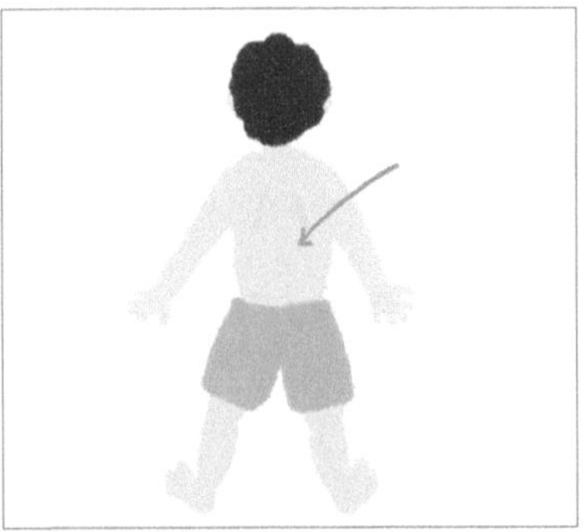

O X

O X

O X

O X

O X

O X

정답

1. X문. 2. O강. 3. X죽. 4. O등. 5. O병. 6. X덛(덫). 7. X캔. 8. X솜. 9. O양

06 그림을 보고 받침 /응/ 소리가 들리는지 찾아보세요. 들리면 O, 안 들리면 X 하세요.

guide!

1. 그림을 보고 아동이 목표 낱말을 말하지 못할 때에는 목표 낱말을 들려주세요.
2. 소리를 들려줄 때에는 받침 소리를 강조해서 들려주세요.

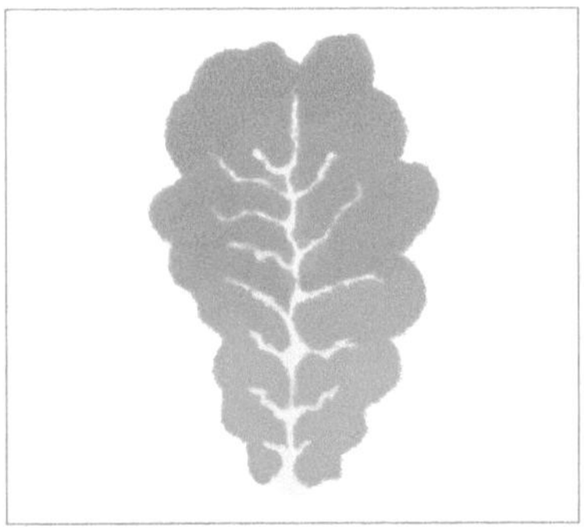

O X

O X

O X

O X

O X

O X

O X

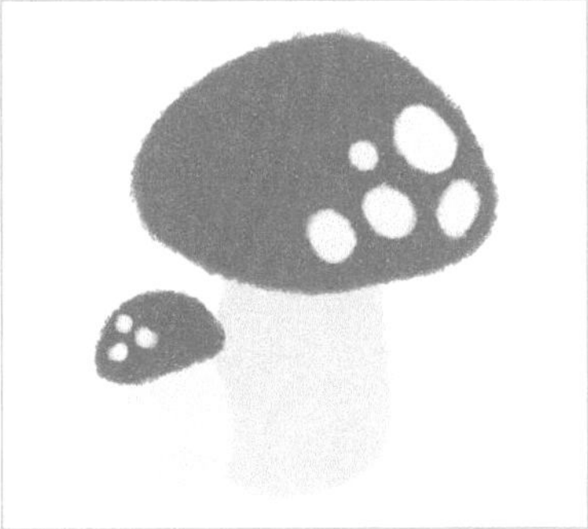

O X

O X

정답

1. O 상추, 2. X 반지, 3. O 영화, 4. X 하품, 5. O 여행, 6. X 나팔, 7. O 가방, 8. X 버섯(버섯), 9. X 아홉

07 그림을 보고 목표 음소에 맞는 그림 카드 번호를 써보세요.

guide! 1. 아동이 낱말을 모르거나, 목표 낱말을 말하지 못할 때에는 목표 낱말을 들려주세요.

받침 소리 /응/

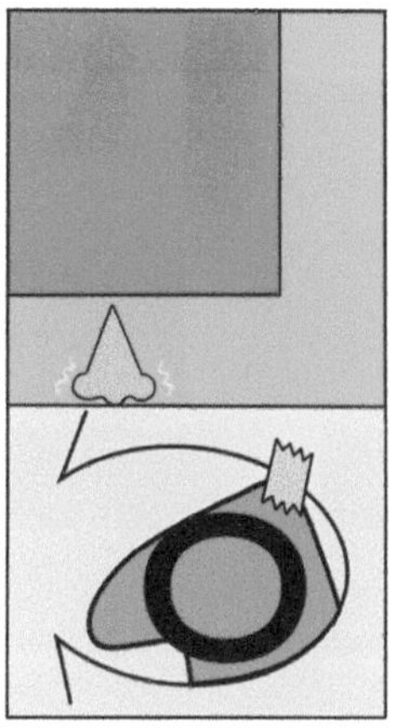

①

1

2

3

4
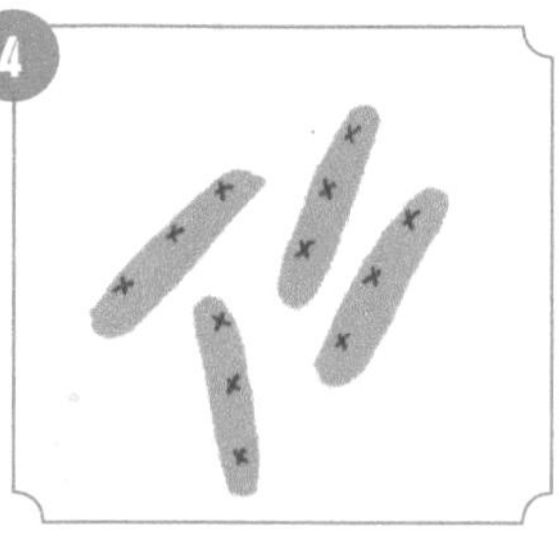

5
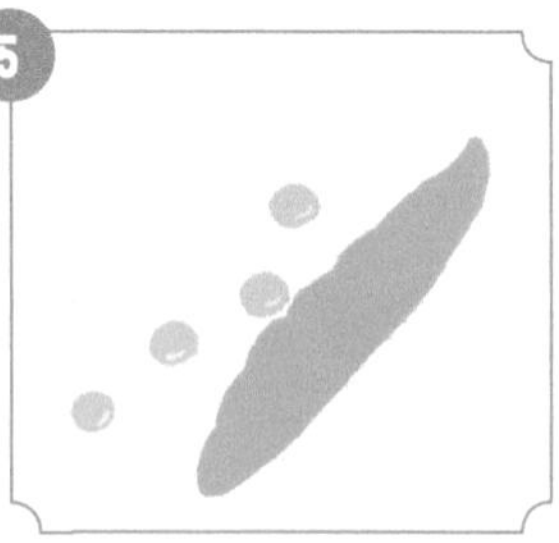

6
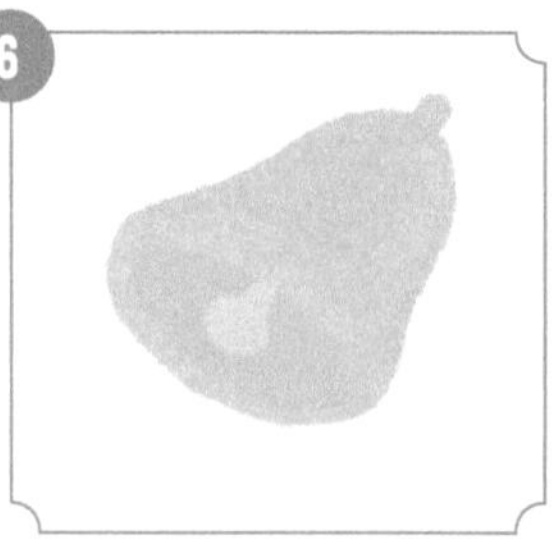

7

8
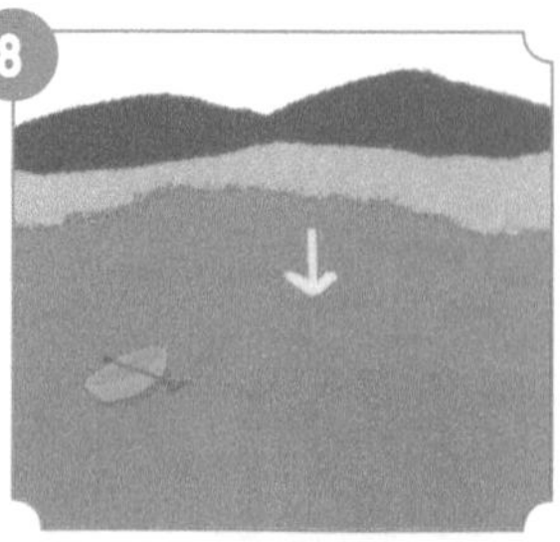

9

10

11

12

정답

받침소리/응/ 1.똥. 2.빵. 5.콩. 6.종. 7.병. 8.강. 10.형. 11.등 받침소리/응/없음 3.역 4.윷 9.옷 12.입

08 각각의 소리를 더하여 하나의 소리로 만들어 보세요. 어떤 소리가 완성되나요?

guide!

1. 손으로 소리 상자를 모두 가리고 차례대로 하나씩 보여주세요.
2. 소리를 끊지 않고 부드럽게 연결하여 이음새 없이 점차 한숨에 합쳐보세요.
3. 어떤 소리가 완성되는지 말해보세요.

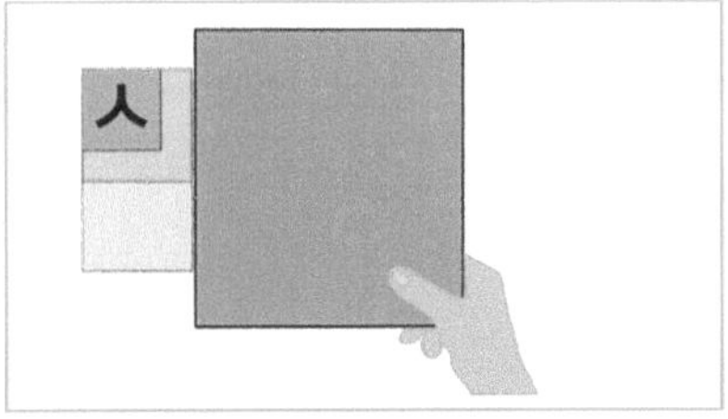

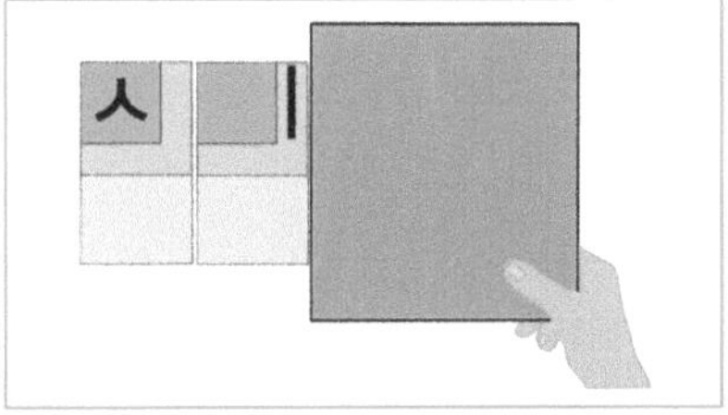

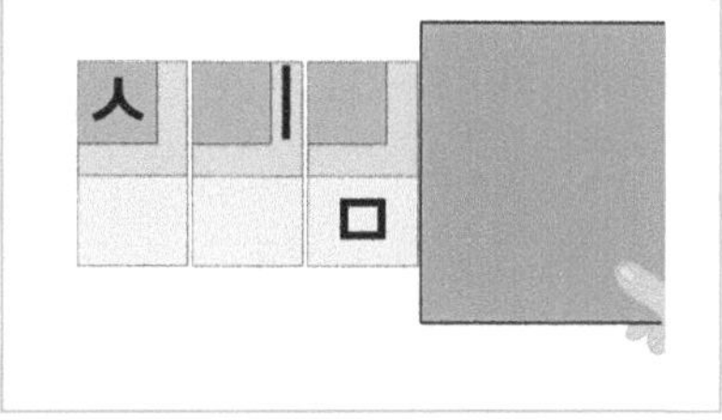

왼쪽부터 차례대로 소리를 합쳐보세요.	반응
ㅡ ㅇ	
ㄱ ㅗ ㅇ	
ㅈ ㅓ ㅇ	
ㅊ ㅜ ㅇ	
ㅋ ㅡ ㅇ	

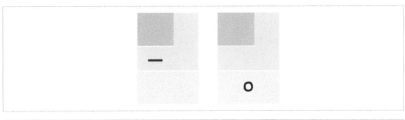

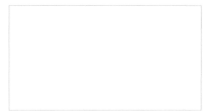

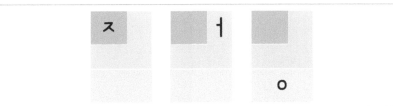

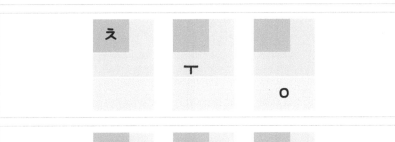

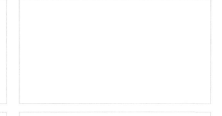

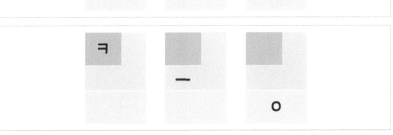

09 각각의 소리를 더하여 하나의 소리로 만들어 보세요. 어떤 소리가 완성되나요?

guide!

1. 손으로 소리 상자를 모두 가리고 차례대로 하나씩 보여주세요.
2. 소리를 끊지 않고 부드럽게 연결하여 이음새 없이 점차 한숨에 합쳐보세요.
3. 어떤 소리가 완성되는지 말해보세요.

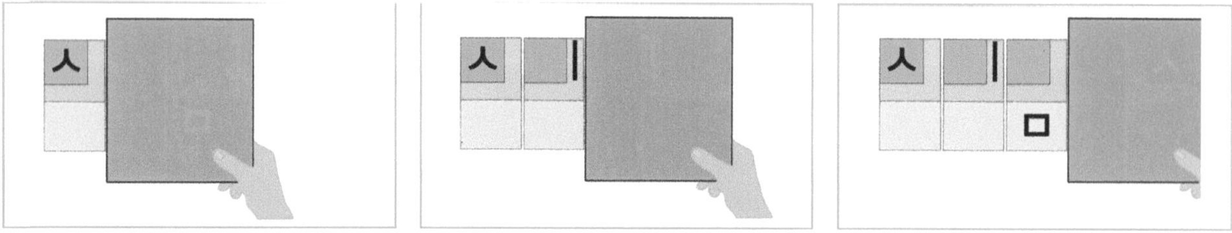

왼쪽부터 차례대로 소리를 합쳐보세요.	반응
ㄸ ㅜ ㄲ ㅓ ㅇ	
ㄱ ㅏ ㅂ ㅏ ㅇ	
ㅅ ㅗ ㅍ ㅜ ㅇ	
ㅕ ㅎ ㅐ ㅇ	
ㅁ ㅏ ㅘ ㅇ	

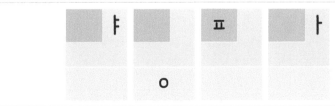

10 각각의 소리를 더하여 하나의 소리로 만들어 보세요. 어떤 소리가 완성되나요?

guide !

1. 손으로 소리 상자를 모두 가리고 차례대로 하나씩 보여주세요.
2. 소리를 끊지 않고 부드럽게 연결하여 이음새 없이 점차 한숨에 합쳐보세요.
3. 어떤 소리가 완성되는지 말해보세요.

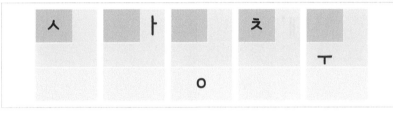

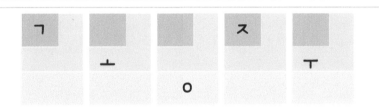

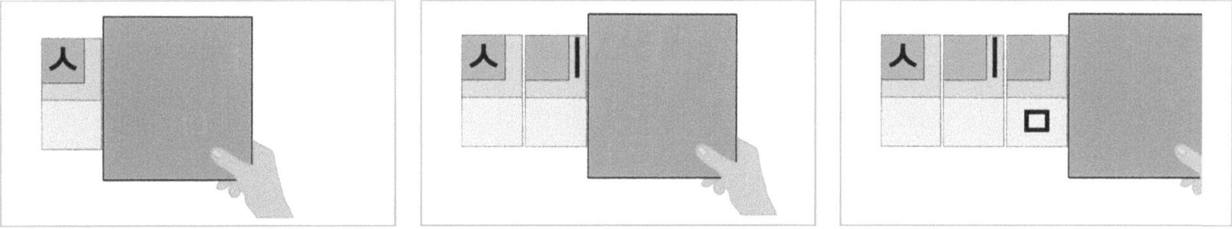

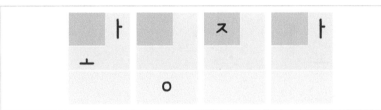

왼쪽부터 차례대로 소리를 합쳐보세요.	반응
ㅅ ㅏ ㅇ ㅊ ㅜ	
ㄱ ㅗ ㅇ ㅈ ㅜ	
ㅗ ㅏ ㅇ ㅈ ㅏ	
ㅁ ㅏ ㅇ ㅊ ㅣ	
ㅑ ㅇ ㅍ ㅏ	

11 각각의 소리를 더하여 하나의 소리로 만들어 보세요. 어떤 소리가 완성되나요?

guide!

1. 손으로 소리 상자를 모두 가리고 차례대로 하나씩 보여주세요.
2. 소리를 끊지 않고 부드럽게 연결하여 이음새 없이 점차 한숨에 합쳐보세요.
3. 어떤 소리가 완성되는지 말해보세요.

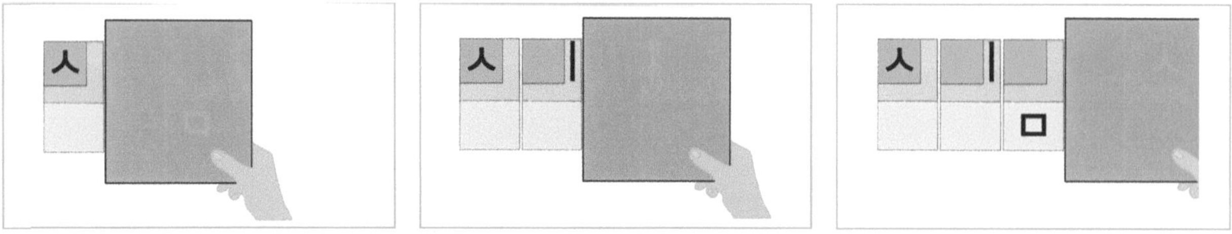

왼쪽부터 차례대로 소리를 합쳐보세요.						반응
ㄷ	ㅗ	ㅇ	ㅅ	ㅐ	ㅇ	
ㅅ	ㅓ	ㅇ	ㄱ	ㅗ	ㅇ	
ㄲ	ㅏ	ㅇ	ㅌ	ㅗ	ㅇ	
ㄸ	ㅏ	ㅇ	ㅋ	ㅗ	ㅇ	
ㄱ	ㅗ	ㅇ	ㅈ	ㅏ	ㅇ	

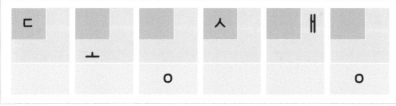

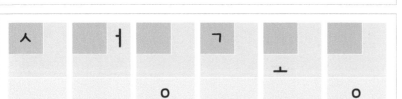

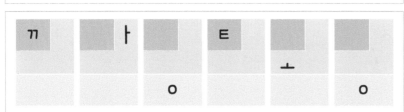

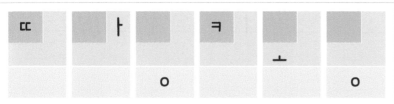

12 /응/받침은 어디에 있을까요? 들리는 소리에 o 하세요.

guide! 종성의 위치를 파악하며 듣는 연습입니다. 두 낱말 중 무작위로 하나만 선택해 소리를 들려주세요.

번호	보기 1 (첫째 글자)	보기 1 (둘째 글자)	보기 2 (첫째 글자)	보기 2 (둘째 글자)
1	ㄱ ㅏ	ㅂ ㅏ	ㄱ ㅏ	ㅂ ㅏ
		ㅇ	ㅇ	
2	ㅅ ㅏ	ㅌ ㅏ	ㅅ ㅏ	ㅌ ㅏ
		ㅇ	ㅇ	
3	ㄴ ㅏ	ㅂ ㅏ	ㄴ ㅏ	ㅂ ㅏ
		ㅇ	ㅇ	
4	ㄲ ㅏ	ㅁ ㅏ	ㄲ ㅏ	ㅁ ㅏ
		ㅇ	ㅇ	
5	ㅅ ㅏ	ㅈ ㅏ	ㅅ ㅏ	ㅈ ㅏ
		ㅇ	ㅇ	
6	ㅌ	ㅈ	ㅌ	ㅈ
	ㅗ	ㅗ	ㅗ	ㅗ
		ㅇ	ㅇ	
7	ㅅ	ㅈ	ㅅ	ㅈ
	ㅗ	ㅜ	ㅗ	ㅜ
		ㅇ	ㅇ	
8	ㅈ	ㅁ	ㅈ	ㅁ
	ㅜ	ㅗ	ㅜ	ㅗ
		ㅇ	ㅇ	
9	ㄸ	ㄲ ㅓ	ㄸ	ㄲ ㅓ
	ㅜ		ㅜ	
		ㅇ	ㅇ	
10	ㅂ	ㅇ ㅓ	ㅂ	ㅇ ㅓ
	ㅜ		ㅜ	
		ㅇ	ㅇ	
11	ㅌ	ㅈ ㅓ	ㅌ	ㅈ ㅓ
	ㅜ		ㅜ	
		ㅇ	ㅇ	
12	ㅅ	ㅈ ㅓ	ㅅ	ㅈ ㅓ
	ㅜ		ㅜ	
		ㅇ	ㅇ	
13	ㄷ	ㅁ ㅕ	ㄷ	ㅁ ㅕ
	ㅜ		ㅜ	
		ㅇ	ㅇ	
14	ㄱ	ㅁ ㅓ	ㄱ	ㅁ ㅓ
	ㅜ		ㅜ	
		ㅇ	ㅇ	

15	ㄱ ㅜ / ㅅ ㅓ ㅇ	ㄱ ㅜ ㅇ / ㅅ ㅓ
16	ㅇ ㅑ / ㅇ ㅗ ㅇ	ㅇ ㅑ ㅇ / ㅇ ㅗ
17	ㅉ ㅏ / ㅈ ㅏ ㅇ	ㅉ ㅏ ㅇ / ㅈ ㅏ
18	ㅈ ㅏ / ㅈ ㅜ ㅇ	ㅈ ㅏ ㅇ / ㅈ ㅜ
19	ㅈ ㅗ / ㅈ ㅗ ㅇ	ㅈ ㅗ ㅇ / ㅈ ㅗ
20	ㅅ ㅗ / ㅍ ㅜ ㅇ	ㅅ ㅗ ㅇ / ㅍ ㅜ
21	ㅎ ㅓ / ㅍ ㅜ ㅇ	ㅎ ㅓ ㅇ / ㅍ ㅜ
22	ㄷ ㅏ / ㅈ ㅓ ㅇ	ㄷ ㅏ ㅇ / ㅈ ㅓ
23	ㄱ ㅏ / ㅁ ㅏ ㅇ	ㄱ ㅏ ㅇ / ㅁ ㅏ
24	ㄱ ㅗ / ㅈ ㅏ ㅇ	ㄱ ㅗ ㅇ / ㅈ ㅏ
25	ㄷ ㅗ / ㅁ ㅏ ㅇ	ㄷ ㅗ ㅇ / ㅁ ㅏ
26	ㄱ ㅏ / ㅈ ㅏ ㅇ	ㄱ ㅏ ㅇ / ㅈ ㅏ
27	ㅍ ㅗ / ㅈ ㅏ ㅇ	ㅍ ㅗ ㅇ / ㅈ ㅏ
28	ㅍ ㅗ / ㄷ ㅗ ㅇ	ㅍ ㅗ ㅇ / ㄷ ㅗ

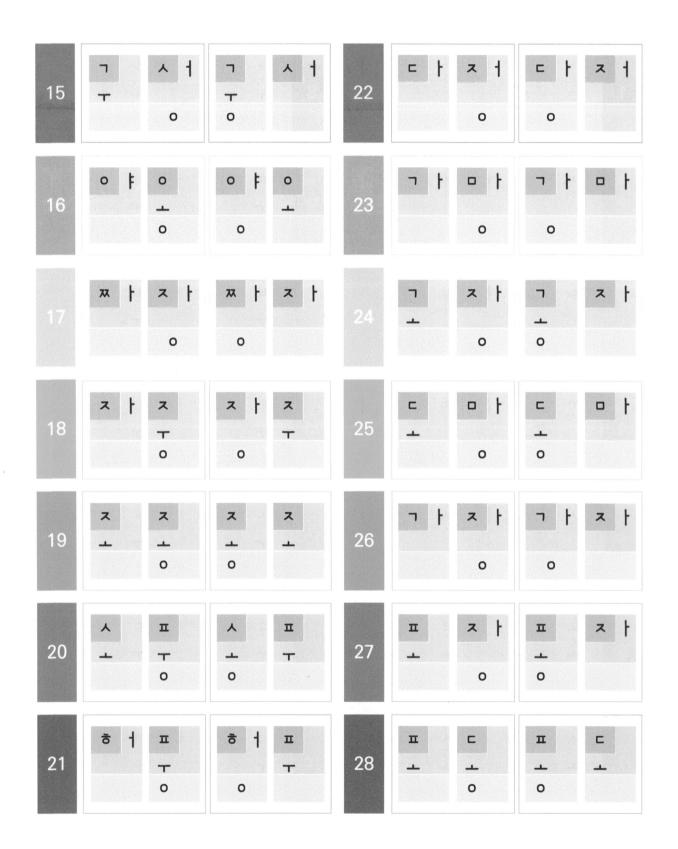

13 그림을 보고 빈 칸에 받침 /응/을 써보세요. 낱말을 모른다면, 목표 낱말을 들려주세요.

guide!

1. 쓰기 어려워할 시엔, 소리와 소리 사이를 연장해서 들려주세요.(예, /하푸~~ㅁ/)
2. 대표 받침 소리로 쓰도록 알려주세요. 그리고 맞춤법에 맞는 받침도 알려주세요.

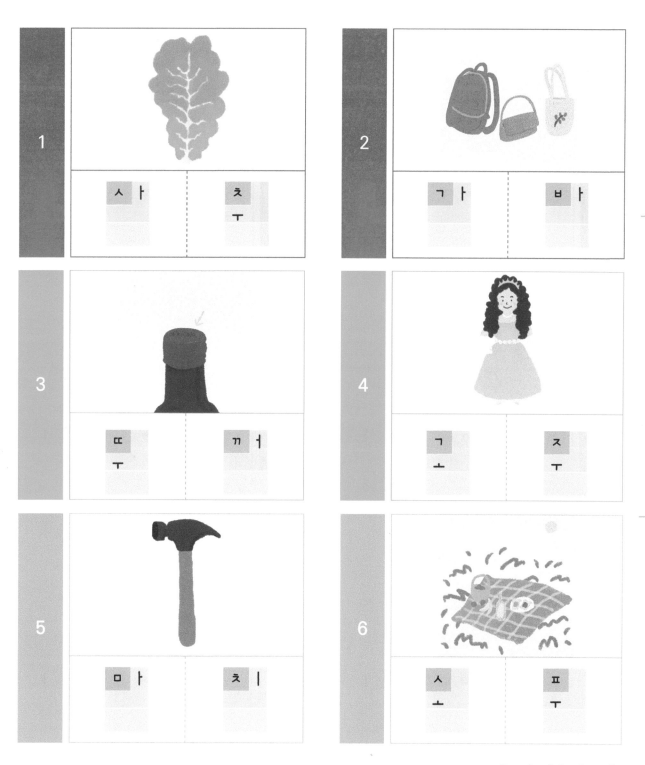

1

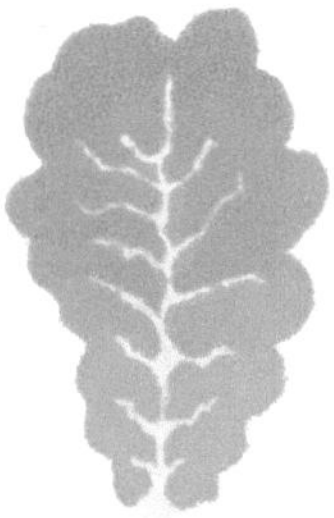

ㅅ ㅏ	ㅊ ㅜ

2

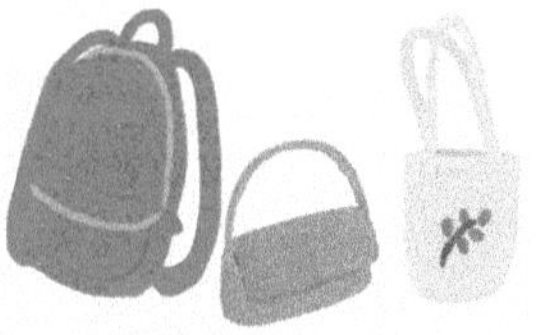

ㄱ ㅏ	ㅂ ㅏ

3

ㄸ ㅜ	ㄲ ㅓ

4

ㄱ ㅗ	ㅈ ㅜ

5

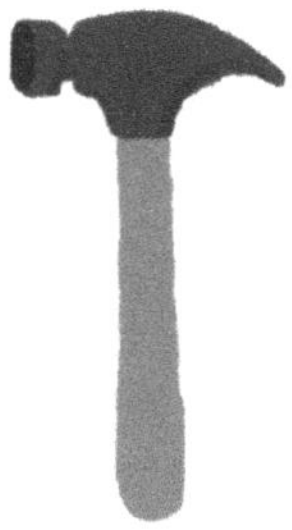

ㅁ ㅏ	ㅊ ㅣ

6

ㅅ ㅗ	ㅍ ㅜ

정답
상추, 가방, 뚜껑, 공주, 망치, 소풍

14 그림을 보고 빈 칸에 받침 /응/을 써보세요. 낱말을 모른다면, 목표 낱말을 들려주세요.

guide!

1. 쓰기 어려워할 시엔, 소리와 소리 사이를 연장해서 들려주세요.(예, /하푸~~ㅁ/)
2. 대표 받침 소리로 쓰도록 알려주세요. 그리고 맞춤법에 맞는 받침도 알려주세요.

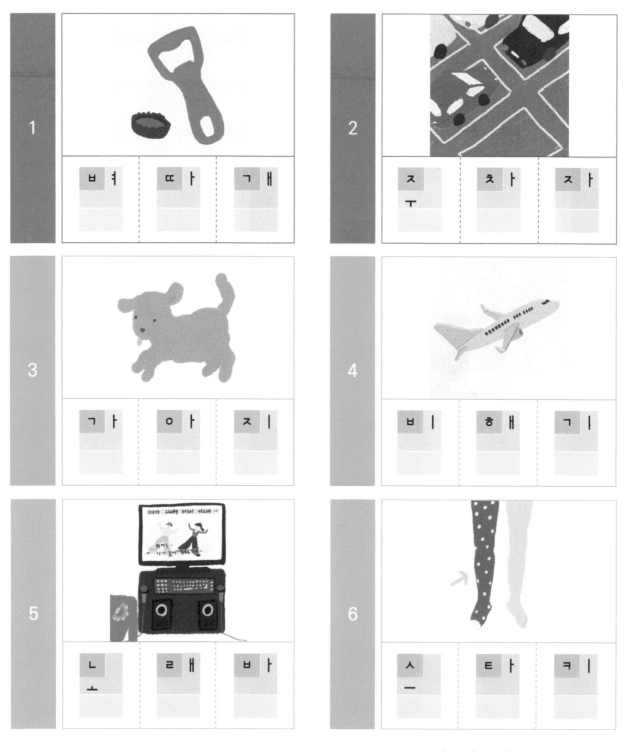

1

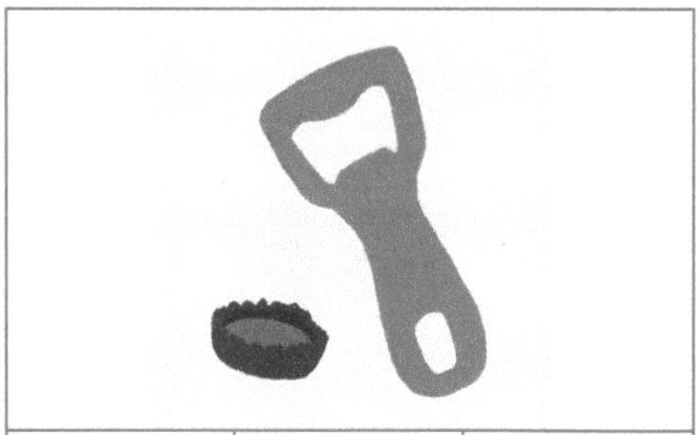

ㅂ ㅕ	ㄸ ㅏ	ㄱ ㅐ

2

ㅈ ㅜ	ㅊ ㅏ	ㅈ ㅏ

3

ㄱ ㅏ	ㅇ ㅏ	ㅈ ㅣ

4

ㅂ ㅣ	ㅎ ㅐ	ㄱ ㅣ

5

ㄴ ㅗ	ㄹ ㅐ	ㅂ ㅏ

6

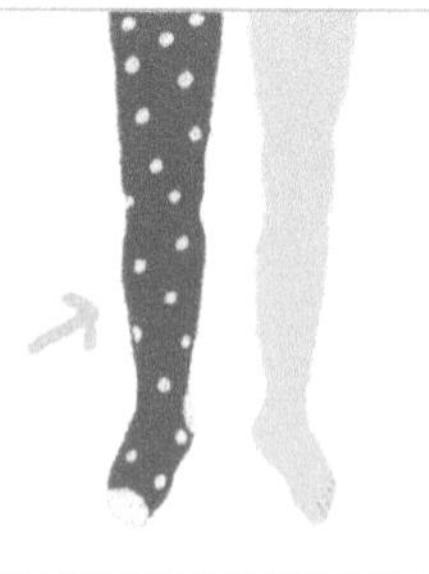

ㅅ ㅡ	ㅌ ㅏ	ㅋ ㅣ

정답

병따개, 주차장, 강아지, 비행기, 노래방, 스타킹

15 그림을 보고 빈 칸에 받침 /응/을 써보세요. 낱말을 모른다면, 목표 낱말을 들려주세요.

guide!

1. 쓰기 어려워할 시엔, 소리와 소리 사이를 연장해서 들려주세요.(예, /하푸~~ㅁ/)
2. 대표 받침 소리로 쓰도록 알려주세요. 그리고 맞춤법에 맞는 받침도 알려주세요.

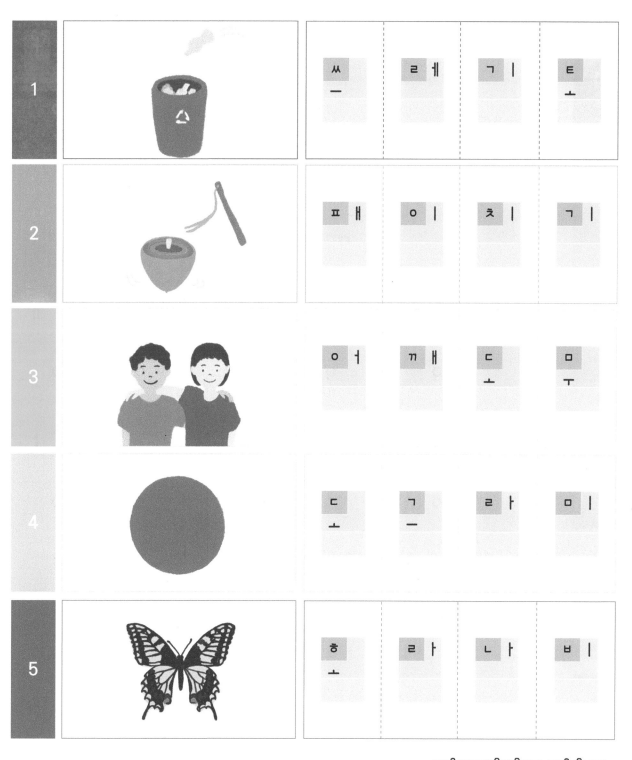

1		ㅆ ㅡ	ㄹ ㅔ	ㄱ ㅣ	ㅌ ㅗ
2		ㅍ ㅐ	ㅇ ㅣ	ㅊ ㅣ	ㄱ ㅣ
3		ㅇ ㅓ	ㄲ ㅐ	ㄷ ㅗ	ㅁ ㅜ
4		ㄷ ㅗ	ㄱ ㅡ	ㄹ ㅏ	ㅁ ㅣ
5		ㅎ ㅗ	ㄹ ㅏ	ㄴ ㅏ	ㅂ ㅣ

정답
쓰레기통, 팽이치기, 어깨동무, 동그라미, 호랑나비

16 받침/응/이 포함된 낱말을 읽어요. 왼쪽부터 오른쪽 순서대로 읽어보세요.

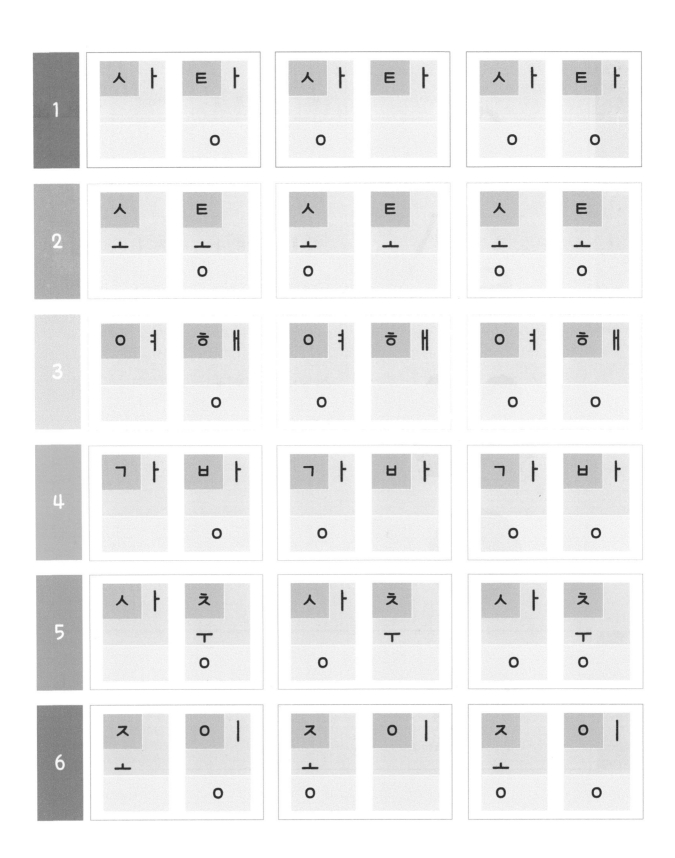

1	ㅅ ㅏ / ㅌ ㅏ ㅇ	ㅅ ㅏ ㅇ / ㅌ ㅏ	ㅅ ㅏ ㅇ / ㅌ ㅏ ㅇ
2	ㅅ ㅗ / ㅌ ㅗ ㅇ	ㅅ ㅗ ㅇ / ㅌ ㅗ	ㅅ ㅗ ㅇ / ㅌ ㅗ ㅇ
3	ㅇ ㅕ / ㅎ ㅐ ㅇ	ㅇ ㅕ ㅇ / ㅎ ㅐ	ㅇ ㅕ ㅇ / ㅎ ㅐ ㅇ
4	ㄱ ㅏ / ㅂ ㅏ ㅇ	ㄱ ㅏ ㅇ / ㅂ ㅏ	ㄱ ㅏ ㅇ / ㅂ ㅏ ㅇ
5	ㅅ ㅏ / ㅊ ㅜ ㅇ	ㅅ ㅏ ㅇ / ㅊ ㅜ	ㅅ ㅏ ㅇ / ㅊ ㅜ ㅇ
6	ㅈ ㅗ / ㅇ ㅣ ㅇ	ㅈ ㅗ ㅇ / ㅇ ㅣ	ㅈ ㅗ ㅇ / ㅇ ㅣ ㅇ

7	ㅂ ㅗ / ㅌ ㅗ ㅇ	ㅂ ㅗ ㅇ / ㅌ ㅗ	ㅂ ㅗ ㅇ / ㅌ ㅗ ㅇ
8	ㄸ ㅜ / ㄲ ㅓ ㅇ	ㄸ ㅜ ㅇ / ㄲ ㅓ	ㄸ ㅜ ㅇ / ㄲ ㅓ ㅇ
9	ㅅ ㅏ / ㅈ ㅏ ㅇ	ㅅ ㅏ ㅇ / ㅈ ㅏ	ㅅ ㅏ ㅇ / ㅈ ㅏ ㅇ
10	ㅇ ㅐ / ㄷ ㅜ ㅇ	ㅇ ㅐ ㅇ / ㄷ ㅜ	ㅇ ㅐ ㅇ / ㄷ ㅜ ㅇ
11	ㅅ ㅏ / ㅇ ㅓ ㅇ	ㅅ ㅏ ㅇ / ㅇ ㅓ	ㅅ ㅏ ㅇ / ㅇ ㅓ ㅇ
12	ㄷ ㅣ ㅜ / ㄸ ㅜ ㅇ	ㄷ ㅣ ㅜ ㅇ / ㄸ ㅜ	ㄷ ㅣ ㅜ ㅇ / ㄸ ㅜ ㅇ

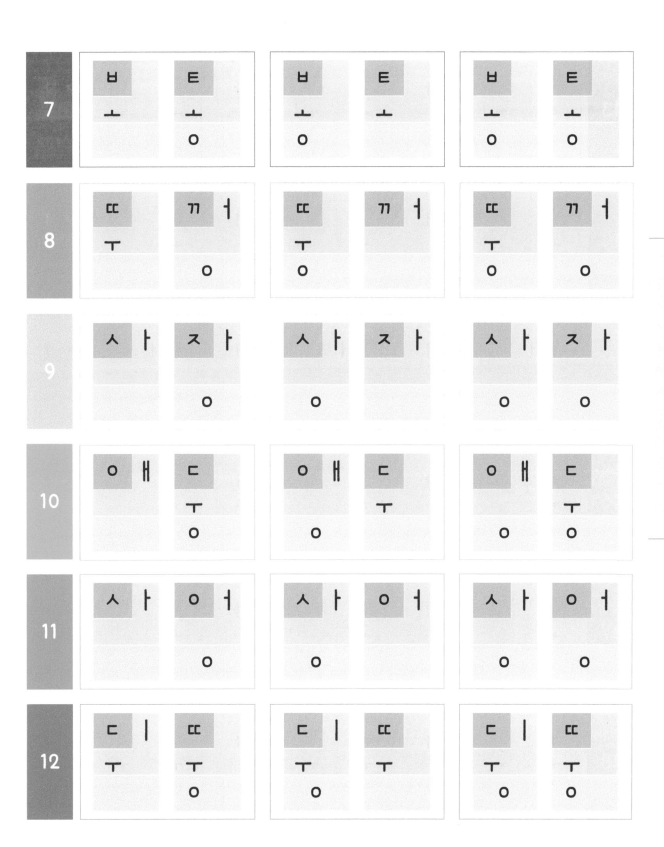

13

ㄱ	ㅊ	ㅈ ㅏ
ㅗ	ㅜ	
		ㅇ

ㄱ	ㅊ	ㅈ ㅏ
ㅗ	ㅜ	
	ㅇ	

ㄱ	ㅊ	ㅈ ㅏ
ㅗ	ㅜ	
ㅇ		

14

ㅅ	ㅇ ㅏ	ㅈ ㅣ
ㅗ		
		ㅇ

ㅅ	ㅇ ㅏ	ㅈ ㅣ
ㅗ		
	ㅇ	

ㅅ	ㅇ ㅏ	ㅈ ㅣ
ㅗ		
ㅇ		

15

ㅊ ㅓ	ㅂ ㅏ	ㅈ ㅣ
		ㅇ

ㅊ ㅓ	ㅂ ㅏ	ㅈ ㅣ
	ㅇ	

ㅊ ㅓ	ㅂ ㅏ	ㅈ ㅣ
ㅇ		

16

ㅈ	ㅊ ㅏ	ㅈ ㅏ
ㅜ		
		ㅇ

ㅈ	ㅊ ㅏ	ㅈ ㅏ
ㅜ		
	ㅇ	

ㅈ	ㅊ ㅏ	ㅈ ㅏ
ㅜ		
ㅇ		

17

ㄲ	ㅁ ㅐ	ㅇ ㅣ
ㅗ		
		ㅇ

ㄲ	ㅁ ㅐ	ㅇ ㅣ
ㅗ		
	ㅇ	

ㄲ	ㅁ ㅐ	ㅇ ㅣ
ㅗ		
ㅇ		

18

ㅁ	ㄱ	ㅎ ㅏ
ㅜ	ㅜ	ㅗ
		ㅇ

ㅁ	ㄱ	ㅎ ㅏ
ㅜ	ㅜ	ㅗ
	ㅇ	

ㅁ	ㄱ	ㅎ ㅏ
ㅜ	ㅜ	ㅗ
ㅇ		

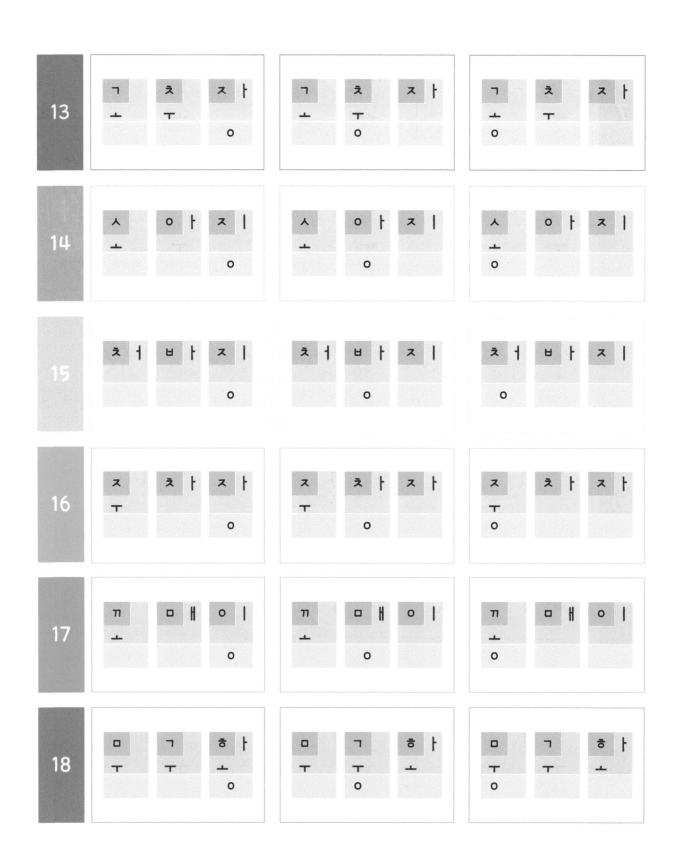

19	ㅅㅗ ㅈㅜ ㅎㅣㅇ	ㅅㅗ ㅈㅜㅇ ㅎㅣ	ㅅㅗㅇ ㅈㅜ ㅎㅣ
20	ㄱㅗ ㅇㅑ ㅇㅣㅇ	ㄱㅗ ㅇㅑㅇ ㅇㅣ	ㄱㅗㅇ ㅇㅑ ㅇㅣ
21	ㅊㅓ ㅍㅗ ㄷㅗㅇ	ㅊㅓ ㅍㅗㅇ ㄷㅗ	ㅊㅓㅇ ㅍㅗ ㄷㅗ
22	ㅅㅗ ㅂㅏ ㅊㅏㅇ	ㅅㅗ ㅂㅏㅇ ㅊㅏ	ㅅㅗㅇ ㅂㅏ ㅊㅏ
23	ㅇㅏ ㄱㅜ ㅇㅣㅇ	ㅇㅏ ㄱㅜㅇ ㅇㅣ	ㅇㅏㅇ ㄱㅜ ㅇㅣ
24	ㄱㅏ ㅇㅏ ㅈㅣㅇ	ㄱㅏ ㅇㅏㅇ ㅈㅣ	ㄱㅏㅇ ㅇㅏ ㅈㅣ

17 하나씩 달라지는 소리를 확인하며 읽어보세요.

guide! 어려운 모음이 포함되어 있어요. 초성, 모음, 종성 순으로 합성하여 읽게 해주세요.

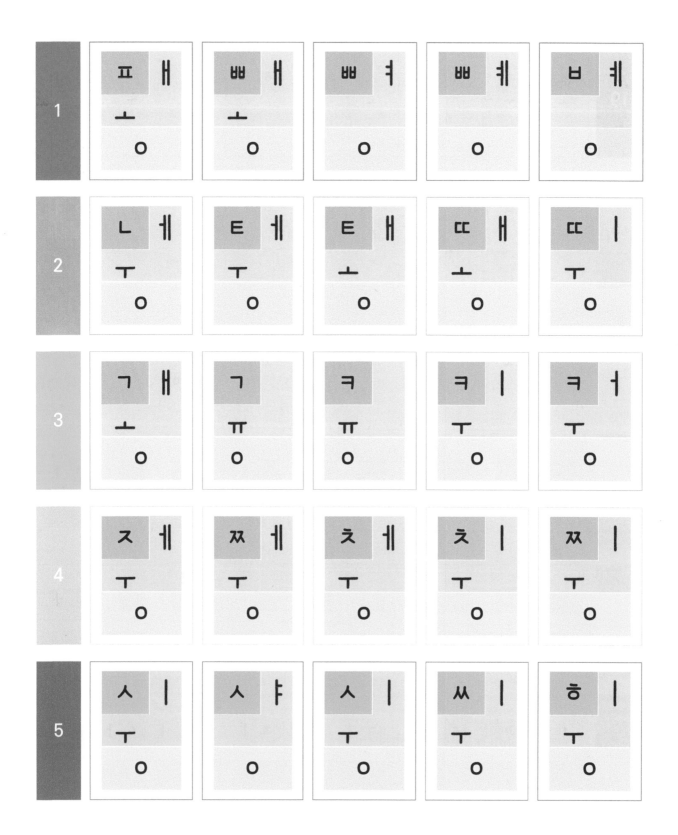

1	ㅍ ㅐ ㅗ ㅇ	ㅃ ㅐ ㅗ ㅇ	ㅃ ㅕ ㅇ	ㅃ ㅖ ㅇ	ㅂ ㅖ ㅇ
2	ㄴ ㅔ ㅜ ㅇ	ㅌ ㅔ ㅜ ㅇ	ㅌ ㅐ ㅗ ㅇ	ㄸ ㅐ ㅗ ㅇ	ㄸ ㅣ ㅜ ㅇ
3	ㄱ ㅐ ㅗ ㅇ	ㄱ ㅠ ㅇ	ㅋ ㅠ ㅇ	ㅋ ㅣ ㅜ ㅇ	ㅋ ㅓ ㅜ ㅇ
4	ㅈ ㅔ ㅜ ㅇ	ㅉ ㅔ ㅜ ㅇ	ㅊ ㅔ ㅜ ㅇ	ㅊ ㅣ ㅜ ㅇ	ㅉ ㅣ ㅜ ㅇ
5	ㅅ ㅣ ㅜ ㅇ	ㅅ ㅑ ㅇ	ㅅ ㅣ ㅜ ㅇ	ㅆ ㅣ ㅜ ㅇ	ㅎ ㅣ ㅜ ㅇ

4. ㄹ 받침

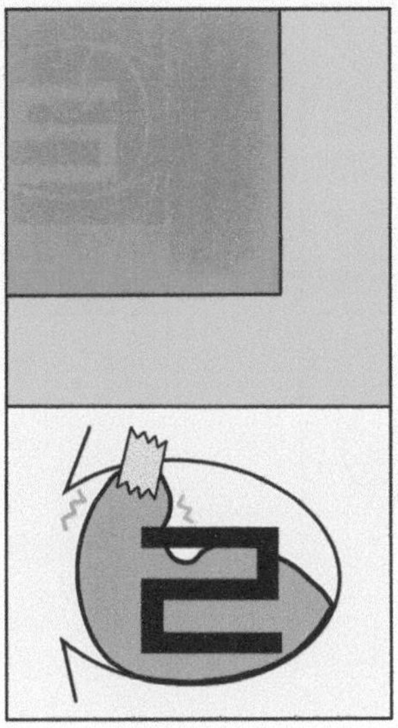

소리 내기

받침 'ㄹ' 소리를 내볼까요? '으-'소리를 내면서 준비를 하다가 혀끝을 살짝 구부려 윗니 뒷 부분에 딱 붙이며 소리를 내요. /으--ㄹ//으-ㄹ//을/ 점차 '으'소리는 줄여보세요.

초성과의 차이

초성 'ㄹ'는 혀끝을 살짝 구부려 윗니 뒷부분에 딱 붙이고 혀를 떼면서 소리가 나요.

초성 자음과 종성 자음의 차이를 느끼면서 소리 내보세요.

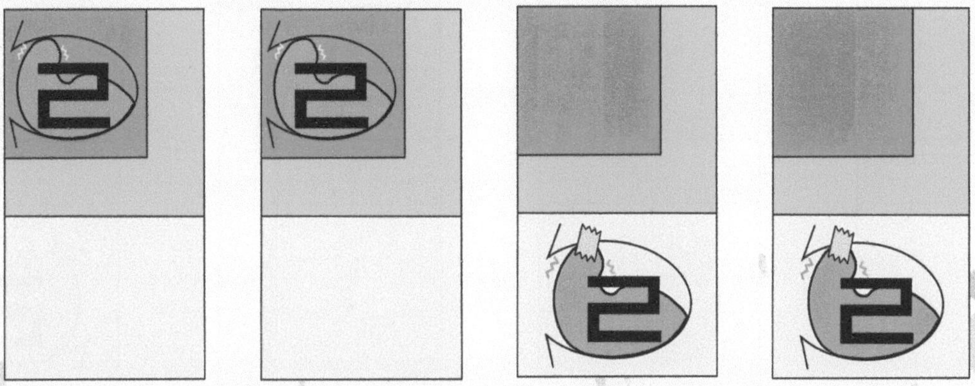

01 손으로 짚으면서 순서대로 읽어보세요.

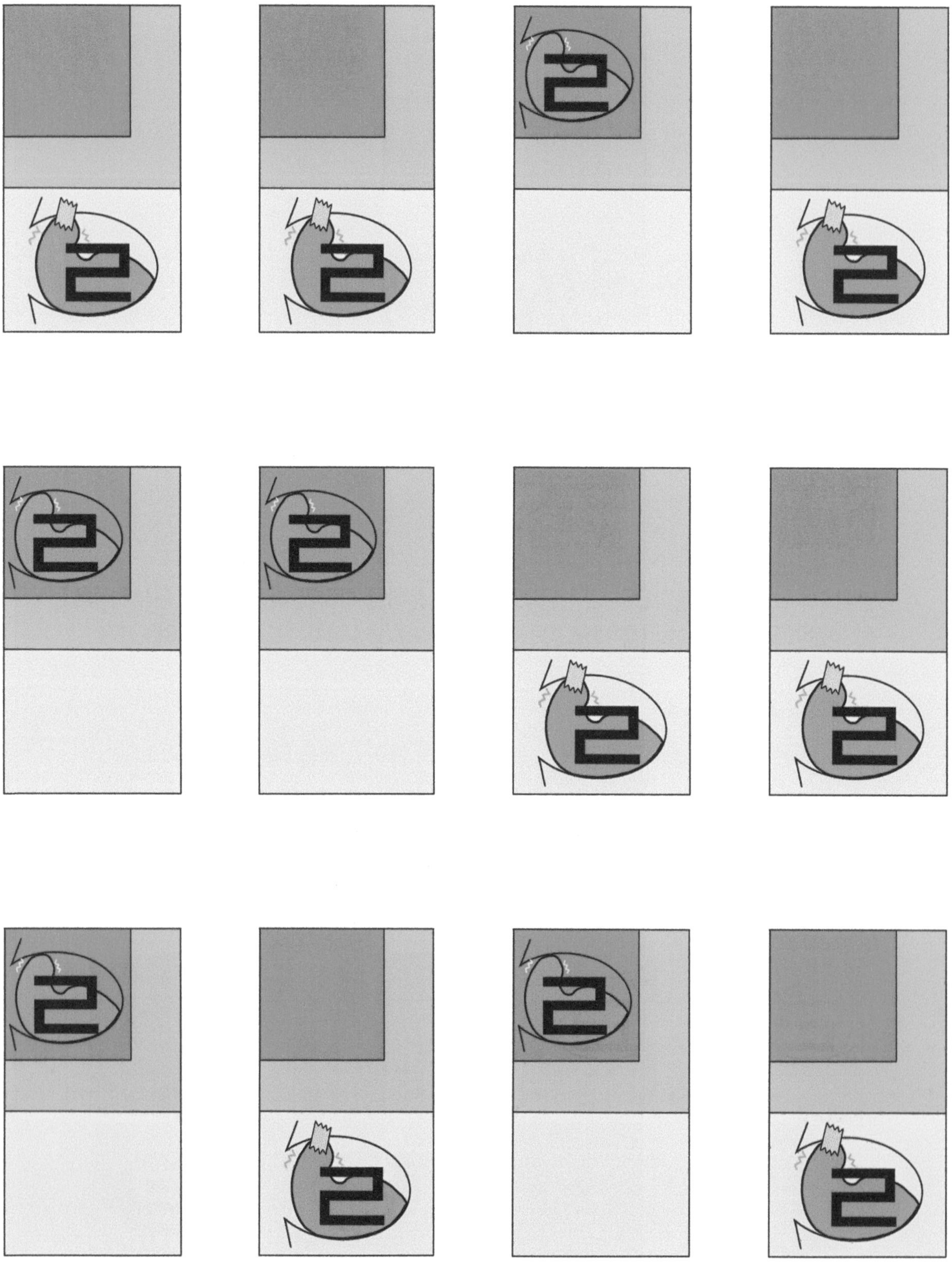

02 손으로 짚으면서 순서대로 읽어보세요.

ㄹ	ㄹ	ㄹ	ㄹ
ㄹ	ㄹ	ㄹ	ㄹ
ㄹ	ㄹ	ㄹ	ㄹ

03 들리는 소리에 동그라미 하세요.

guide!

1. 받침이 있는 음절과, 없는 음절을 무작위로 불러주세요.
2. 받침이 있는 음절을 불러줄 때는 받침의 소리가 더 잘 들릴 수 있도록 연장하거나 강조해서 불러주셔도 됩니다.

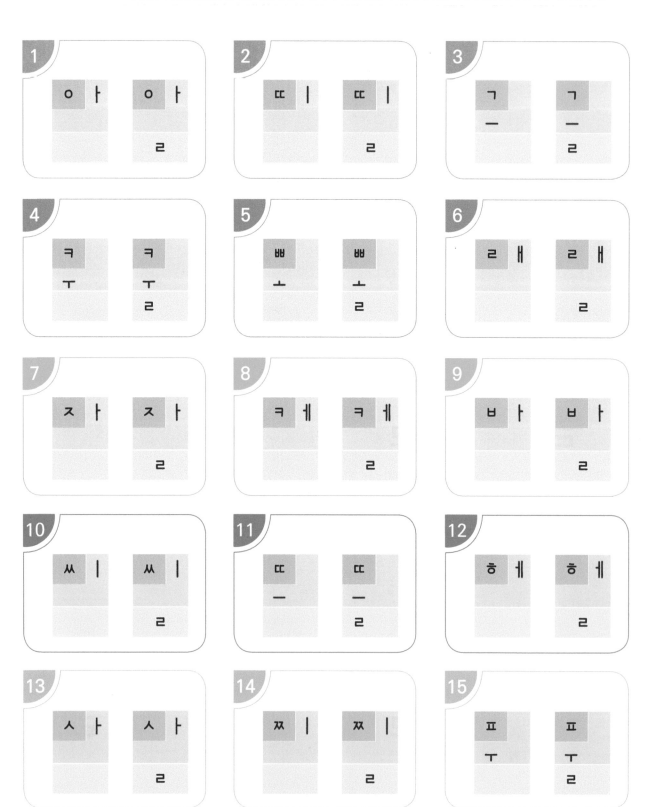

1	ㅇ ㅏ	ㅇ ㅏ ㄹ
2	ㄸ ㅣ	ㄸ ㅣ ㄹ
3	ㄱ ㅡ	ㄱ ㅡ ㄹ
4	ㅋ ㅜ	ㅋ ㅜ ㄹ
5	ㅃ ㅗ	ㅃ ㅗ ㄹ
6	ㄹ ㅐ	ㄹ ㅐ ㄹ
7	ㅈ ㅏ	ㅈ ㅏ ㄹ
8	ㅋ ㅔ	ㅋ ㅔ ㄹ
9	ㅂ ㅏ	ㅂ ㅏ ㄹ
10	ㅆ ㅣ	ㅆ ㅣ ㄹ
11	ㄸ ㅡ	ㄸ ㅡ ㄹ
12	ㅎ ㅔ	ㅎ ㅔ ㄹ
13	ㅅ ㅏ	ㅅ ㅏ ㄹ
14	ㅉ ㅣ	ㅉ ㅣ ㄹ
15	ㅍ ㅜ	ㅍ ㅜ ㄹ

04 들리는 소리에 동그라미 하세요.

guide!

1. 받침이 있는 음절과, 없는 음절을 무작위로 불러주세요.
2. 받침이 있는 음절을 불러줄 때는 받침의 소리가 더 잘 들릴 수 있도록 연장하거나 강조해서 불러주셔도 됩니다.

1	ㄴ ㅏ	ㅍ ㅏ	ㄴ ㅏ	ㅍ ㅏ ㄹ
2	ㅇ ㅏ	ㄷ ㅡ	ㅇ ㅏ	ㄷ ㅡ ㄹ
3	ㅂ ㅣ	ㄴ ㅣ	ㅂ ㅣ	ㄴ ㅣ ㄹ
4	ㄸ ㅏ	ㄱ ㅣ	ㄸ ㅏ ㄹ	ㄱ ㅣ
5	ㄷ ㅜ	ㅉ ㅐ	ㄷ ㅜ ㄹ	ㅉ ㅐ
6	ㅆ ㅓ	ㅁ ㅐ	ㅆ ㅓ ㄹ	ㅁ ㅐ
7	ㅇ ㅣ	ㄱ ㅣ	ㅇ ㅣ ㄹ	ㄱ ㅣ

8	ㄱ ㅓ	ㅁ ㅣ	ㅈ ㅜ	ㄱ ㅓ	ㅁ ㅣ	ㅈ ㅜ ㄹ
9	ㅇ ㅏ	ㅇ ㅣ	ㄷ ㅡ	ㅇ ㅏ	ㅇ ㅣ	ㄷ ㅡ ㄹ
10	ㅈ ㅐ	ㅃ ㅏ	ㄹ ㅣ	ㅈ ㅐ	ㅃ ㅏ ㄹ	ㄹ ㅣ
11	ㄱ ㅓ	ㅊ ㅣ	ㄷ ㅏ	ㄱ ㅓ	ㅊ ㅣ ㄹ	ㄷ ㅏ
12	ㅅ ㅏ	ㅁ ㅕ	ㅅ ㅣ	ㅅ ㅏ ㄹ	ㅁ ㅕ	ㅅ ㅣ
13	ㅈ ㅜ	ㄱ ㅓ	ㄹ ㅣ	ㅈ ㅜ ㄹ	ㄱ ㅓ	ㄹ ㅣ
14	ㅇ ㅏ	ㄹ ㅣ	ㄷ ㅏ	ㅇ ㅏ ㄹ	ㄹ ㅣ	ㄷ ㅏ

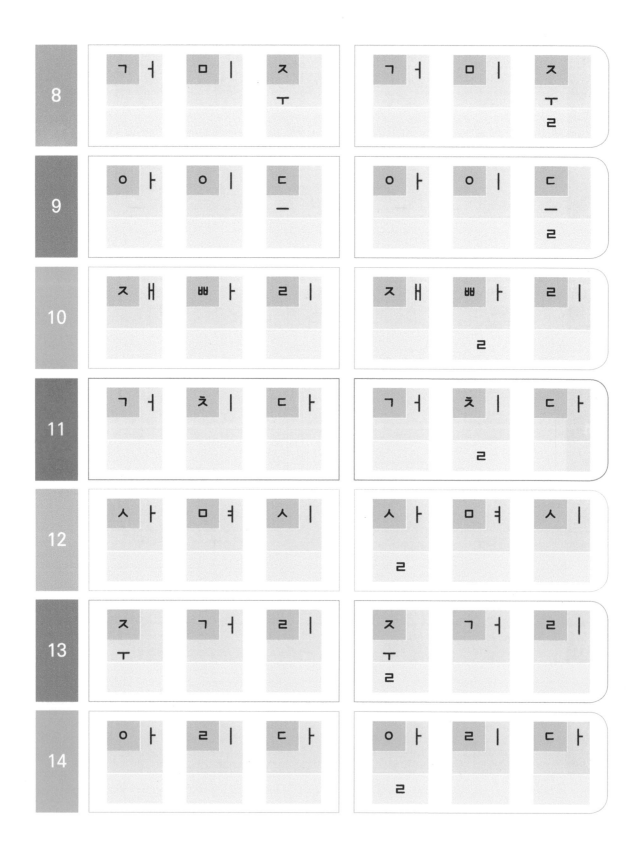

05 그림을 보고 받침 /을/ 소리가 들리는지 찾아보세요. 들리면 O, 안 들리면 X 하세요.

guide!

1. 그림을 보고 아동이 목표 낱말을 말하지 못할 때에는 목표 낱말을 들려주세요.
2. 소리를 들려줄 때에는 받침 소리를 강조해서 들려주세요.

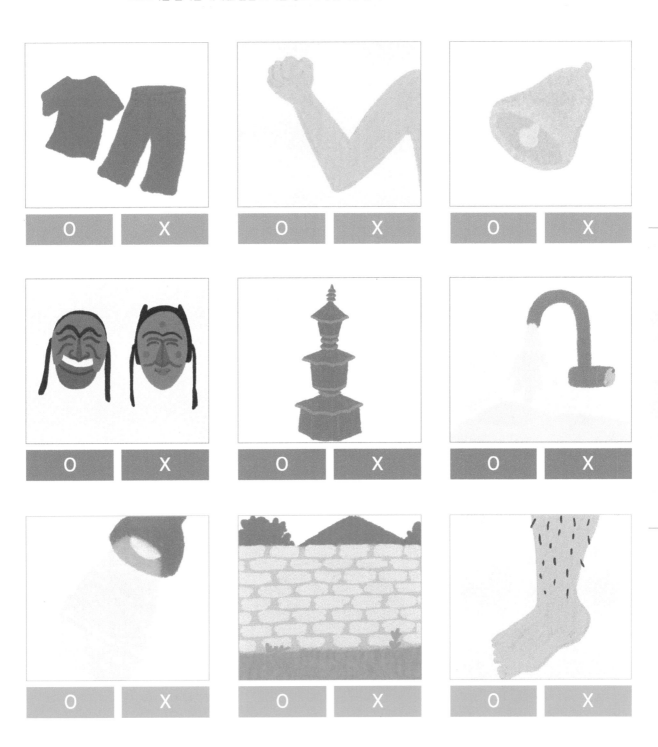

O X

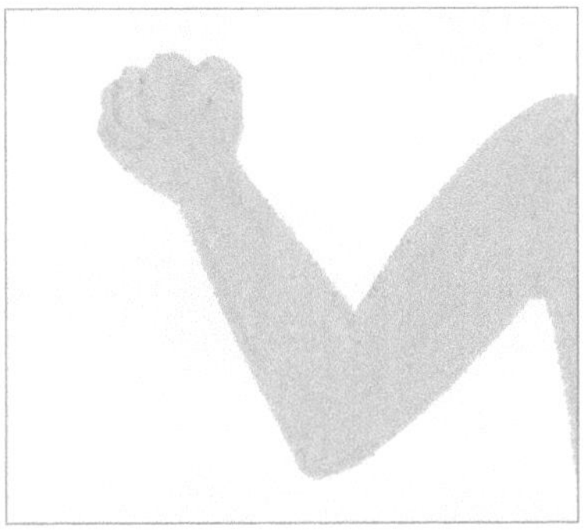

O X

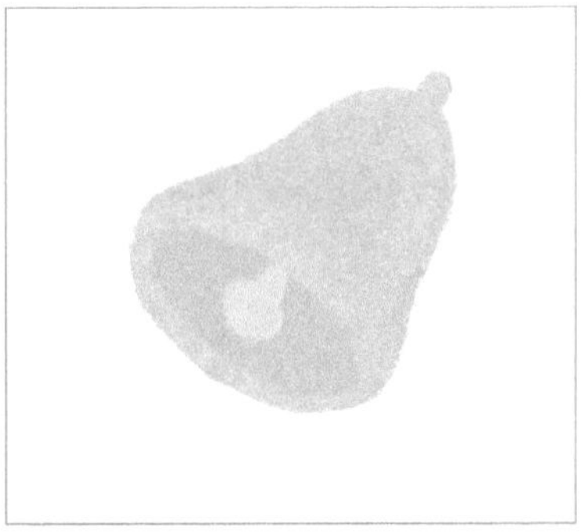

O X

O X

O X

O X

O X

O X

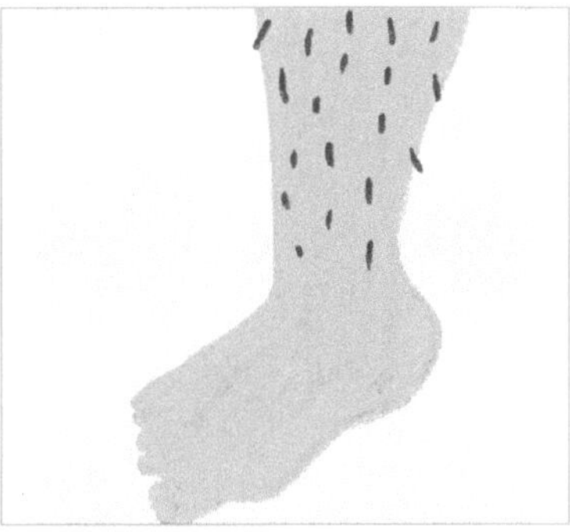

O X

정답
1. X옷(옫), 2. O팔, 3. X종, 4. O탈, 5. X탑, 6. O물, 7. X빛(빋), 8. X벽, 9. O털

06 그림을 보고 받침/을/ 소리가 들리는지 찾아보세요. 들리면 O, 안 들리면 X 하세요.

guide !

1. 그림을 보고 아동이 목표 낱말을 말하지 못할 때에는 목표 낱말을 들려주세요.
2. 소리를 들려줄 때에는 받침 소리를 강조해서 들려주세요.

O X

O X

O X

O X

O X

O X

O X

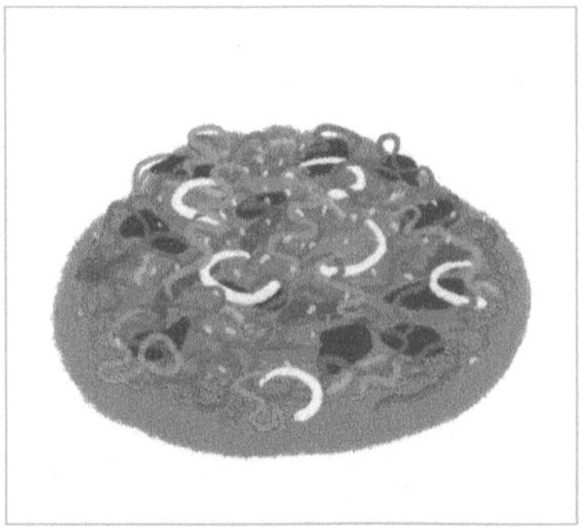

O X

O X

정답

1. X표범. 2. O꿀찌. 3. X수박. 4. O날씨. 5. X주황. 6. O글씨. 7. X넷째(넷째). 8. X잡채. 9. O썰매

07 그림을 보고 목표 음소에 맞는 그림 카드 번호를 써보세요.

guide! 1. 아동이 낱말을 모르거나, 목표 낱말을 말하지 못할 때에는 목표 낱말을 들려주세요.

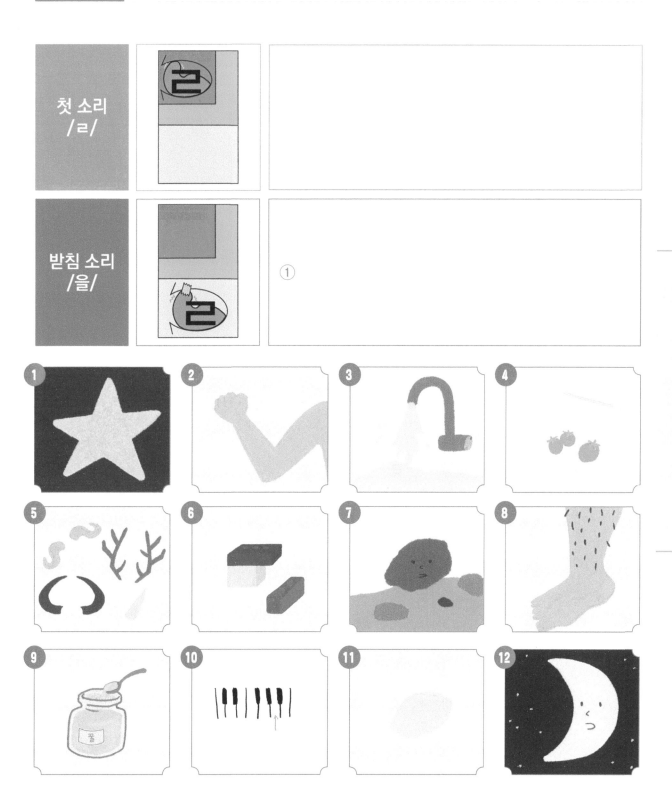

첫 소리 /ㄹ/	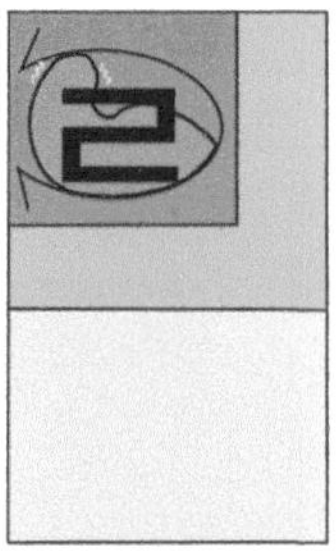	
받침 소리 /을/	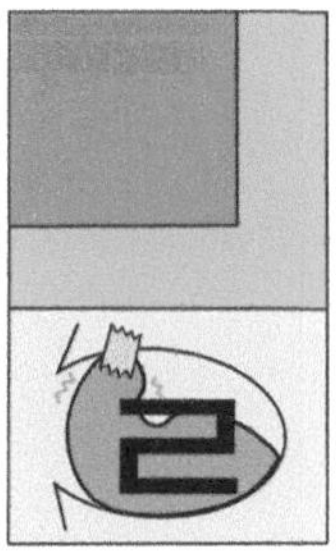	①

1 

2 

3 

4 

5 

6 

7 

8 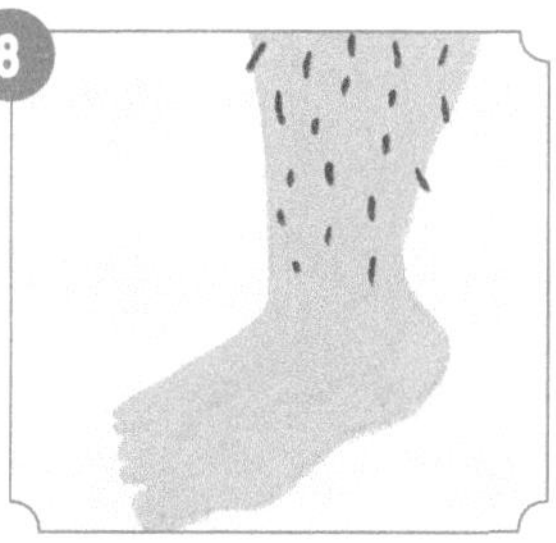

9 

10 

11 

12 

정답
첫 소리/ㄹ/ 4.랩. 6.레고. 10.라. 11.레몬 받침 소리/을/ 1.별. 2.팔. 3.물. 5.뿔. 7.돌. 8.털. 9.꿀. 12.달

08 각각의 소리를 더하여 하나의 소리로 만들어 보세요. 어떤 소리가 완성되나요?

guide!

1. 손으로 소리 상자를 모두 가리고 차례대로 하나씩 보여주세요.
2. 소리를 끊지 않고 부드럽게 연결하여 이음새 없이 점차 한숨에 합쳐보세요.
3. 어떤 소리가 완성되는지 말해보세요.

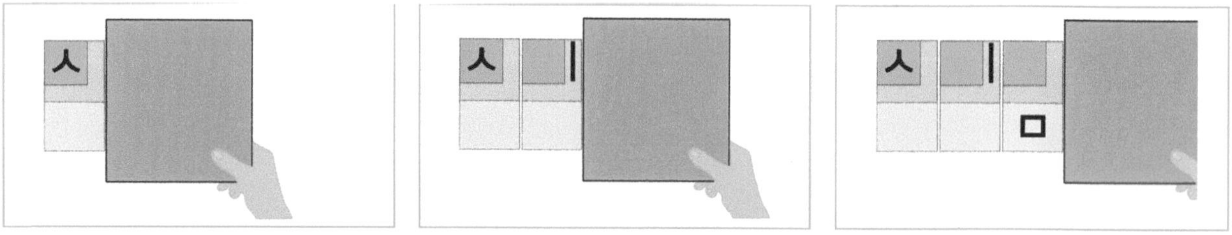

왼쪽부터 차례대로 소리를 합쳐보세요.	반응
ㅣ / ㄹ	
ㅐ / ㄹ	
ㅂ / ㅣ / ㄹ	
ㄴ / ㅔ / ㄹ	
ㄸ / ㅣ / ㄹ	

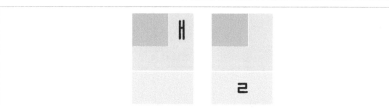

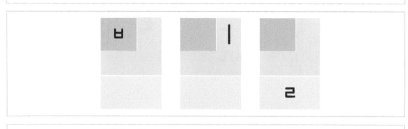

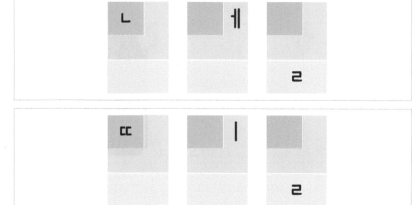

09 각각의 소리를 더하여 하나의 소리로 만들어 보세요. 어떤 소리가 완성되나요?

guide!

1. 손으로 소리 상자를 모두 가리고 차례대로 하나씩 보여주세요.
2. 소리를 끊지 않고 부드럽게 연결하여 이음새 없이 점차 한숨에 합쳐보세요.
3. 어떤 소리가 완성되는지 말해보세요.

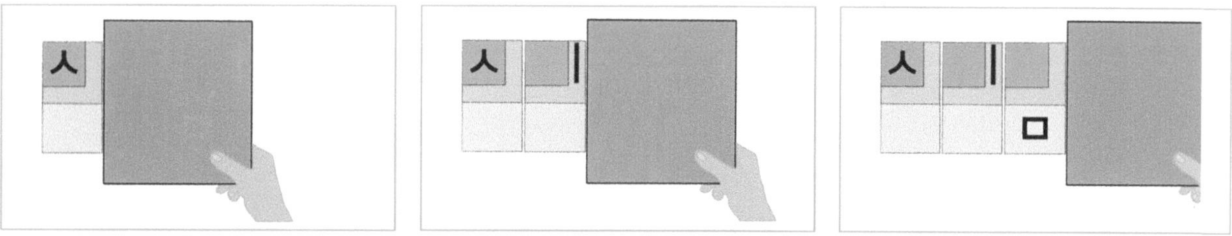

왼쪽부터 차례대로 소리를 합쳐보세요.	반응
ㄱ ㅜ ㅅ ㅡ ㄹ	
ㄴ ㅏ ㅍ ㅏ ㄹ	
ㅂ ㅣ ㄴ ㅣ ㄹ	
ㄱ ㅓ ㅜ ㄹ	
ㅏ ㄷ ㅡ ㄹ	

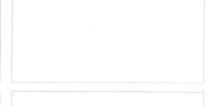

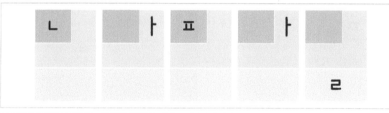

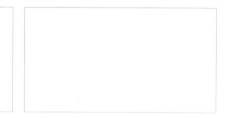

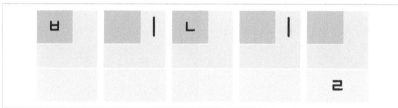

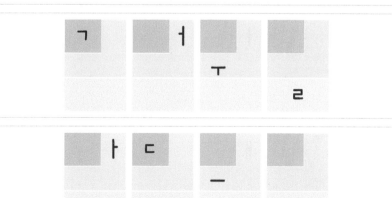

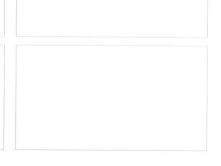

10 각각의 소리를 더하여 하나의 소리로 만들어 보세요. 어떤 소리가 완성되나요?

guide!

1. 손으로 소리 상자를 모두 가리고 차례대로 하나씩 보여주세요.
2. 소리를 끊지 않고 부드럽게 연결하여 이음새 없이 점차 한숨에 합쳐보세요.
3. 어떤 소리가 완성되는지 말해보세요.

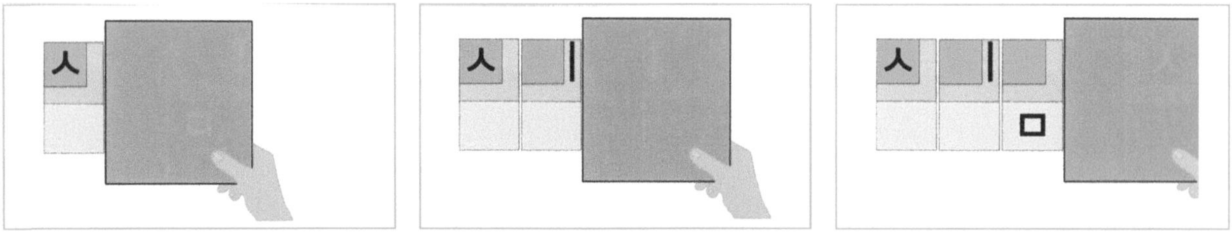

왼쪽부터 차례대로 소리를 합쳐보세요.	반응
ㄸ ㅏ ㄹ ㄱ ㅣ	
ㄷ ㅜ ㄹ ㅉ ㅐ	
ㅣ ㄹ ㄱ ㅣ	
ㄱ ㅡ ㄹ ㅆ ㅣ	
ㅆ ㅓ ㄹ ㅁ ㅐ	

11 각각의 소리를 더하여 하나의 소리로 만들어 보세요. 어떤 소리가 완성되나요?

guide!

1. 손으로 소리 상자를 모두 가리고 차례대로 하나씩 보여주세요.
2. 소리를 끊지 않고 부드럽게 연결하여 이음새 없이 점차 한숨에 합쳐보세요.
3. 어떤 소리가 완성되는지 말해보세요.

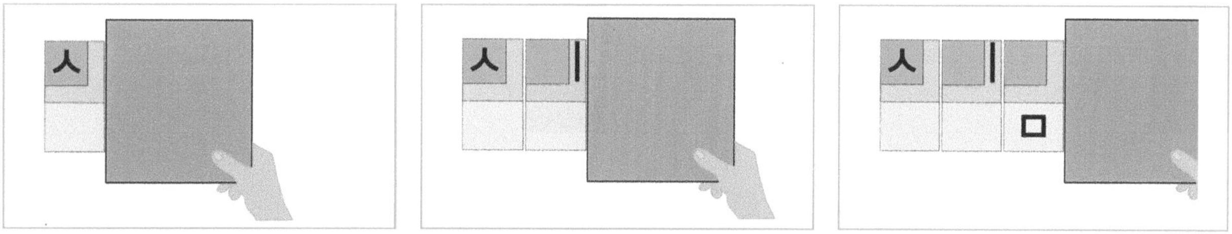

왼쪽부터 차례대로 소리를 합쳐보세요.	반응
ㄲ ㅏ ㄹ ㄲ ㅏ ㄹ	
ㄷ ㅓ ㄹ ㄷ ㅓ ㄹ	
ㅏ ㄹ ㄸ ㅡ ㄹ	
ㄷ ㅏ ㄹ ㄱ ㅑ ㄹ	
ㅂ ㅏ ㄹ ㄹ ㅏ ㄹ	

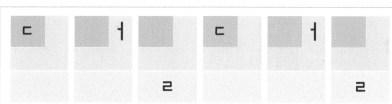

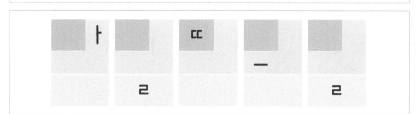

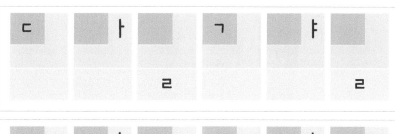

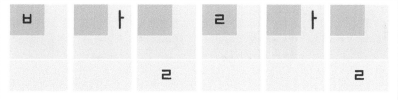

12 /을/받침은 어디에 있을까요? 들리는 소리에 o 하세요.

guide! 종성의 위치를 파악하며 듣는 연습입니다. 두 낱말 중 무작위로 하나만 선택해 소리를 들려주세요.

번호				
1	ㄱ / ㅛ /	ㅅ ㅣ / / ㄹ	ㄱ / ㅛ / ㄹ	ㅅ ㅣ / /
2	ㅅ / ㅜ /	ㄷ ㅏ / / ㄹ	ㅅ / ㅜ / ㄹ	ㄷ ㅏ / /
3	ㅍ ㅏ / /	ㄷ ㅏ / / ㄹ	ㅍ ㅏ / / ㄹ	ㄷ ㅏ / /
4	ㄸ ㅏ / /	ㄱ ㅣ / / ㄹ	ㄸ ㅏ / / ㄹ	ㄱ ㅣ / /
5	ㄱ ㅓ / /	ㄹ ㅔ / / ㄹ	ㄱ ㅓ / / ㄹ	ㄹ ㅔ / /
6	ㅈ / ㅜ /	ㅁ ㅏ / / ㄹ	ㅈ / ㅜ / ㄹ	ㅁ ㅏ / /
7	ㅇ ㅕ / /	ㅁ ㅐ / / ㄹ	ㅇ ㅕ / / ㄹ	ㅁ ㅐ / /
8	ㅎ ㅐ / /	ㄱ ㅕ / / ㄹ	ㅎ ㅐ / / ㄹ	ㄱ ㅕ / /
9	ㅇ ㅏ / /	ㄷ / ㅡ / ㄹ	ㅇ ㅏ / / ㄹ	ㄷ / ㅡ /
10	ㅇ ㅣ / /	ㄱ ㅣ / / ㄹ	ㅇ ㅣ / / ㄹ	ㄱ ㅣ / /
11	ㄴ ㅏ / /	ㅆ ㅣ / / ㄹ	ㄴ ㅏ / / ㄹ	ㅆ ㅣ / /
12	ㅎ ㅏ / ㅗ /	ㅅ ㅏ / / ㄹ	ㅎ ㅏ / ㅗ / ㄹ	ㅅ ㅏ / /
13	ㅂ ㅏ / /	ㅍ / ㅛ / ㄹ	ㅂ ㅏ / / ㄹ	ㅍ / ㅛ /
14	ㄱ / ㅜ /	ㅂ ㅕ / / ㄹ	ㄱ / ㅜ / ㄹ	ㅂ ㅕ / /

15	ㄱ ㅏ ㅂ ㅏ / ㄹ	ㄱ ㅏ ㅂ ㅏ / ㄹ
16	ㅇ ㅣ ㅂ / ㅜ / ㄹ	ㅇ ㅣ ㅂ / ㅜ / ㄹ
17	ㅂ ㅐ ㄷ ㅏ / ㄹ	ㅂ ㅐ ㄷ ㅏ / ㄹ
18	ㅃ ㅏ ㄹ ㅣ / ㄹ	ㅃ ㅏ ㄹ ㅣ / ㄹ
19	ㅊ ㄱ / ㅜ ㅜ / ㄹ	ㅊ ㄱ / ㅜ ㅜ / ㄹ
20	ㄴ ㅓ ㄷ ㅏ / ㄹ	ㄴ ㅓ ㄷ ㅏ / ㄹ
21	ㄱ ㅆ ㅣ / ㅡ / ㄹ	ㄱ ㅆ ㅣ / ㅡ / ㄹ
22	ㅈ ㄱ ㅣ / ㅜ / ㄹ	ㅈ ㄱ ㅣ / ㅜ / ㄹ
23	ㅅ ㅣ ㅅ ㅓ / ㄹ	ㅅ ㅣ ㅅ ㅓ / ㄹ
24	ㅇ ㅓ ㅁ ㅏ / ㄹ	ㅇ ㅓ ㅁ ㅏ / ㄹ
25	ㅎ ㅐ ㄱ / ㅗ / ㄹ	ㅎ ㅐ ㄱ / ㅗ / ㄹ
26	ㄱ ㅕ ㄱ ㅏ / ㅗ / ㄹ	ㄱ ㅕ ㄱ ㅏ / ㅗ / ㄹ
27	ㄴ ㅏ ㅍ ㅏ / ㄹ	ㄴ ㅏ ㅍ ㅏ / ㄹ
28	ㄱ ㅣ ㅅ / ㅜ / ㄹ	ㄱ ㅣ ㅅ / ㅜ / ㄹ

13 그림을 보고 빈 칸에 받침 /을/을 써보세요. 낱말을 모른다면, 목표 낱말을 들려주세요.

guide!

1. 쓰기 어려워할 시엔, 소리와 소리 사이를 연장해서 들려주세요.(예, /하푸~~ㅁ/)
2. 대표 받침 소리로 쓰도록 알려주세요. 그리고 맞춤법에 맞는 받침도 알려주세요.

1

ㅁ ㅏ	ㄴ ㅡ

2

ㅎ ㅏ	ㄴ ㅡ

3

ㄱ ㅡ	ㅆ ㅣ

4

ㅋ ㅗ	ㄹ ㅏ

5

ㄴ ㅏ	ㅆ ㅣ

6

ㄴ ㅏ	ㅍ ㅏ

정답: 마늘, 하늘, 글씨, 콜라, 날씨, 나팔

14 그림을 보고 빈 칸에 받침 /을/을 써보세요. 낱말을 모른다면, 목표 낱말을 들려주세요.

guide!

1. 쓰기 어려워할 시엔, 소리와 소리 사이를 연장해서 들려주세요.(예, /하푸~~ㅁ/)
2. 대표 받침 소리로 쓰도록 알려주세요. 그리고 맞춤법에 맞는 받침도 알려주세요.

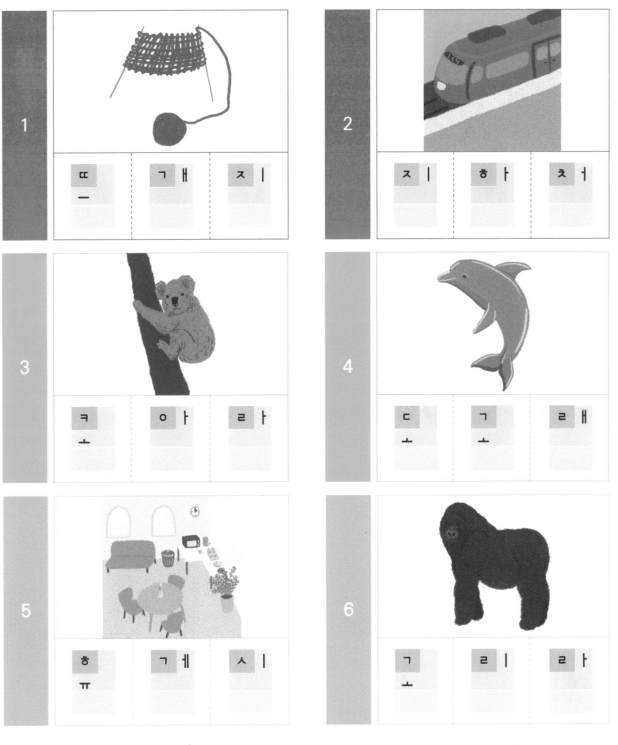

1

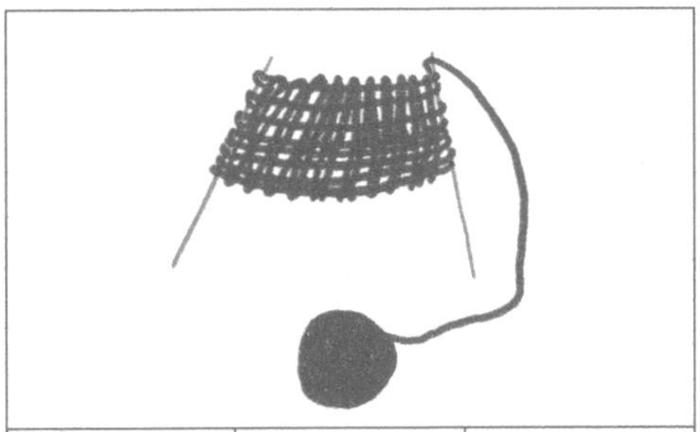

ㄸ ㅡ	ㄱ ㅐ	ㅈ ㅣ

2

ㅈ ㅣ	ㅎ ㅏ	ㅊ ㅓ

3

ㅋ ㅗ	ㅇ ㅏ	ㄹ ㅏ

4

ㄷ ㅗ	ㄱ ㅗ	ㄹ ㅐ

5

ㅎ ㅠ	ㄱ ㅔ	ㅅ ㅣ

6

ㄱ ㅗ	ㄹ ㅣ	ㄹ ㅏ

정답
뜨개질, 지하철, 코알라, 돌고래, 휴게실, 고릴라

15 그림을 보고 빈 칸에 받침 /을/을 써보세요. 낱말을 모른다면, 목표 낱말을 들려주세요.

guide!

1. 쓰기 어려워할 시엔, 소리와 소리 사이를 연장해서 들려주세요.(예, /하푸~~ㅁ/)
2. 대표 받침 소리로 쓰도록 알려주세요. 그리고 맞춤법에 맞는 받침도 알려주세요.

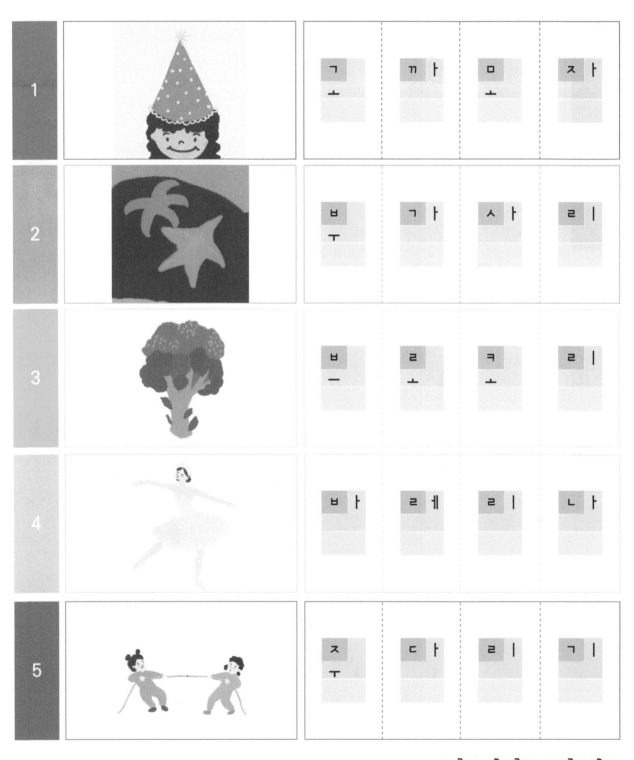

1		ㄱ ㅗ	ㄲ ㅏ	ㅁ ㅗ	ㅈ ㅏ
2		ㅂ ㅜ	ㄱ ㅏ	ㅅ ㅏ	ㄹ ㅣ
3		ㅂ ㅡ	ㄹ ㅗ	ㅋ ㅗ	ㄹ ㅣ
4		ㅂ ㅏ	ㄹ ㅔ	ㄹ ㅣ	ㄴ ㅏ
5		ㅈ ㅜ	ㄷ ㅏ	ㄹ ㅣ	ㄱ ㅣ

정답
고깔모자, 불가사리, 브로콜리, 발레리나, 줄다리기

16 받침/을/이 포함된 낱말을 읽어요. 왼쪽부터 오른쪽 순서대로 읽어보세요.

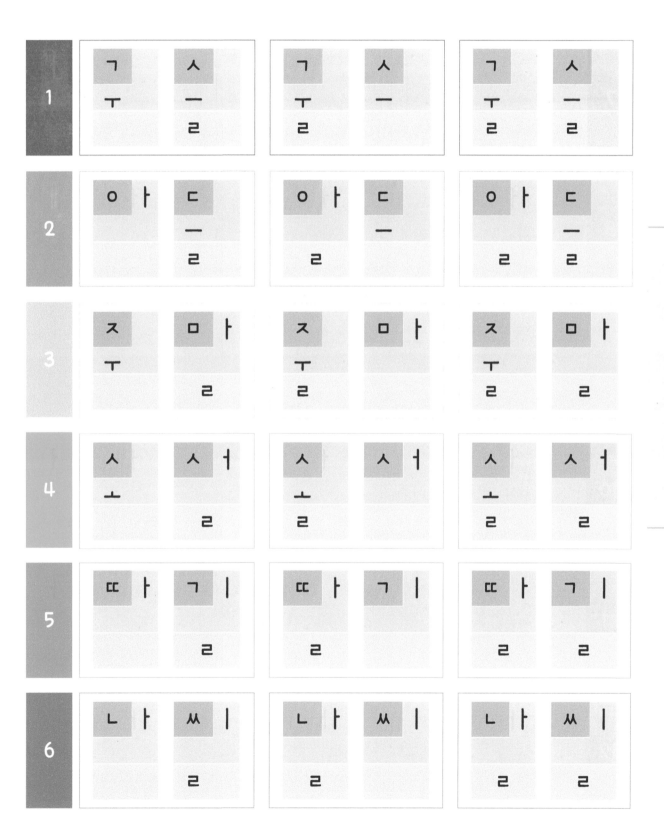

1	ㄱ ㅜ / ㅅ ㅡ ㄹ	ㄱ ㅜ ㄹ / ㅅ ㅡ	ㄱ ㅜ ㄹ / ㅅ ㅡ ㄹ
2	ㅇ ㅏ / ㄷ ㅡ ㄹ	ㅇ ㅏ ㄹ / ㄷ ㅡ	ㅇ ㅏ ㄹ / ㄷ ㅡ ㄹ
3	ㅈ ㅜ / ㅁ ㅏ ㄹ	ㅈ ㅜ ㄹ / ㅁ ㅏ	ㅈ ㅜ ㄹ / ㅁ ㅏ ㄹ
4	ㅅ ㅗ / ㅅ ㅓ ㄹ	ㅅ ㅗ ㄹ / ㅅ ㅓ	ㅅ ㅗ ㄹ / ㅅ ㅓ ㄹ
5	ㄸ ㅏ / ㄱ ㅣ ㄹ	ㄸ ㅏ ㄹ / ㄱ ㅣ	ㄸ ㅏ ㄹ / ㄱ ㅣ ㄹ
6	ㄴ ㅏ / ㅆ ㅣ ㄹ	ㄴ ㅏ ㄹ / ㅆ ㅣ	ㄴ ㅏ ㄹ / ㅆ ㅣ ㄹ

7	ㅈ ㅜ / ㄱ ㅣ ㄹ	ㅈ ㅜ ㄹ / ㄱ ㅣ	ㅈ ㅜ ㄹ / ㄱ ㅣ ㄹ
8	ㅆ ㅓ / ㅁ ㅐ ㄹ	ㅆ ㅓ ㄹ / ㅁ ㅐ	ㅆ ㅓ ㄹ / ㅁ ㅐ ㄹ
9	ㅈ ㅜ / ㅈ ㅏ ㄹ	ㅈ ㅜ ㄹ / ㅈ ㅏ	ㅈ ㅜ ㄹ / ㅈ ㅏ ㄹ
10	ㅂ ㅓ / ㅆ ㅓ ㄹ	ㅂ ㅓ ㄹ / ㅆ ㅓ	ㅂ ㅓ ㄹ / ㅆ ㅓ ㄹ
11	ㅋ ㅗ / ㄹ ㅏ ㄹ	ㅋ ㅗ ㄹ / ㄹ ㅏ	ㅋ ㅗ ㄹ / ㄹ ㅏ ㄹ
12	ㅂ ㅏ / ㅍ ㅛ ㄹ	ㅂ ㅏ ㄹ / ㅍ ㅛ	ㅂ ㅏ ㄹ / ㅍ ㅛ ㄹ

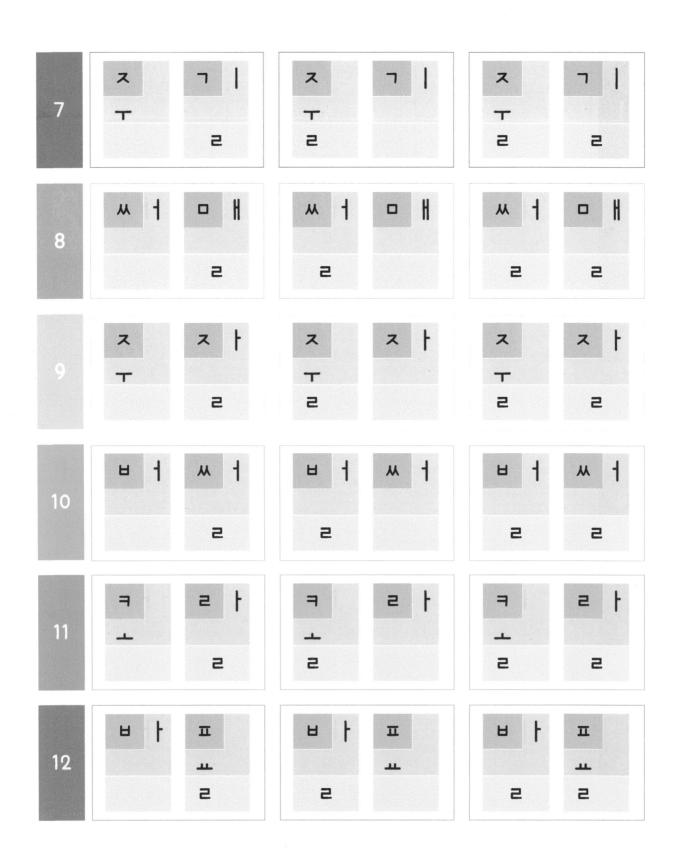

13	ㅇㅜ ㄹㅣ ㅁㅏㄹ	ㅇㅜ ㄹㅣㄹ ㅁㅏ	ㅇㅜㄹ ㄹㅣ ㅁㅏ
14	ㄱㅓ ㅊㅣ ㄷㅏㄹ	ㄱㅓ ㅊㅣㄹ ㄷㅏ	ㄱㅓㄹ ㅊㅣ ㄷㅏ
15	ㄱㅓ ㅁㅣ ㅈㅜㄹ	ㄱㅓ ㅁㅣㄹ ㅈㅜ	ㄱㅓㄹ ㅁㅣ ㅈㅜ
16	ㄱㅛ ㅁㅜ ㅅㅣㄹ	ㄱㅛ ㅁㅜㄹ ㅅㅣ	ㄱㅛㄹ ㅁㅜ ㅅㅣ
17	ㅅㅏ ㅁㅜ ㅅㅣㄹ	ㅅㅏ ㅁㅜㄹ ㅅㅣ	ㅅㅏㄹ ㅁㅜ ㅅㅣ
18	ㅂㅜ ㄱㅗ ㄱㅣㄹ	ㅂㅜ ㄱㅗㄹ ㄱㅣ	ㅂㅜㄹ ㄱㅗ ㄱㅣ

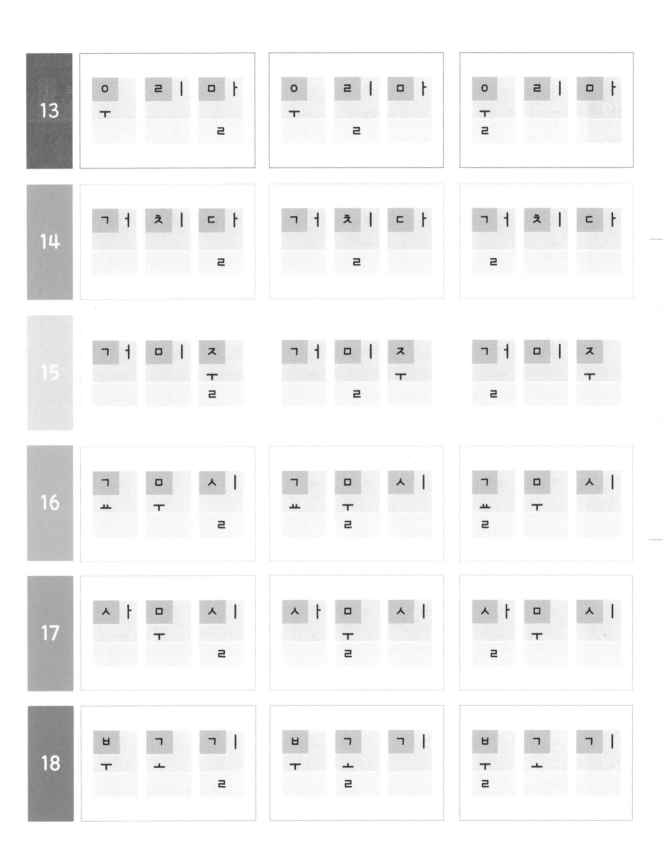

19	ㅇ ㅜ / ㅌ ㅏ / ㄹ ㅣ ㄹ	ㅇ ㅜ / ㅌ ㅏ ㄹ / ㄹ ㅣ	ㅇ ㅜ ㄹ / ㅌ ㅏ / ㄹ ㅣ
20	ㅈ ㅜ / ㄱ ㅓ / ㄹ ㅣ ㄹ	ㅈ ㅜ / ㄱ ㅓ ㄹ / ㄹ ㅣ	ㅈ ㅜ ㄹ / ㄱ ㅓ / ㄹ ㅣ
21	ㅂ ㅣ / ㄷ ㅜ / ㄱ ㅣ ㄹ	ㅂ ㅣ / ㄷ ㅜ ㄹ / ㄱ ㅣ	ㅂ ㅣ ㄹ / ㄷ ㅜ / ㄱ ㅣ
22	ㅈ ㅐ / ㅃ ㅏ / ㄹ ㅣ ㄹ	ㅈ ㅐ / ㅃ ㅏ ㄹ / ㄹ ㅣ	ㅈ ㅐ ㄹ / ㅃ ㅏ / ㄹ ㅣ
23	ㅅ ㅓ / ㄷ ㅜ / ㄹ ㅓ ㄹ	ㅅ ㅓ / ㄷ ㅜ ㄹ / ㄹ ㅓ	ㅅ ㅓ ㄹ / ㄷ ㅜ / ㄹ ㅓ
24	ㄷ ㅏ / ㄹ ㅣ / ㄷ ㅏ ㄹ	ㄷ ㅏ / ㄹ ㅣ ㄹ / ㄷ ㅏ	ㄷ ㅏ ㄹ / ㄹ ㅣ / ㄷ ㅏ

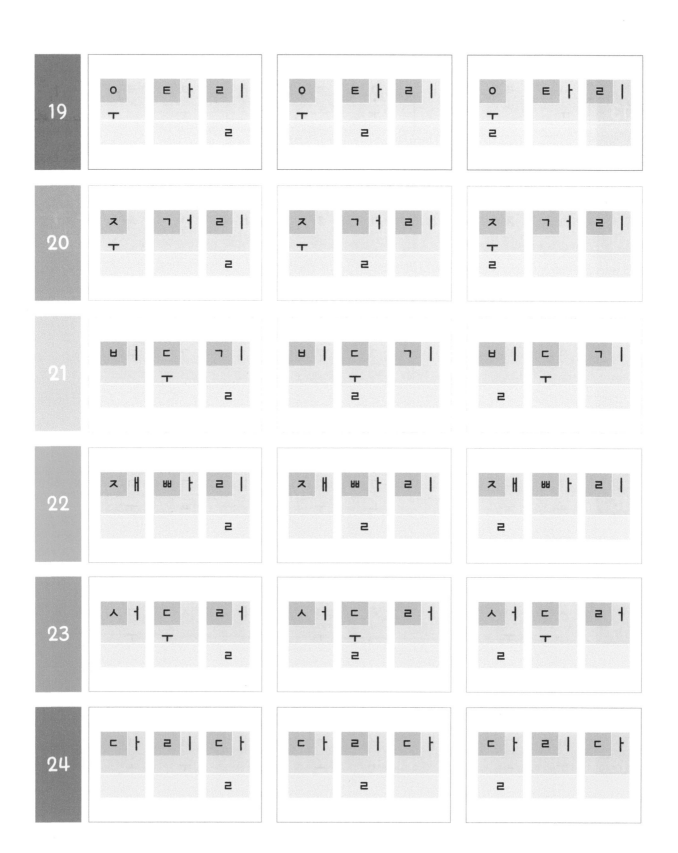

17 하나씩 달라지는 소리를 확인하며 읽어보세요.

guide! 어려운 모음이 포함되어 있어요. 초성, 모음, 종성 순으로 합성하여 읽게 해주세요.

1	ㅂ ㅔ ㅜ ㄹ	ㅃ ㅔ ㅜ ㄹ	ㅃ ㅠ ㄹ	ㅍ ㅠ ㄹ	ㅍ ㅖ ㄹ
2	ㄴ ㅑ ㄹ	ㅌ ㅑ ㄹ	ㅌ ㅣ ㅜ ㄹ	ㅌ ㅔ ㅜ ㄹ	ㄸ ㅔ ㅜ ㄹ
3	ㄱ ㅐ ㅗ ㄹ	ㄱ ㅣ ㅜ ㄹ	ㅋ ㅣ ㅜ ㄹ	ㅋ ㅕ ㄹ	ㅋ ㅏ ㅗ ㄹ
4	ㅈ ㅓ ㅜ ㄹ	ㅉ ㅓ ㅜ ㄹ	ㅊ ㅓ ㅜ ㄹ	ㅊ ㅣ ㅗ ㄹ	ㅉ ㅣ ㅗ ㄹ
5	ㅅ ㅔ ㅜ ㄹ	ㅅ ㅖ ㄹ	ㅆ ㅖ ㄹ	ㅆ ㅕ ㄹ	ㄹ ㅕ ㄹ

5. ㅂ 받침

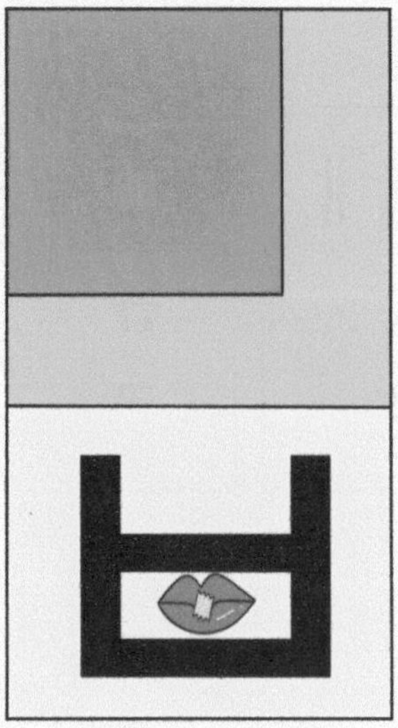

소리 내기

받침 'ㅂ' 소리를 내볼까요? '으-'소리를 내면서 준비를 하다가 윗입술과 아랫입술을 딱 붙이며 소리를 내요. /으--ㅂ//으-ㅂ//읍/ 점차 '으'소리는 줄여보세요.

초성과의 차이

초성 'ㅂ'는 윗입술과 아랫입술을 딱 붙였다 떼면서 소리가 나요.

초성 자음과 종성 자음의 차이를 느끼면서 소리 내보세요.

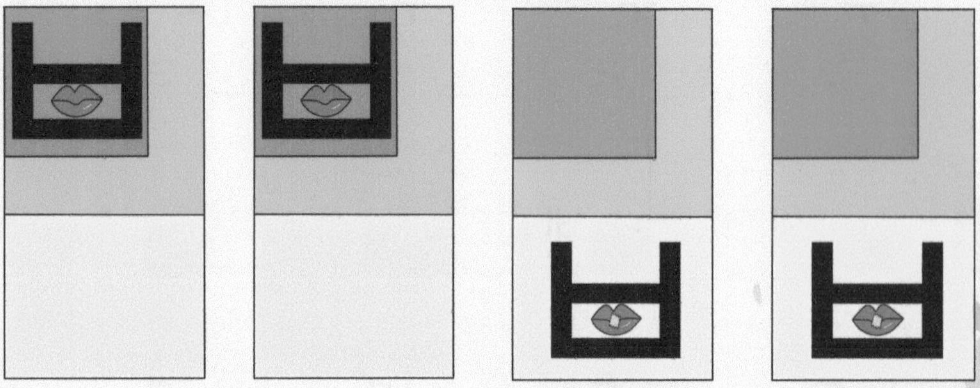

01 손으로 짚으면서 순서대로 읽어보세요.

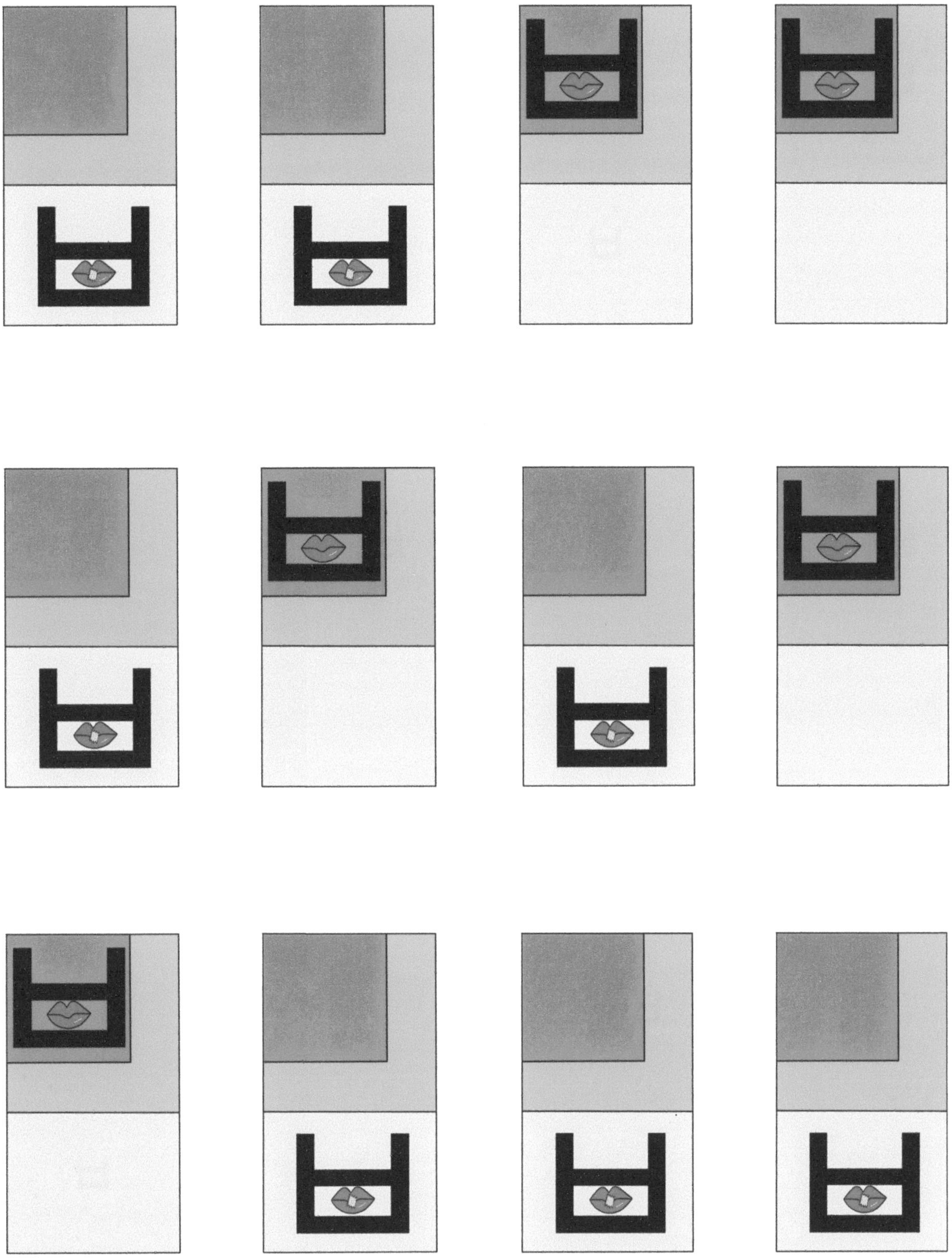

02 손으로 짚으면서 순서대로 읽어보세요.

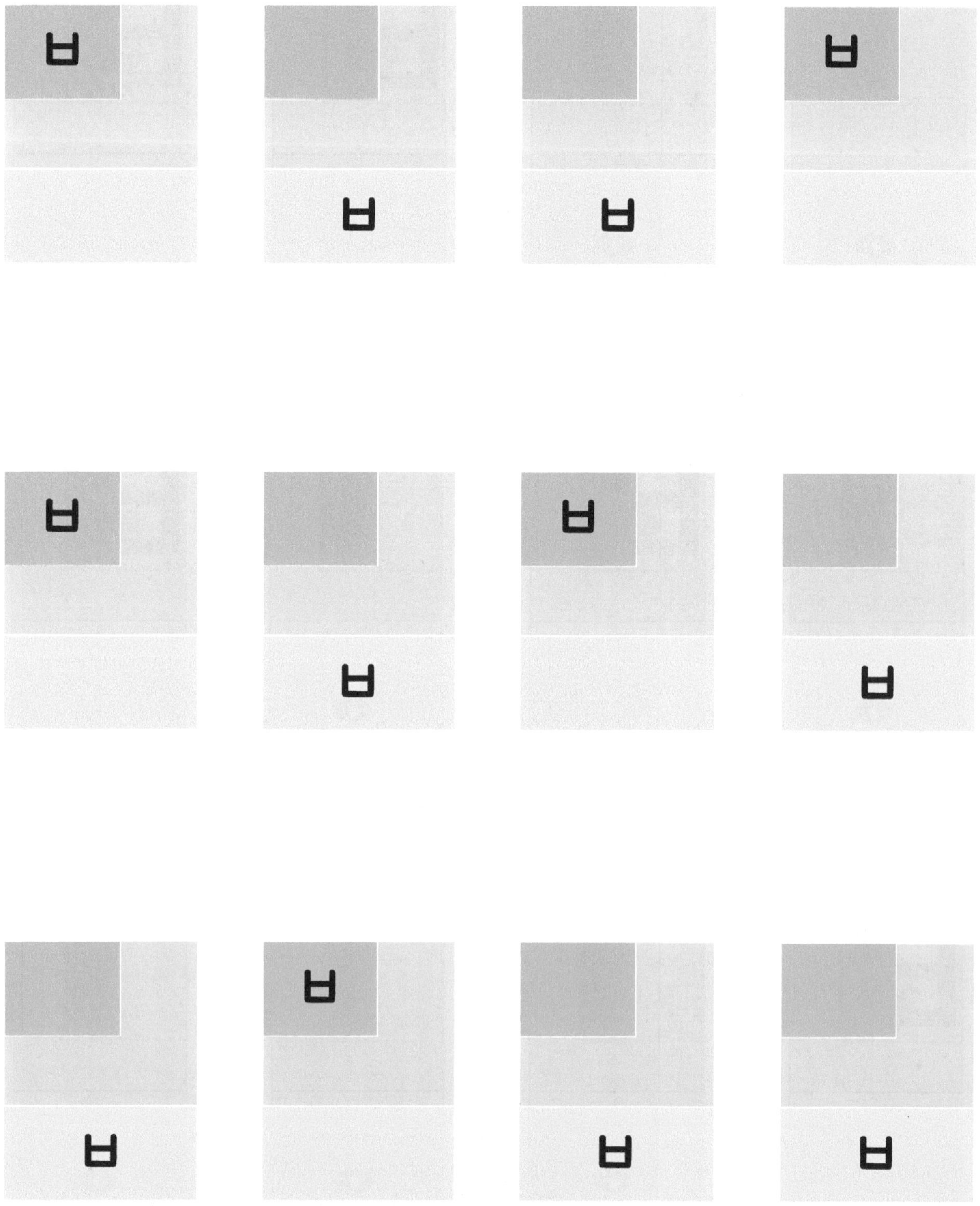

03 들리는 소리에 동그라미 하세요.

guide!

1. 받침이 있는 음절과, 없는 음절을 무작위로 불러주세요.
2. 받침이 있는 음절을 불러줄 때는 받침의 소리가 더 잘 들릴 수 있도록 연장하거나 강조해서 불러주셔도 됩니다.

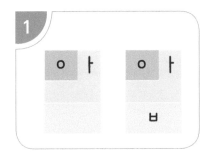

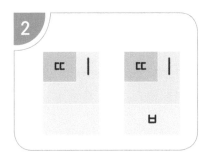

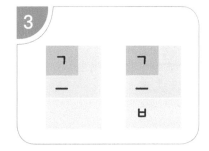

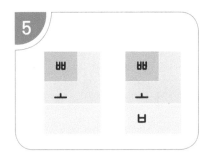

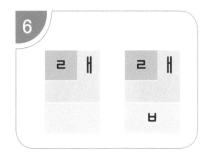

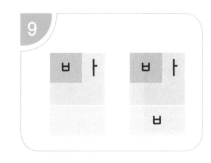

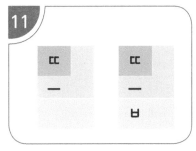

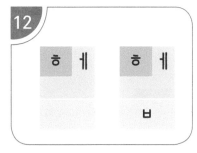

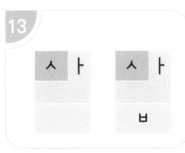

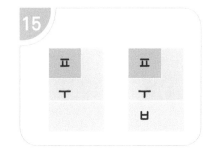

1. ㅇ ㅏ / ㅇ ㅏ ㅂ
2. ㄸ ㅣ / ㄸ ㅣ ㅂ
3. ㄱ ㅡ / ㄱ ㅡ ㅂ
4. ㅋ ㅜ / ㅋ ㅜ ㅂ
5. ㅃ ㅗ / ㅃ ㅗ ㅂ
6. ㄹ ㅐ / ㄹ ㅐ ㅂ
7. ㅈ ㅏ / ㅈ ㅏ ㅂ
8. ㅋ ㅔ / ㅋ ㅔ ㅂ
9. ㅂ ㅏ / ㅂ ㅏ ㅂ
10. ㅆ ㅣ / ㅆ ㅣ ㅂ
11. ㄸ ㅡ / ㄸ ㅡ ㅂ
12. ㅎ ㅔ / ㅎ ㅔ ㅂ
13. ㅅ ㅏ / ㅅ ㅏ ㅂ
14. ㅉ ㅣ / ㅉ ㅣ ㅂ
15. ㅍ ㅜ / ㅍ ㅜ ㅂ

04 들리는 소리에 동그라미 하세요.

guide!

1. 받침이 있는 음절과, 없는 음절을 무작위로 불러주세요.
2. 받침이 있는 음절을 불러줄 때는 받침의 소리가 더 잘 들릴 수 있도록 연장하거나 강조해서 불러주셔도 됩니다.

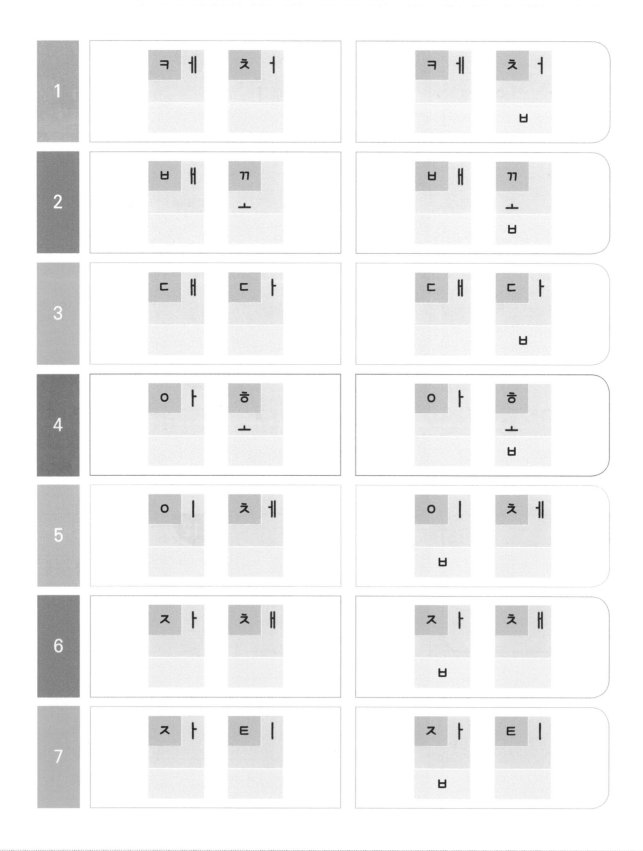

1	ㅋ ㅔ / ㅊ ㅓ	ㅋ ㅔ / ㅊ ㅓ ㅂ
2	ㅂ ㅐ / ㄲ ㅗ	ㅂ ㅐ / ㄲ ㅗ ㅂ
3	ㄷ ㅐ / ㄷ ㅏ	ㄷ ㅐ / ㄷ ㅏ ㅂ
4	ㅇ ㅏ / ㅎ ㅗ	ㅇ ㅏ / ㅎ ㅗ ㅂ
5	ㅇ ㅣ / ㅊ ㅔ	ㅇ ㅣ ㅂ / ㅊ ㅔ
6	ㅈ ㅏ / ㅊ ㅐ	ㅈ ㅏ ㅂ / ㅊ ㅐ
7	ㅈ ㅏ / ㅌ ㅣ	ㅈ ㅏ ㅂ / ㅌ ㅣ

8	ㅅ ㅏ	ㄱ ㅏ ㅗ	ㅈ ㅡ	ㅅ ㅏ	ㄱ ㅏ ㅗ	ㅈ ㅡ ㅂ
9	ㅇ ㅜ	ㅇ ㅠ	ㄱ ㅏ	ㅇ ㅜ	ㅇ ㅠ	ㄱ ㅏ ㅂ
10	ㄲ ㅏ	ㅊ ㅣ	ㅈ ㅣ	ㄲ ㅏ	ㅊ ㅣ	ㅈ ㅣ ㅂ
11	ㅂ ㅐ	ㄲ ㅗ	ㅌ ㅣ	ㅂ ㅐ	ㄲ ㅗ ㅂ	ㅌ ㅣ
12	ㄱ ㅜ	ㄱ ㅡ	ㅊ ㅏ	ㄱ ㅜ	ㄱ ㅡ ㅂ	ㅊ ㅏ
13	ㄱ ㅕ	ㅊ ㅣ	ㄷ ㅏ	ㄱ ㅕ ㅂ	ㅊ ㅣ	ㄷ ㅏ
14	ㅎ ㅏ	ㅊ ㅣ	ㄷ ㅏ	ㅎ ㅏ ㅂ	ㅊ ㅣ	ㄷ ㅏ

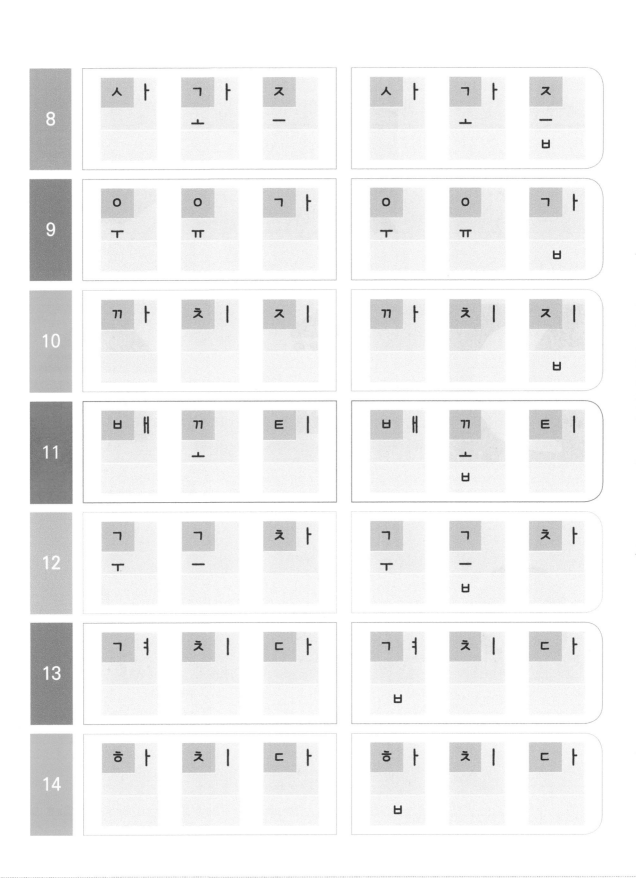

05 그림을 보고 마지막에 받침 /읍/ 소리가 들리는지 찾아보세요. 들리면 O, 안 들리면 X 하세요.

guide!

1. 그림을 보고 아동이 목표 낱말을 말하지 못할 때에는 목표 낱말을 들려주세요.
2. 소리를 들려줄 때에는 받침 소리를 강조해서 들려주세요.

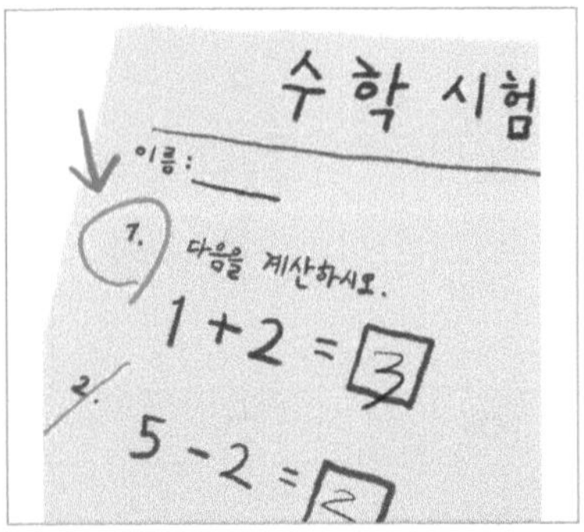

O X

O X

O X

O X

O X

O X

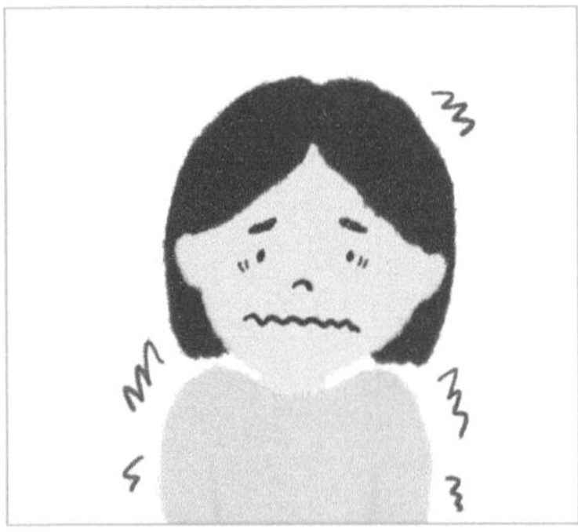

O X

O X

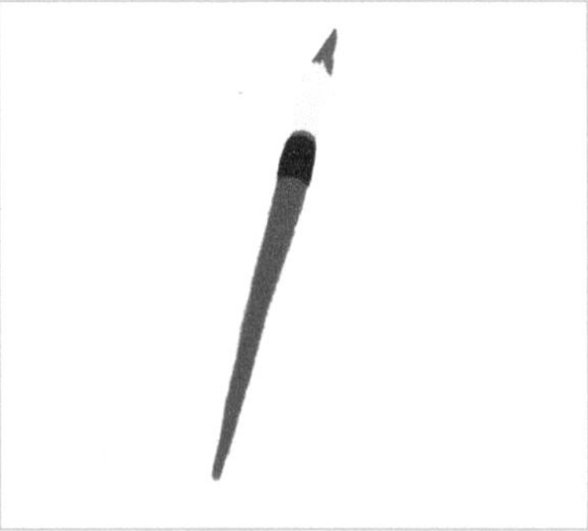

O X

정답
1. O험, 2. X풍, 3. O삽, 4. X달, 5. X성, 6. O집, 7. O겁, 8. O즙, 9. X붓(붓)

06 그림을 보고 받침 /읍/ 소리가 들리는지 찾아보세요. 들리면 O, 안 들리면 X 하세요.

guide!

1. 그림을 보고 아동이 목표 낱말을 말하지 못할 때에는 목표 낱말을 들려주세요.
2. 소리를 들려줄 때에는 받침 소리를 강조해서 들려주세요.

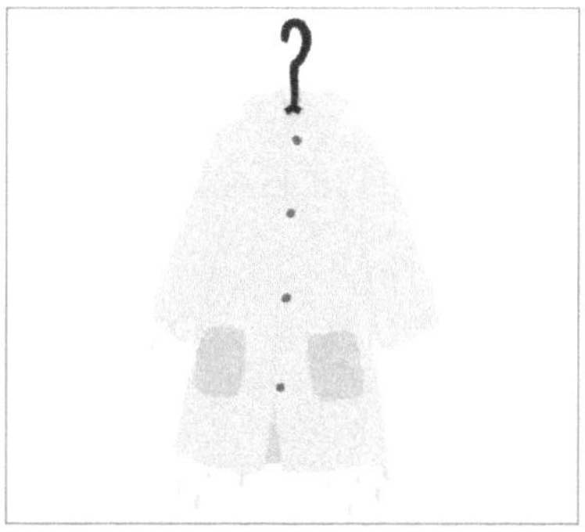

O X

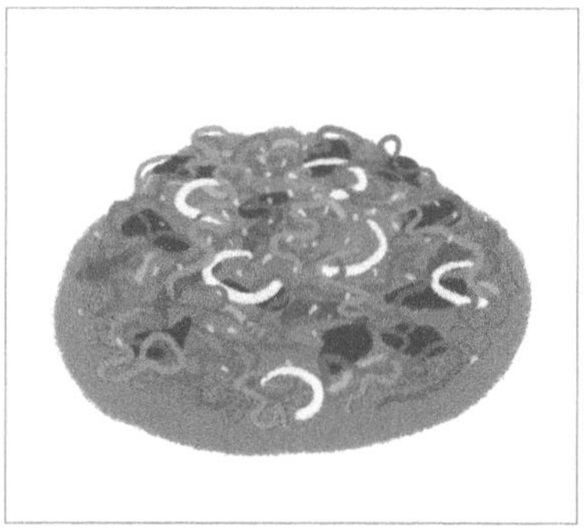

O X

O X

O X

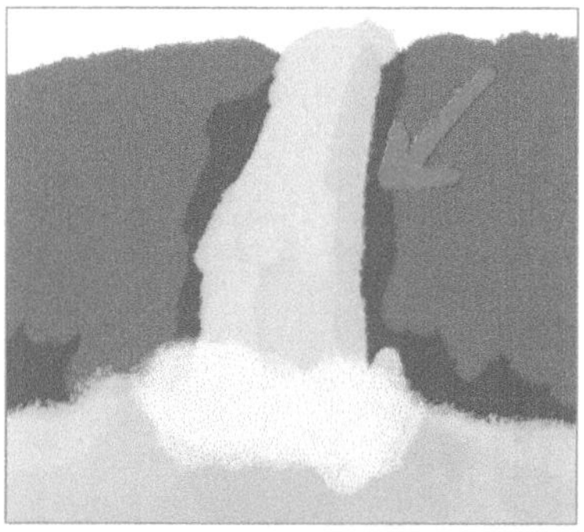

O X

O X

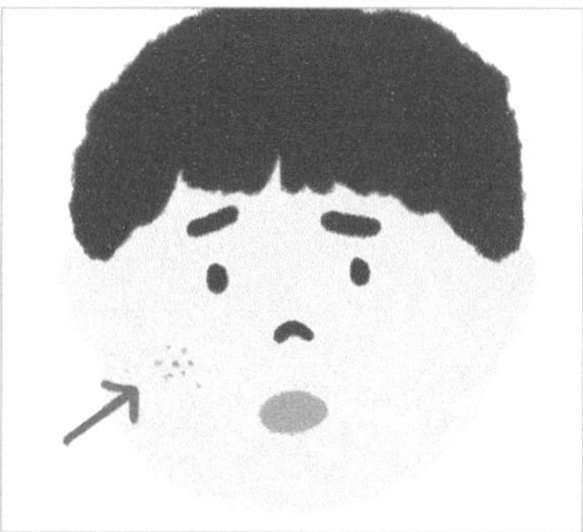

O X

O X

O X

정답

1. X비옷(우비), 2. O잡채, 3. X구름, 4. X공주, 5. X폭포, 6. O지갑, 7. O잡티, 8. X딸기, 9. X잔디

2. 하나씩 배워요

07 그림을 보고 목표 음소에 맞는 그림 카드 번호를 써보세요.

guide! 1. 아동이 낱말을 모르거나, 목표 낱말을 말하지 못할 때에는 목표 낱말을 들려주세요.

첫 소리 /ㅂ/	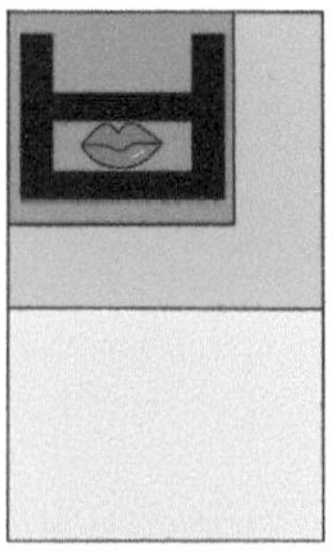	①
받침 소리 /읍/	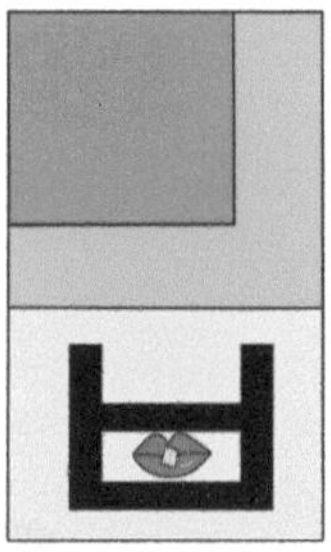	

1

2

3

4

5
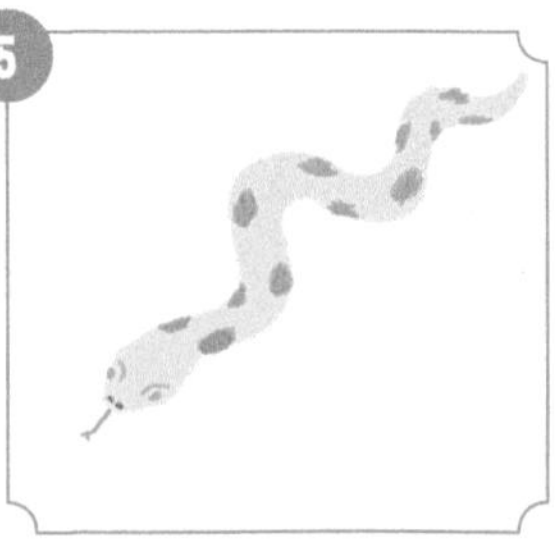

6

7
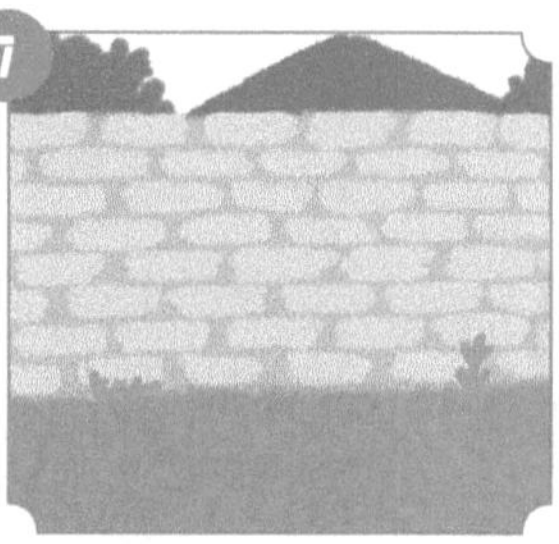

8

9

10
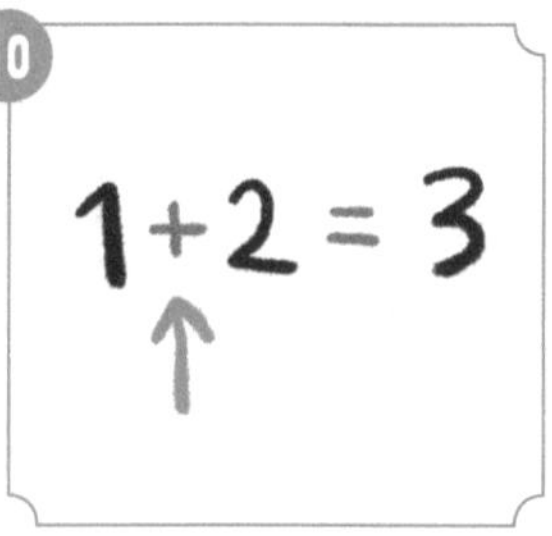

11

12

정답
첫소리/ㅂ/ 1.빗, 5.뱀, 7.벽, 11.배, 12.비 / 받침소리/읍/ 2.컵, 3.톱, 4.집, 6.탑, 8.즙, 9.삽, 10.답

08 각각의 소리를 더하여 하나의 소리로 만들어 보세요.

guide!

1. 손으로 소리 상자를 모두 가리고 차례대로 하나씩 보여주세요.
2. 소리를 끊지 않고 부드럽게 연결하여 이음새 없이 점차 한숨에 합쳐보세요.
3. 어떤 소리가 완성되는지 말해보세요.

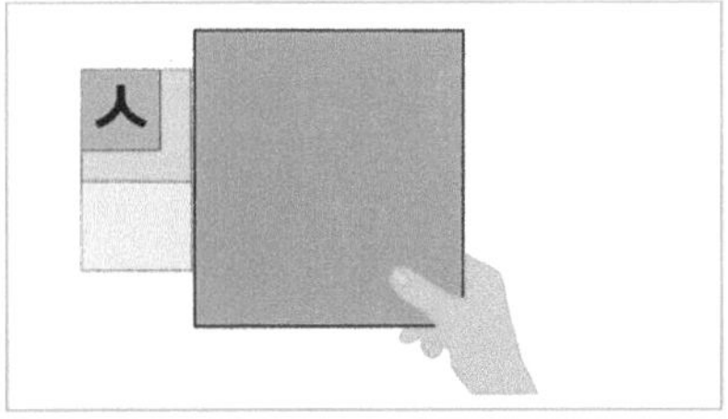

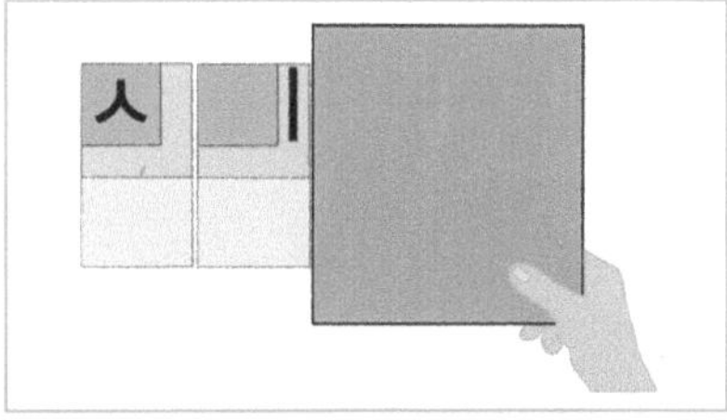

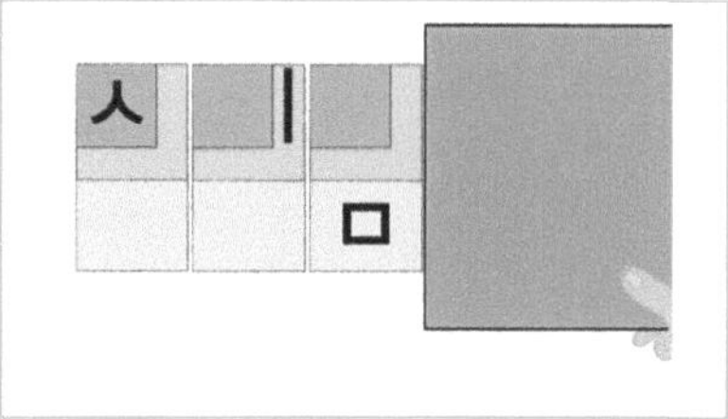

왼쪽부터 차례대로 소리를 합쳐보세요.	반응
ㅜ ㅂ	
ㄷ ㅔ ㅂ	
ㅌ ㅣ ㅂ	
ㅁ ㅜ ㅂ	
ㄴ ㅗ ㅂ	

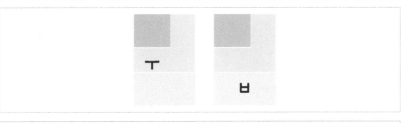

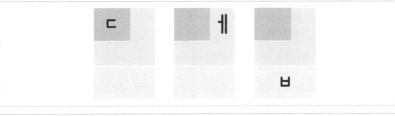

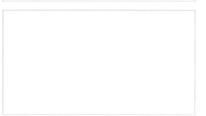

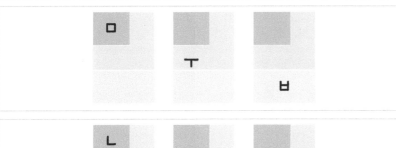

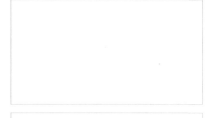

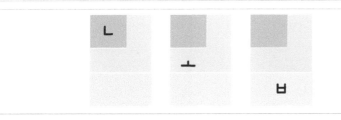

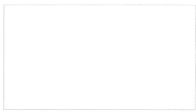

09 각각의 소리를 더하여 하나의 소리로 만들어 보세요.

guide!

1. 손으로 소리 상자를 모두 가리고 차례대로 하나씩 보여주세요.
2. 소리를 끊지 않고 부드럽게 연결하여 이음새 없이 점차 한숨에 합쳐보세요.
3. 어떤 소리가 완성되는지 말해보세요.

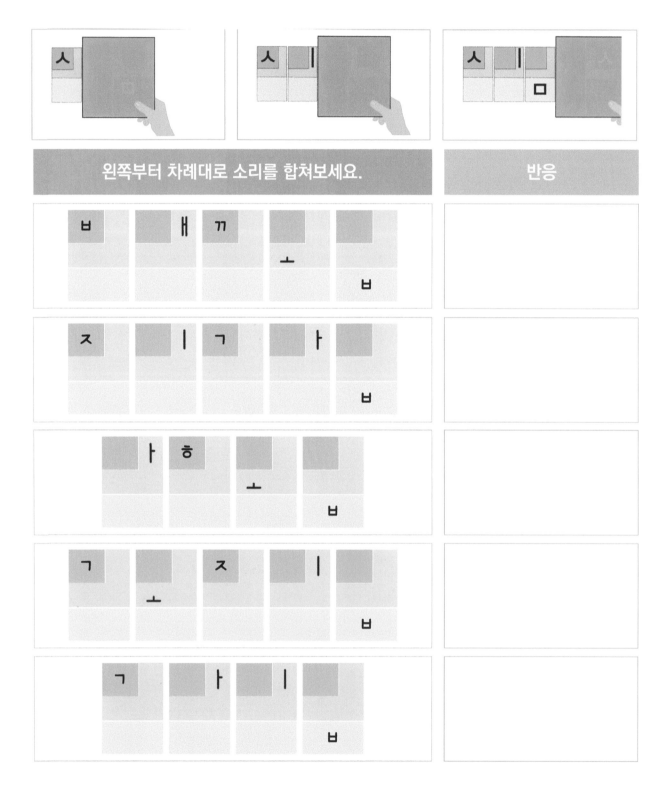

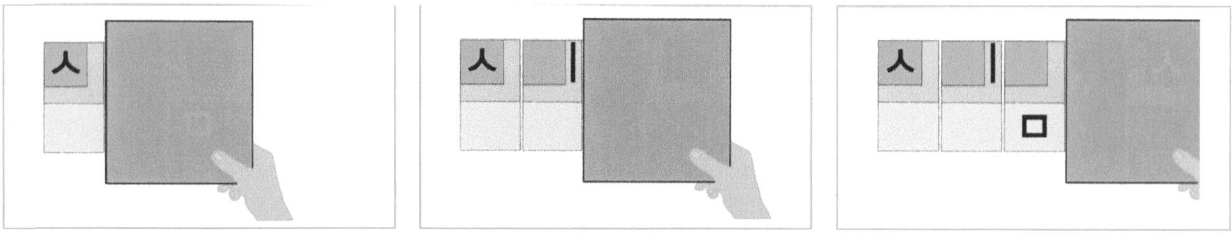

왼쪽부터 차례대로 소리를 합쳐보세요.	반응
ㅂ ㅐ ㄲ ㅗ ㅂ	
ㅈ ㅣ ㄱ ㅏ ㅂ	
ㅏ ㅎ ㅗ ㅂ	
ㄱ ㅗ ㅈ ㅣ ㅂ	
ㄱ ㅏ ㅣ ㅂ	

10 각각의 소리를 더하여 하나의 소리로 만들어 보세요.

guide!

1. 손으로 소리 상자를 모두 가리고 차례대로 하나씩 보여주세요.
2. 소리를 끊지 않고 부드럽게 연결하여 이음새 없이 점차 한숨에 합쳐보세요.
3. 어떤 소리가 완성되는지 말해보세요.

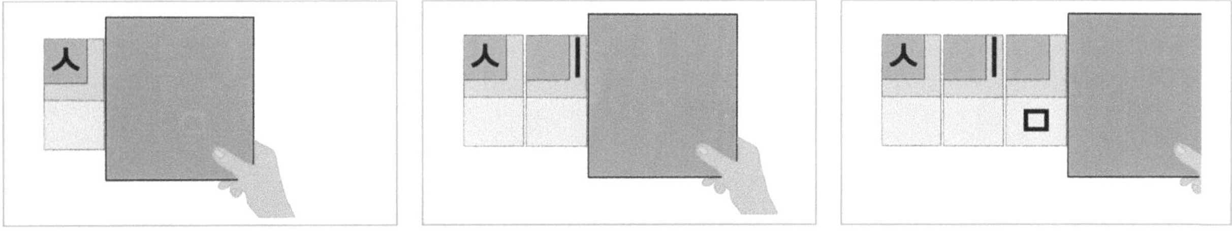

왼쪽부터 차례대로 소리를 합쳐보세요.					반응
ㅎ	ㅏ	ㅂ	ㅊ	ㅔ	
ㅈ	ㅏ	ㅂ	ㅊ	ㅗ	
ㅅ	ㅓ	ㅂ	ㅊ	ㅣ, ㅜ	
ㅈ	ㅏ	ㅂ	ㅌ	ㅣ	
ㅣ	ㅂ	ㅊ	ㅔ		

11 각각의 소리를 더하여 하나의 소리로 만들어 보세요. 어떤 소리가 완성되나요?

guide!

1. 손으로 소리 상자를 모두 가리고 차례대로 하나씩 보여주세요.
2. 소리를 끊지 않고 부드럽게 연결하여 이음새 없이 점차 한숨에 합쳐보세요.
3. 어떤 소리가 완성되는지 말해보세요.

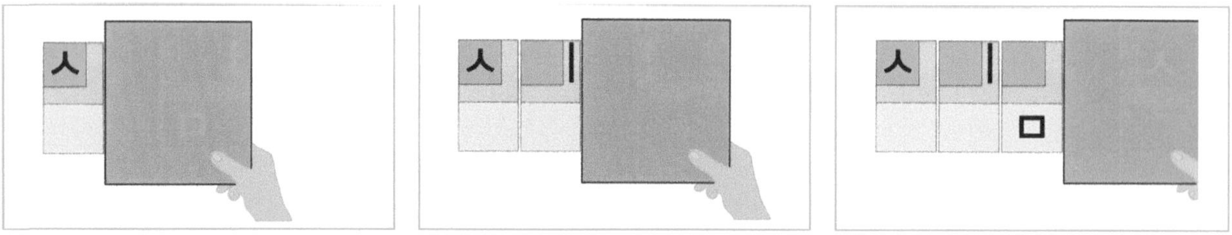

왼쪽부터 차례대로 소리를 합쳐보세요.						반응
ㅉ	ㅣ	ㅂ	ㅉ	ㅣ	ㅂ	
ㅉ	ㅏ	ㅂ	ㅉ	ㅏ	ㅂ	
ㅉ	ㅓ	ㅂ	ㅉ	ㅓ	ㅂ	
ㄲ	ㅜ	ㅂ	ㄲ	ㅜ	ㅂ	
ㅌ	ㅓ	ㅂ	ㅌ	ㅓ	ㅂ	

12 /읍/받침은 어디에 있을까요? 들리는 소리에 o 하세요.

guide! 종성의 위치를 파악하며 듣는 연습입니다. 두 낱말 중 무작위로 하나만 선택해 소리를 들려주세요.

번호		
1	ㅈ ㅣ ㅋ ㅡ ㅂ	ㅈ ㅣ ㅋ ㅡ ㅂ
2	ㅁ ㅏ ㅊ ㅏ ㅂ	ㅁ ㅏ ㅊ ㅏ ㅂ
3	ㅈ ㅏ ㅋ ㅜ ㅂ	ㅈ ㅏ ㅋ ㅜ ㅂ
4	ㅂ ㅏ ㅋ ㅐ ㅂ	ㅂ ㅏ ㅋ ㅐ ㅂ
5	ㅎ ㅏ ㄲ ㅣ ㅂ	ㅎ ㅏ ㄲ ㅣ ㅂ
6	ㅅ ㅓ ㅊ ㅡ ㅂ	ㅅ ㅓ ㅊ ㅡ ㅂ
7	ㅂ ㅣ ㅌ ㅡ ㅂ	ㅂ ㅣ ㅌ ㅡ ㅂ
8	ㄱ ㅏ ㅊ ㅏ ㅂ	ㄱ ㅏ ㅊ ㅏ ㅂ
9	ㅅ ㅐ ㅍ ㅜ ㅂ	ㅅ ㅐ ㅍ ㅜ ㅂ
10	ㅅ ㅋ ㅣ ㅗ ㅂ	ㅅ ㅋ ㅣ ㅗ ㅂ
11	ㅂ ㄸ ㅏ ㅜ ㅂ	ㅂ ㄸ ㅏ ㅜ ㅂ
12	ㅇ ㅏ ㅊ ㅣ ㅂ	ㅇ ㅏ ㅊ ㅣ ㅂ
13	ㅈ ㅓ ㄲ ㅡ ㅂ	ㅈ ㅓ ㄲ ㅡ ㅂ
14	ㄱ ㄲ ㅡ ㅡ ㅂ	ㄱ ㄲ ㅡ ㅡ ㅂ

15

ㅅ ㅑ	ㅍ	ㅅ ㅑ	ㅍ
	ㅜ		ㅜ
	ㅂ	ㅂ	

16

ㄷ ㅣ	ㄲ ㅣ	ㄷ ㅣ	ㄲ ㅣ
	ㅂ	ㅂ	

17

ㅂ ㅣ	ㅊ	ㅂ ㅣ	ㅊ
	ㅜ		ㅜ
	ㅂ	ㅂ	

18

ㄱ	ㅋ ㅣ	ㄱ	ㅋ ㅣ
ㅗ		ㅗ	
	ㅂ	ㅂ	

19

ㅇ ㅣ	ㅊ ㅔ	ㅇ ㅣ	ㅊ ㅔ
	ㅂ	ㅂ	

20

ㅎ ㅏ	ㅊ ㅔ	ㅎ ㅏ	ㅊ ㅔ
	ㅂ	ㅂ	

21

ㅈ ㅏ	ㅊ	ㅈ ㅏ	ㅊ
	ㅗ		ㅗ
	ㅂ	ㅂ	

22

ㅂ ㅐ	ㄲ	ㅂ ㅐ	ㄲ
	ㅗ		ㅗ
	ㅂ	ㅂ	

23

ㅈ ㅏ	ㅌ ㅣ	ㅈ ㅏ	ㅌ ㅣ
	ㅂ	ㅂ	

24

ㅈ	ㅆ	ㅈ	ㅆ
ㅜ	ㅡ	ㅜ	ㅡ
	ㅂ	ㅂ	

25

ㄱ	ㅉ	ㄱ	ㅉ
ㅜ	ㅜ	ㅜ	ㅜ
	ㅂ	ㅂ	

26

ㅈ	ㅊ	ㅈ	ㅊ
ㅜ	ㅜ	ㅜ	ㅜ
	ㅂ	ㅂ	

27

ㅎ	ㅌ ㅣ	ㅎ	ㅌ ㅣ
ㅗ		ㅗ	
	ㅂ	ㅂ	

28

ㄱ ㅏ	ㄲ ㅣ	ㄱ ㅏ	ㄲ ㅣ
	ㅂ	ㅂ	

13 그림을 보고 빈 칸에 받침 /읍/을 써보세요. 낱말을 모른다면, 목표 낱말을 들려주세요.

guide!

1. 쓰기 어려워할 시엔, 소리와 소리 사이를 연장해서 들려주세요.(예, /하푸~~ㅁ/)
2. 대표 받침 소리로 쓰도록 알려주세요. 그리고 맞춤법에 맞는 받침도 알려주세요.

1

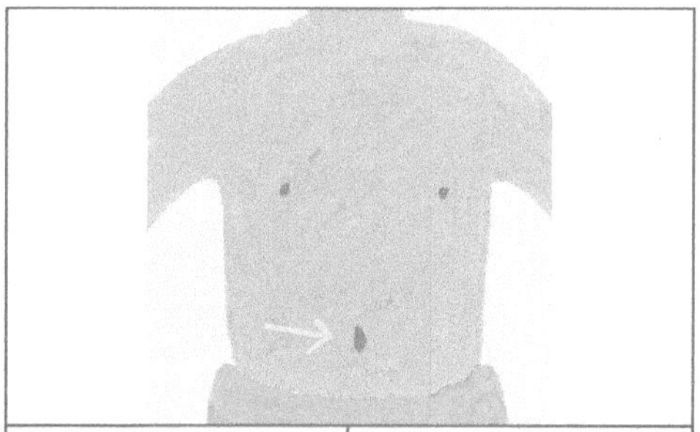

ㅂ ㅐ	ㄲ ㅗ

2

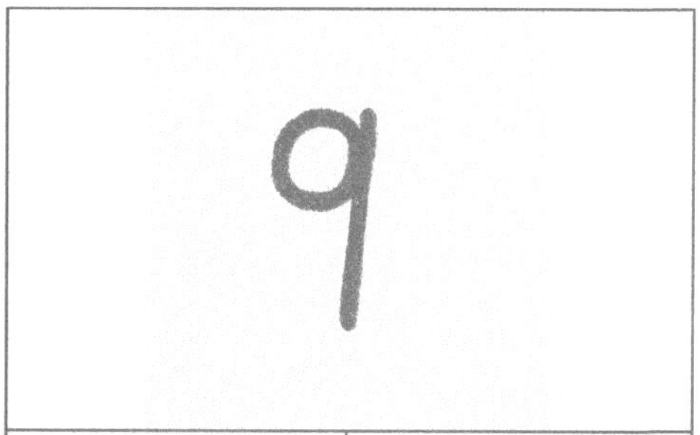

ㅇ ㅏ	ㅎ ㅗ

3

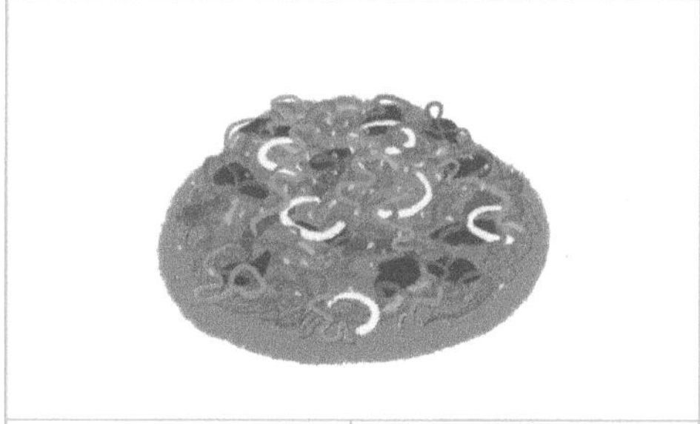

ㅈ ㅏ	ㅊ ㅐ

4

ㅈ ㅏ	ㅊ ㅗ

5

ㅈ ㅣ	ㄱ ㅏ

6

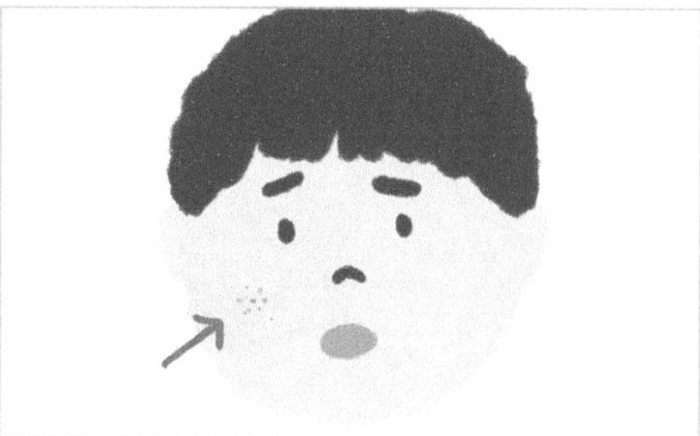

ㅈ ㅏ	ㅌ ㅣ

정답
배꼽, 아홉, 잡채, 잡초, 지갑, 잡티

14 그림을 보고 빈 칸에 받침 /읍/을 써보세요. 낱말을 모른다면, 목표 낱말을 들려주세요.

guide!

1. 쓰기 어려워할 시엔, 소리와 소리 사이를 연장해서 들려주세요.(예, /하푸~~ㅁ/)
2. 대표 받침 소리로 쓰도록 알려주세요. 그리고 맞춤법에 맞는 받침도 알려주세요.

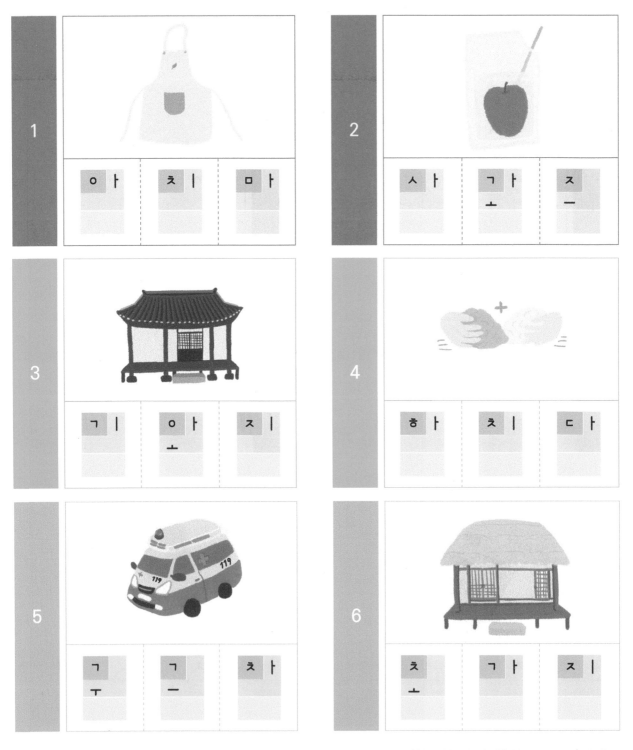

1

ㅇ ㅏ | ㅊ ㅣ | ㅁ ㅏ

2

ㅅ ㅏ | ㄱ ㅏ ㅗ | ㅈ ㅡ

3

ㄱ ㅣ | ㅇ ㅏ ㅗ | ㅈ ㅣ

4

ㅎ ㅏ | ㅊ ㅣ | ㄷ ㅏ

5

ㄱ ㅜ | ㄱ ㅡ | ㅊ ㅏ

6

ㅊ ㅗ | ㄱ ㅏ | ㅈ ㅣ

정답 앞치마(앞치마), 사과즙, 기와집, 합치다, 구급차, 초가집

15 그림을 보고 빈 칸에 받침 /읍/을 써보세요. 낱말을 모른다면, 목표 낱말을 들려주세요.

guide!

1. 쓰기 어려워할 시엔, 소리와 소리 사이를 연장해서 들려주세요.(예, /하푸~~ㅁ/)
2. 대표 받침 소리로 쓰도록 알려주세요. 그리고 맞춤법에 맞는 받침도 알려주세요.

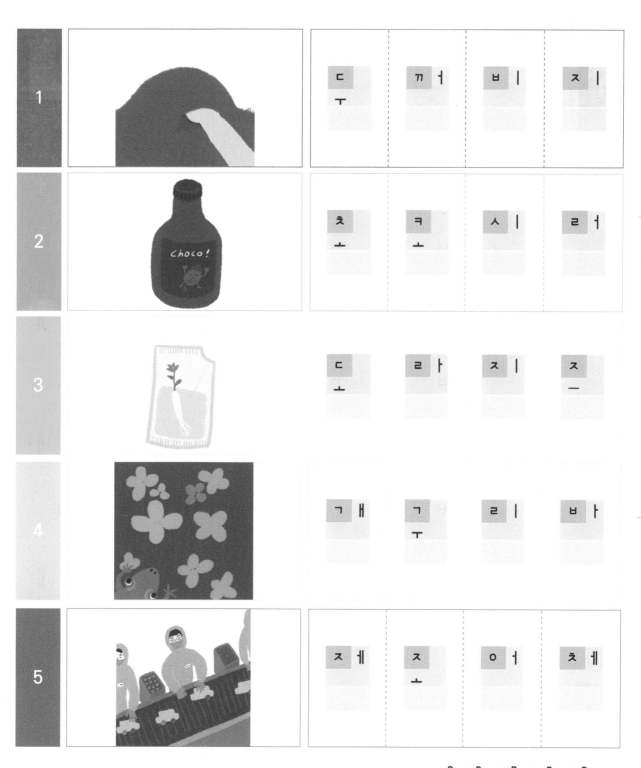

1

ㄷ ㅜ	ㄲ ㅓ	ㅂ ㅣ	ㅈ ㅣ

2

ㅊ ㅗ	ㅋ ㅗ	ㅅ ㅣ	ㄹ ㅓ

3

ㄷ ㅗ	ㄹ ㅏ	ㅈ ㅣ	ㅈ ㅡ

4

ㄱ ㅐ	ㄱ ㅜ	ㄹ ㅣ	ㅂ ㅏ

5

ㅈ ㅔ	ㅈ ㅗ	ㅇ ㅓ	ㅊ ㅔ

정답 두꺼비집, 초코시럽, 도라지즙, 개구리밥, 제조업체

16 /읍/받침이 포함된 낱말을 읽어요. 왼쪽부터 오른쪽 순서대로 읽어보세요.

1	ㅂ ㅐ / ㄲ ㅗ ㅂ	ㅂ ㅐ ㅂ / ㄲ ㅗ	ㅂ ㅐ ㅂ / ㄲ ㅗ ㅂ
2	ㅋ ㅔ / ㅊ ㅓ ㅂ	ㅋ ㅔ ㅂ / ㅊ ㅓ	ㅋ ㅔ ㅂ / ㅊ ㅓ ㅂ
3	ㅎ ㅏ / ㅊ ㅔ ㅂ	ㅎ ㅏ ㅂ / ㅊ ㅔ	ㅎ ㅏ ㅂ / ㅊ ㅔ ㅂ
4	ㅇ ㅣ / ㅊ ㅔ ㅂ	ㅇ ㅣ ㅂ / ㅊ ㅔ	ㅇ ㅣ ㅂ / ㅊ ㅔ ㅂ
5	ㅈ ㅏ / ㅊ ㅐ ㅂ	ㅈ ㅏ ㅂ / ㅊ ㅐ	ㅈ ㅏ ㅂ / ㅊ ㅐ ㅂ
6	ㅈ ㅏ / ㅌ ㅣ ㅂ	ㅈ ㅏ ㅂ / ㅌ ㅣ	ㅈ ㅏ ㅂ / ㅌ ㅣ ㅂ

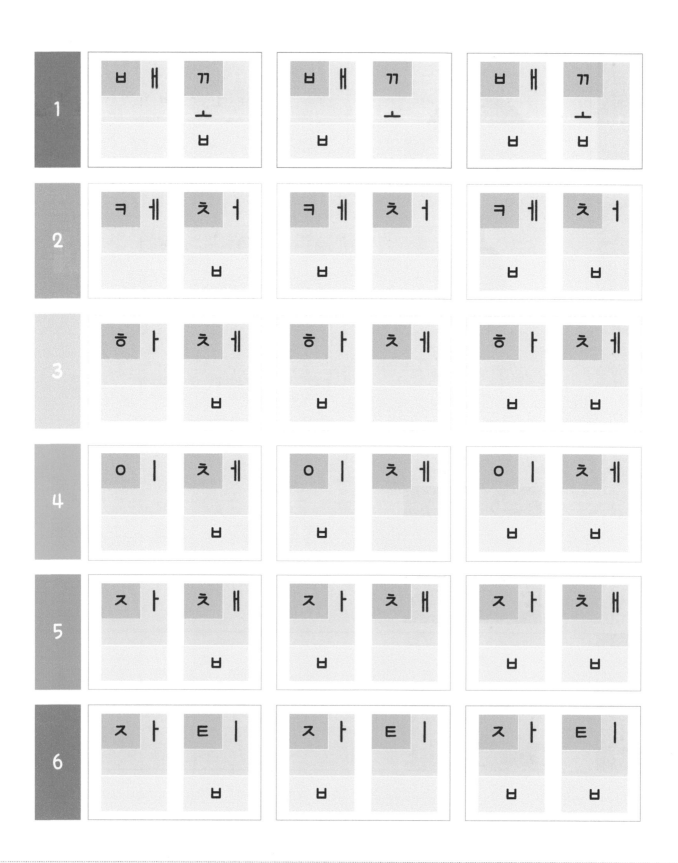

7	ㅈ ㅏ / ㅊ ㅗ ㅂ	ㅈ ㅏ ㅂ / ㅊ ㅗ	ㅈ ㅏ ㅂ / ㅊ ㅗ ㅂ
8	ㅇ ㅓ / ㅊ ㅔ ㅂ	ㅇ ㅓ ㅂ / ㅊ ㅔ	ㅇ ㅓ ㅂ / ㅊ ㅔ ㅂ
9	ㄱ ㅡ / ㅊ ㅏ ㅂ	ㄱ ㅡ ㅂ / ㅊ ㅏ	ㄱ ㅡ ㅂ / ㅊ ㅏ ㅂ
10	ㄲ ㅗ / ㅌ ㅣ ㅂ	ㄲ ㅗ ㅂ / ㅌ ㅣ	ㄲ ㅗ ㅂ / ㅌ ㅣ ㅂ
11	ㄹ ㅏ / ㅋ ㅓ ㅂ	ㄹ ㅏ ㅂ / ㅋ ㅓ	ㄹ ㅏ ㅂ / ㅋ ㅓ ㅂ
12	ㅇ ㅏ ㅗ / ㅊ ㅣ ㅂ	ㅇ ㅏ ㅗ ㅂ / ㅊ ㅣ	ㅇ ㅏ ㅗ ㅂ / ㅊ ㅣ ㅂ

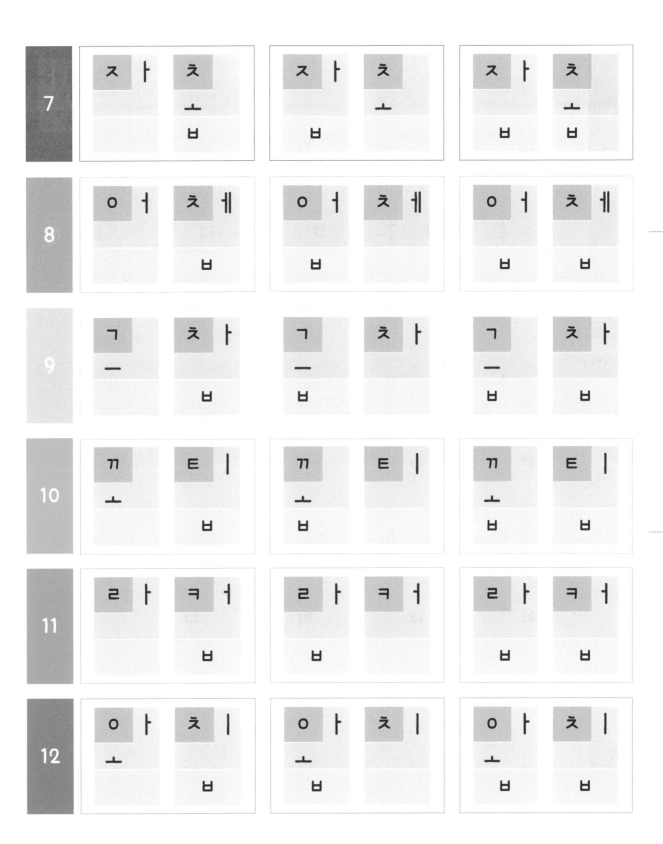

17 하나씩 달라지는 소리를 확인하며 읽어보세요.

guide! 어려운 모음이 포함되어 있어요. 초성, 중성, 종성 순으로 합성하여 읽게 해주세요.

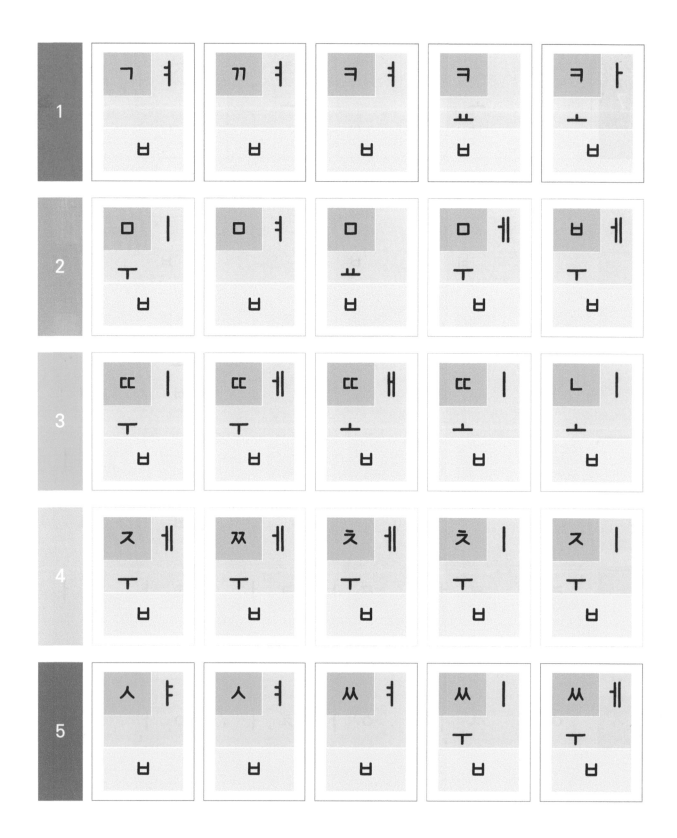

1	ㄱ ㅕ ㅂ	ㄲ ㅕ ㅂ	ㅋ ㅕ ㅂ	ㅋ ㅛ ㅂ	ㅋ ㅏ ㅗ ㅂ
2	ㅁ ㅣ ㅜ ㅂ	ㅁ ㅕ ㅂ	ㅁ ㅛ ㅂ	ㅁ ㅔ ㅜ ㅂ	ㅂ ㅔ ㅜ ㅂ
3	ㄸ ㅣ ㅜ ㅂ	ㄸ ㅔ ㅜ ㅂ	ㄸ ㅐ ㅗ ㅂ	ㄸ ㅣ ㅗ ㅂ	ㄴ ㅣ ㅗ ㅂ
4	ㅈ ㅔ ㅜ ㅂ	ㅉ ㅔ ㅜ ㅂ	ㅊ ㅔ ㅜ ㅂ	ㅊ ㅣ ㅜ ㅂ	ㅈ ㅣ ㅜ ㅂ
5	ㅅ ㅑ ㅂ	ㅅ ㅕ ㅂ	ㅆ ㅕ ㅂ	ㅆ ㅣ ㅜ ㅂ	ㅆ ㅔ ㅜ ㅂ

6. ㄷ 받침

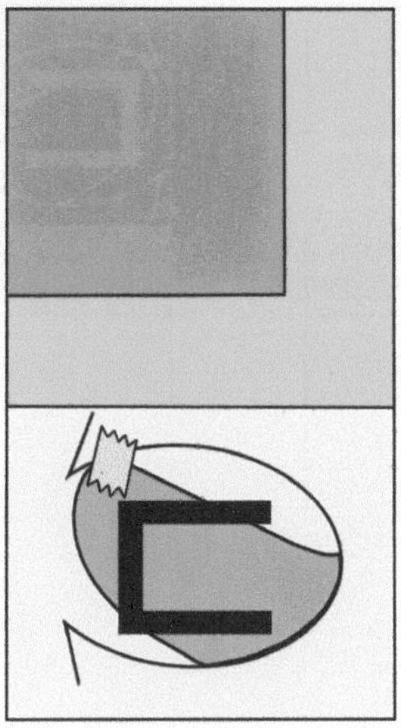

소리 내기

받침 'ㄷ' 소리를 내볼까요? '으-'소리를 내면서 준비를 하다가 혀끝과 윗니 뒷부분을 딱 붙이며 소리를 내요. /으--ㄷ//으-ㄷ//읃/ 점차 '으'소리는 줄여보세요.

초성과의 차이

초성 'ㄷ'는 혀끝과 윗니 뒷부분을 딱 붙였다 혀를 떼면서 소리를 내요.

초성 자음과 종성 자음의 차이를 느끼면서 소리 내보세요.

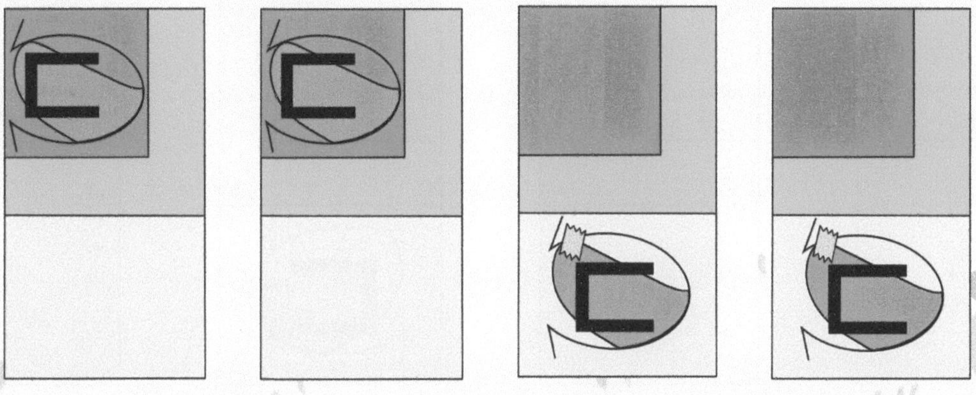

01 손으로 짚으면서 순서대로 읽어보세요.

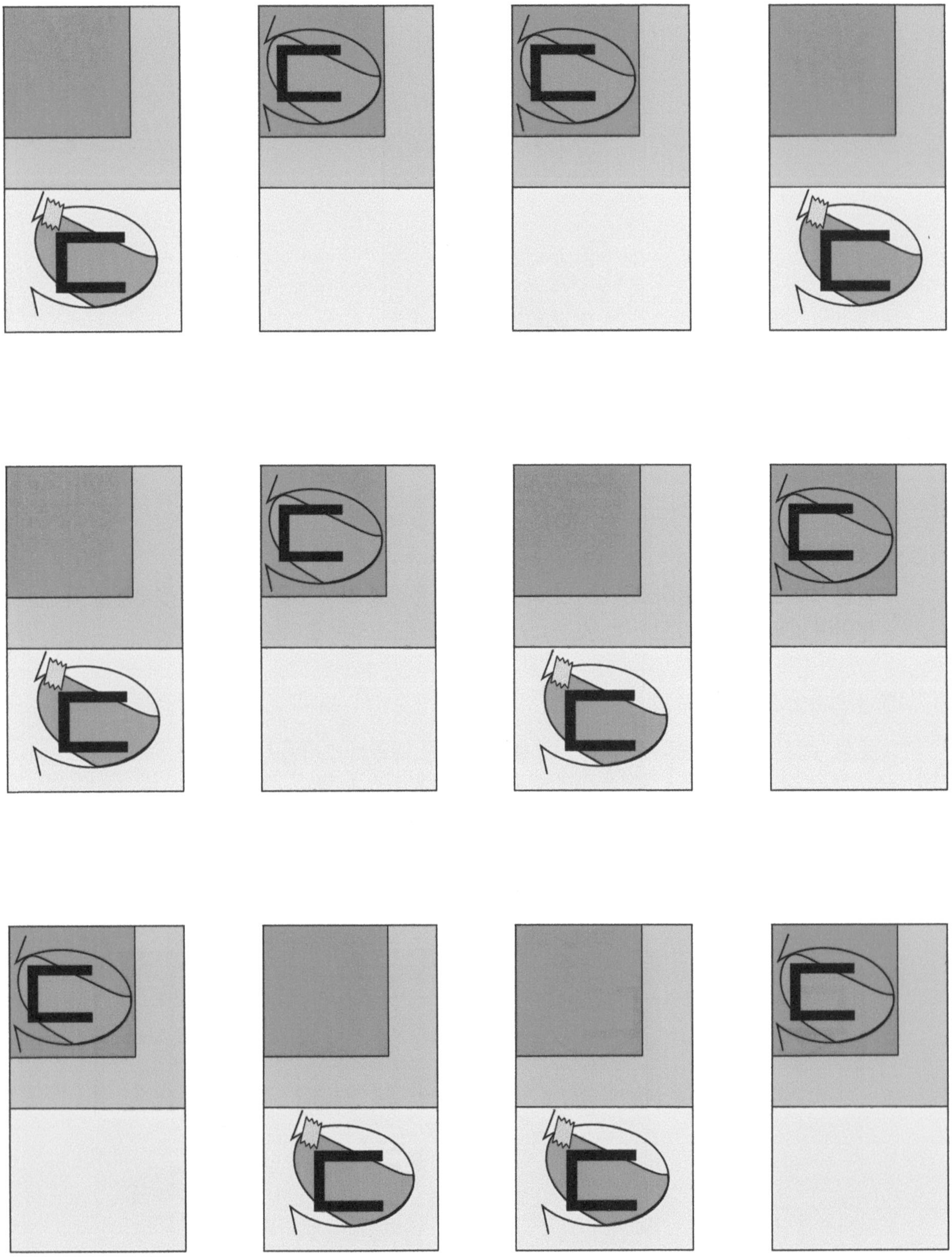

02 손으로 짚으면서 순서대로 읽어보세요.

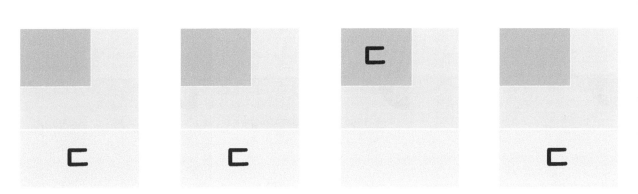

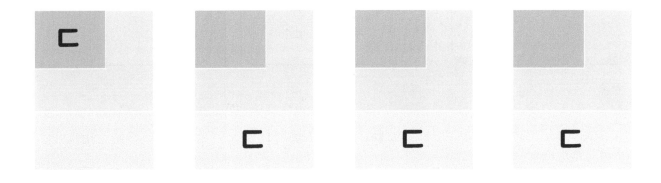

ㄷ	ㄷ	ㄷ	ㄷ
ㄷ	ㄷ	ㄷ	ㄷ
ㄷ	ㄷ	ㄷ	ㄷ

03 들리는 소리에 동그라미 하세요.

guide!

1. 받침이 있는 음절과, 없는 음절을 무작위로 불러주세요.
2. 받침이 있는 음절을 불러줄 때는 받침의 소리가 더 잘 들릴 수 있도록 연장하거나 강조해서 불러주셔도 됩니다.

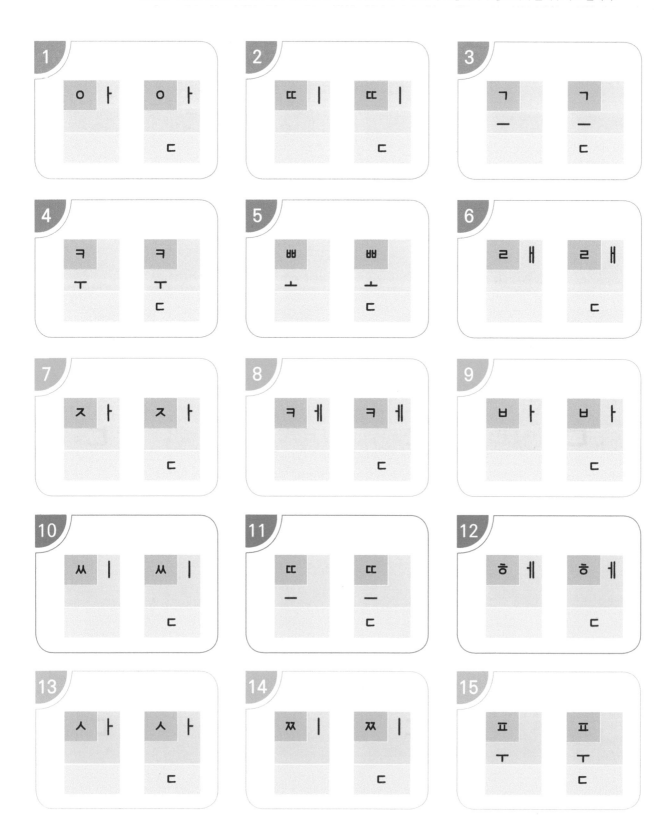

1. ㅇ ㅏ / ㅇ ㅏ ㄷ
2. ㄸ ㅣ / ㄸ ㅣ ㄷ
3. ㄱ ㅡ / ㄱ ㅡ ㄷ
4. ㅋ ㅜ / ㅋ ㅜ ㄷ
5. ㅃ ㅗ / ㅃ ㅗ ㄷ
6. ㄹ ㅐ / ㄹ ㅐ ㄷ
7. ㅈ ㅏ / ㅈ ㅏ ㄷ
8. ㅋ ㅔ / ㅋ ㅔ ㄷ
9. ㅂ ㅏ / ㅂ ㅏ ㄷ
10. ㅆ ㅣ / ㅆ ㅣ ㄷ
11. ㄸ ㅡ / ㄸ ㅡ ㄷ
12. ㅎ ㅔ / ㅎ ㅔ ㄷ
13. ㅅ ㅏ / ㅅ ㅏ ㄷ
14. ㅉ ㅣ / ㅉ ㅣ ㄷ
15. ㅍ ㅜ / ㅍ ㅜ ㄷ

04 들리는 소리에 동그라미 하세요.

guide!

1. 받침이 있는 음절과, 없는 음절을 무작위로 불러주세요.
2. 받침이 있는 음절을 불러줄 때는 받침의 소리가 더 잘 들릴 수 있도록 연장하거나 강조해서 불러주셔도 됩니다.

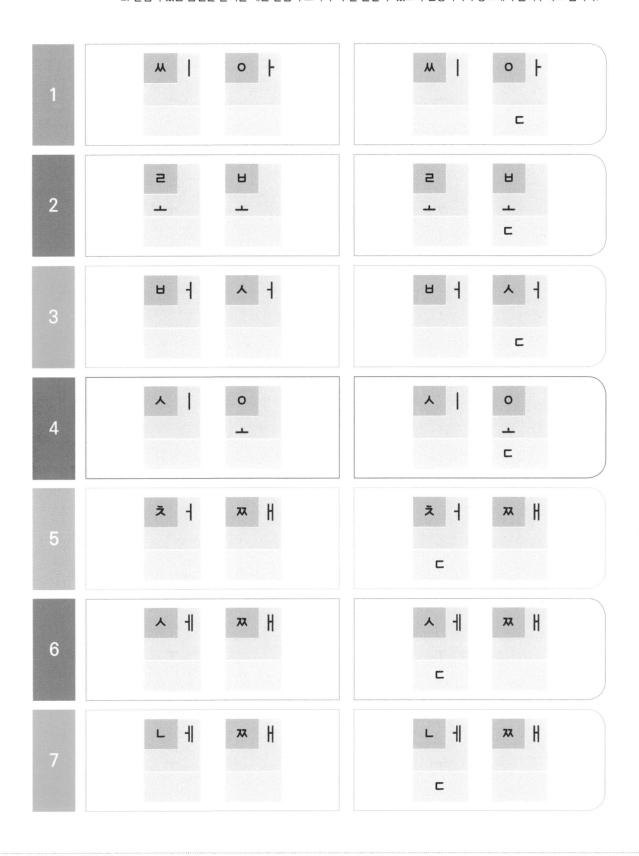

1	ㅆ ㅣ / ㅇ ㅏ	ㅆ ㅣ / ㅇ ㅏ ㄷ
2	ㄹ ㅗ / ㅂ ㅗ	ㄹ ㅗ / ㅂ ㅗ ㄷ
3	ㅂ ㅓ / ㅅ ㅓ	ㅂ ㅓ / ㅅ ㅓ ㄷ
4	ㅅ ㅣ / ㅇ ㅗ	ㅅ ㅣ / ㅇ ㅗ ㄷ
5	ㅊ ㅓ / ㅉ ㅐ	ㅊ ㅓ ㄷ / ㅉ ㅐ
6	ㅅ ㅔ / ㅉ ㅐ	ㅅ ㅔ ㄷ / ㅉ ㅐ
7	ㄴ ㅔ / ㅉ ㅐ	ㄴ ㅔ ㄷ / ㅉ ㅐ

8	ㄷ ㅏ	ㅅ ㅗ	ㄱ ㅗ	ㄷ ㅏ	ㅅ ㅗ	ㄱ ㅗ ㄷ
9	ㅂ ㅐ	ㅊ ㅜ	ㅂ ㅏ	ㅂ ㅐ	ㅊ ㅜ	ㅂ ㅏ ㄷ
10	ㄷ ㅏ	ㅅ ㅓ	ㅉ ㅐ	ㄷ ㅏ	ㅅ ㅓ ㄷ	ㅉ ㅐ
11	ㅇ ㅕ	ㅅ ㅓ	ㅉ ㅐ	ㅇ ㅕ	ㅅ ㅓ ㄷ	ㅉ ㅐ
12	ㅂ ㅏ	ㅊ ㅣ	ㄷ ㅏ	ㅂ ㅏ ㄷ	ㅊ ㅣ	ㄷ ㅏ
13	ㅁ ㅏ	ㅊ ㅜ	ㄷ ㅏ	ㅁ ㅏ ㄷ	ㅊ ㅜ	ㄷ ㅏ
14	ㄴ ㅏ	ㅊ ㅜ	ㄷ ㅏ	ㄴ ㅏ ㄷ	ㅊ ㅜ	ㄷ ㅏ

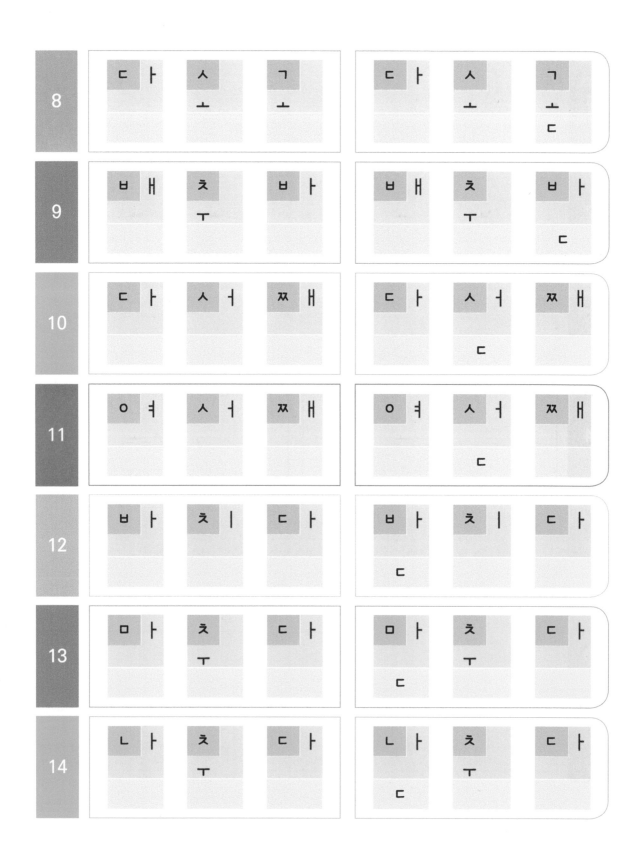

05 그림을 보고 받침 /ㄷ/ 소리가 들리는지 찾아보세요. 들리면 O, 안 들리면 X 하세요.

guide!

1. 그림을 보고 아동이 목표 낱말을 말하지 못할 때에는 목표 낱말을 들려주세요.
2. 소리를 들려줄 때에는 받침 소리를 강조해서 들려주세요.

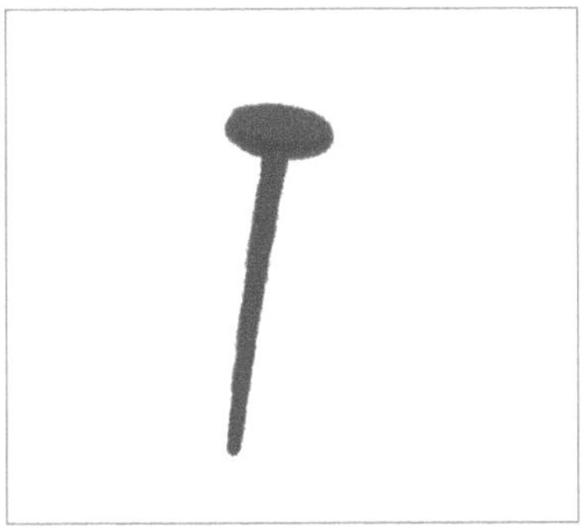

O X

O X

O X

O X

O X

O X

O X

O X

O X

정답 1. O못(몯). 2. O낫(낟). 3. X곰. 4. X학. 5. X싹. 6. O옷(옫). 7. X콩. 8. O빗(빋). 9. X전

2. 하나씩 배워요

06 그림을 보고 받침 /ㄷ/ 소리가 들리는지 찾아보세요. 들리면 O, 안 들리면 X 하세요.

guide!

1. 그림을 보고 아동이 목표 낱말을 말하지 못할 때에는 목표 낱말을 들려주세요.
2. 소리를 들려줄 때에는 받침 소리를 강조해서 들려주세요.

O X

O X

O X

O X

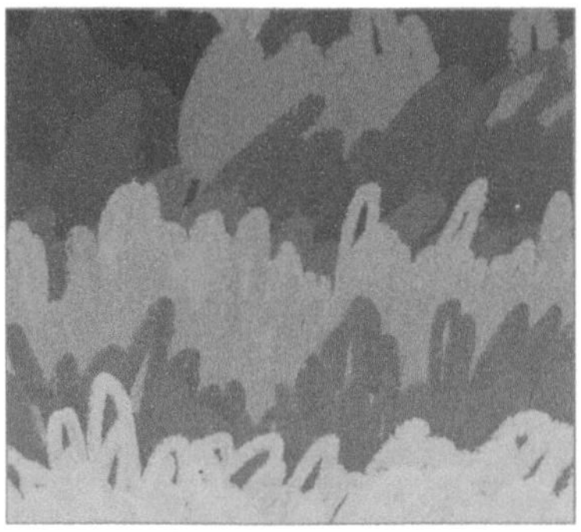

O X

O X

O X

O X

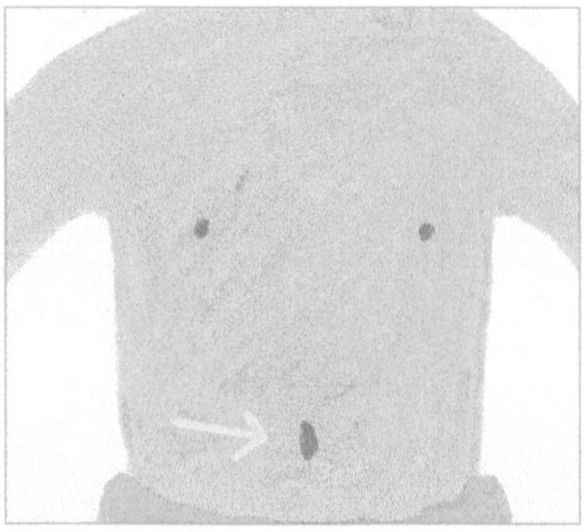

O X

정답

1. O씨앋(씨앗). 2. X하늘. 3. O섿째(셋째). 4. O비옫(비옷). 5. X초록. 6. X썰매. 7. O첟째(첫째). 8. X뚜껑. 9. X배꼽

07 그림을 보고 목표 음소에 맞는 그림 카드 번호를 써보세요.

guide!

1. 아동이 낱말을 모르거나, 목표 낱말을 말하지 못할 때는 목표 낱말을 들려주세요.
2. 음절 끝소리 규칙에 따라 받침 ㄷㅌㅅㅆㅈㅊㅎ 글자는 모두 /읃/소리로 발음합니다. 그런데 1음절에서 /읃/ 소리가 나는 낱말 중에 디귿 받침이 들어간 것은 거의 없어요. 지금은 철자를 맞춰 쓰는 연습을 하는 것이 아니니, 소리만 듣고 /읃/ 소리가 들리면 대표받침 ㄷ에 표시합니다. 예를 들어 '꽃' 같은 경우 혹시 한글 공부를 조금 해서 ㅊ받침을 써야한다는 걸 안다면 쓸 때는 그렇게 쓰지만 소리는 /읃/으로 난다는 것을 알려주세요. 반대로 한글 공부가 처음이라면 '꽃'의 받침소리가 /읃/으로 들리지만 쓸 때는 ㅊ으로 쓴다는 것을 간단하게 설명만 하고 넘어갑니다.

첫 소리 /ㄷ/	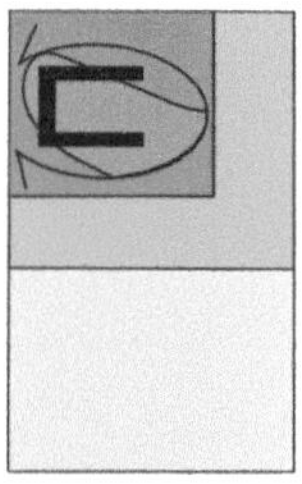	①
받침 소리 /읃/	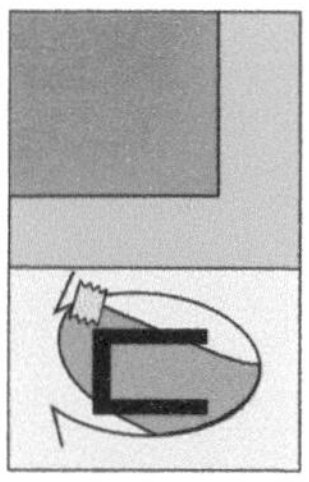	

1

2

3

4
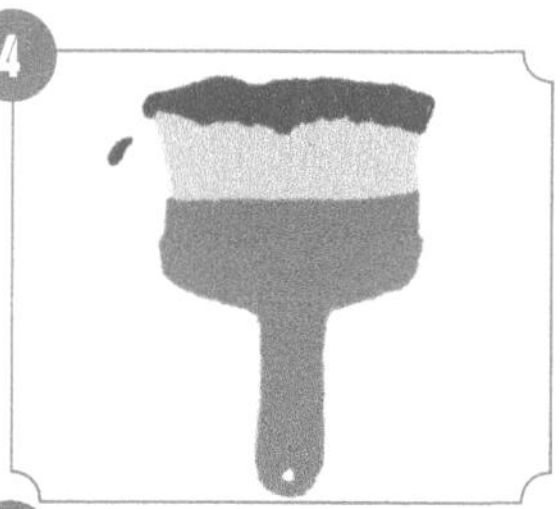

5

6
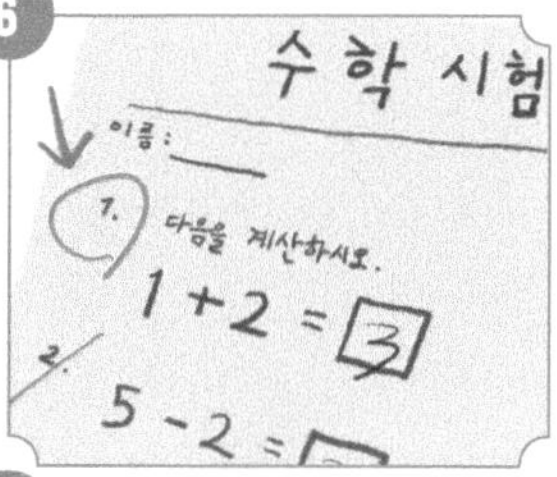

7

8
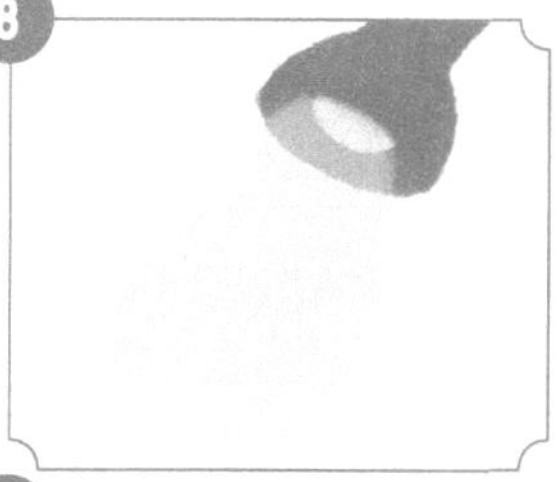

9

10

11

12

정답

첫 소리/ㄷ/ 1.돌. 2.돈. 6.답 9.달. 10.등. 11.독 / 받침 소리/읃/ 3.옷. 4.붓. 5.넷. 7.꽃. 8.빛. 12.못

2. 하나씩 배워요

08 각각의 소리를 더하여 하나의 소리로 만들어 보세요. 어떤 소리가 완성되나요?

guide !

1. 손으로 소리 상자를 모두 가리고 차례대로 하나씩 보여주세요.
2. 소리를 끊지 않고 부드럽게 연결하여 이음새 없이 점차 한숨에 합쳐보세요.
3. 어떤 소리가 완성되는지 말해보세요.

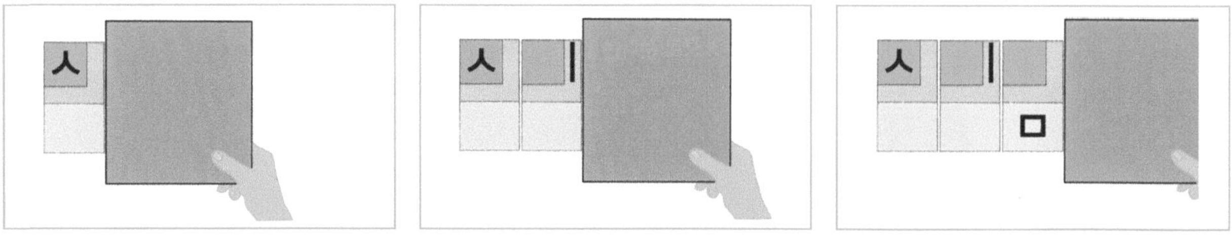

왼쪽부터 차례대로 소리를 합쳐보세요.	반응
ㅔ ㄷ	
ㅂ ㅣ ㄷ	
ㅌ ㅐ ㄷ	
ㄴ ㅣ ㄷ	
ㄹ ㅐ ㄷ	

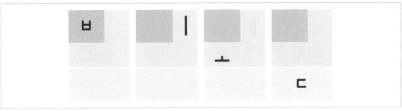

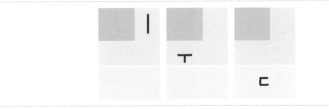

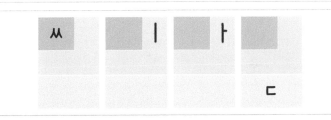

09 각각의 소리를 더하여 하나의 소리로 만들어 보세요. 어떤 소리가 완성되나요?

guide!

1. 손으로 소리 상자를 모두 가리고 차례대로 하나씩 보여주세요.
2. 소리를 끊지 않고 부드럽게 연결하여 이음새 없이 점차 한숨에 합쳐보세요.
3. 어떤 소리가 완성되는지 말해보세요.

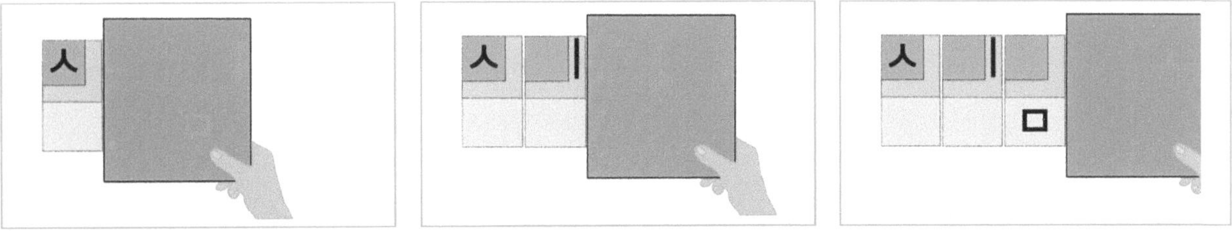

왼쪽부터 차례대로 소리를 합쳐보세요.	반응
ㄹ ㅗ ㅂ ㅗ ㄷ	
ㅂ ㅓ ㅅ ㅓ ㄷ	
ㅂ ㅣ ㅗ ㄷ	
ㅣ ㅜ ㄷ	
ㅆ ㅣ ㅏ ㄷ	

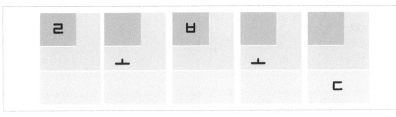

10 각각의 소리를 더하여 하나의 소리로 만들어 보세요. 어떤 소리가 완성되나요?

guide!

1. 손으로 소리 상자를 모두 가리고 차례대로 하나씩 보여주세요.
2. 소리를 끊지 않고 부드럽게 연결하여 이음새 없이 점차 한숨에 합쳐보세요.
3. 어떤 소리가 완성되는지 말해보세요.

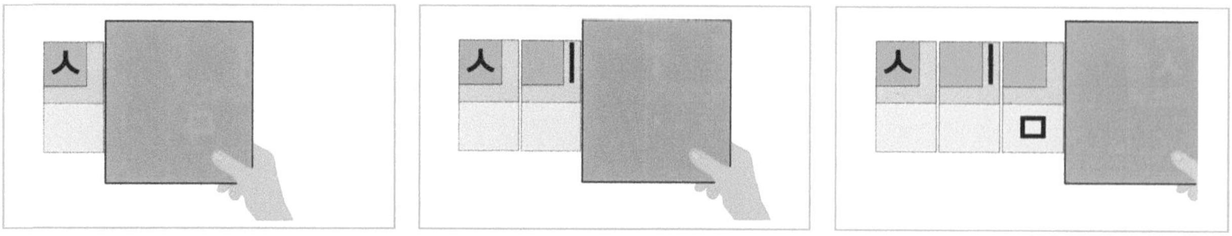

왼쪽부터 차례대로 소리를 합쳐보세요.					반응
ㄴ	ㅔ	ㄷ	ㅉ	ㅐ	
ㅅ	ㅔ	ㄷ	ㅉ	ㅐ	
ㅊ	ㅓ	ㄷ	ㅉ	ㅐ	
ㅂ	ㅏ	ㄷ	ㅊ	ㅕ	
ㅁ	ㅏ	ㄷ	ㅊ	ㅓ ㅜ	

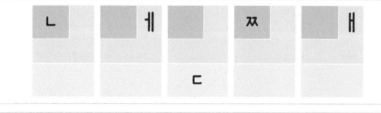

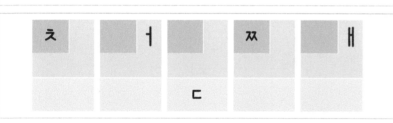

11 각각의 소리를 더하여 하나의 소리로 만들어 보세요. 어떤 소리가 완성되나요?

guide!

1. 손으로 소리 상자를 모두 가리고 차례대로 하나씩 보여주세요.
2. 소리를 끊지 않고 부드럽게 연결하여 이음새 없이 점차 한숨에 합쳐보세요.
3. 어떤 소리가 완성되는지 말해보세요.

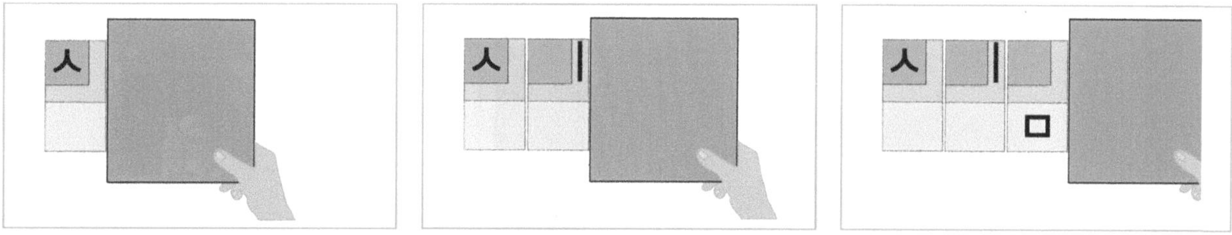

왼쪽부터 차례대로 소리를 합쳐보세요.						반응
ㄲ	ㅗ	ㄷ	ㄲ	ㅗ	ㄷ	
ㄲ	ㅜ	ㄷ	ㄲ	ㅜ	ㄷ	
ㅃ	ㅏ	ㄷ	ㅃ	ㅏ	ㄷ	
ㅃ	ㅓ	ㄷ	ㅃ	ㅓ	ㄷ	
ㅍ	ㅜ	ㄷ	ㅍ	ㅜ	ㄷ	

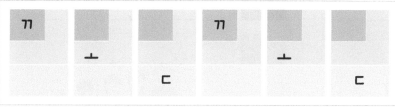

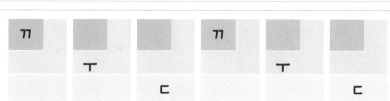

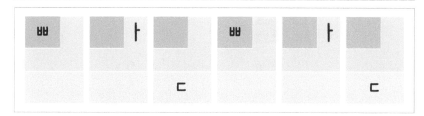

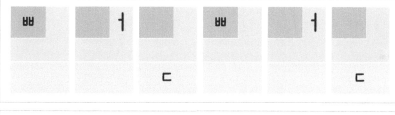

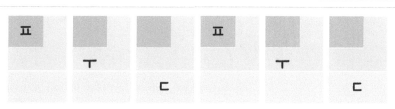

12 그림을 보고 빈 칸에 받침 소리를 써보세요. 낱말을 모른다면, 목표 낱말을 들려주세요.

guide!

1. 쓰기 어려워할 시엔, 소리와 소리 사이를 연장해서 들려주세요.(예, /하푸~~ㅁ/)
2. 대표 받침 소리로 쓰도록 알려주세요. 그리고 맞춤법에 맞는 받침도 알려주세요.

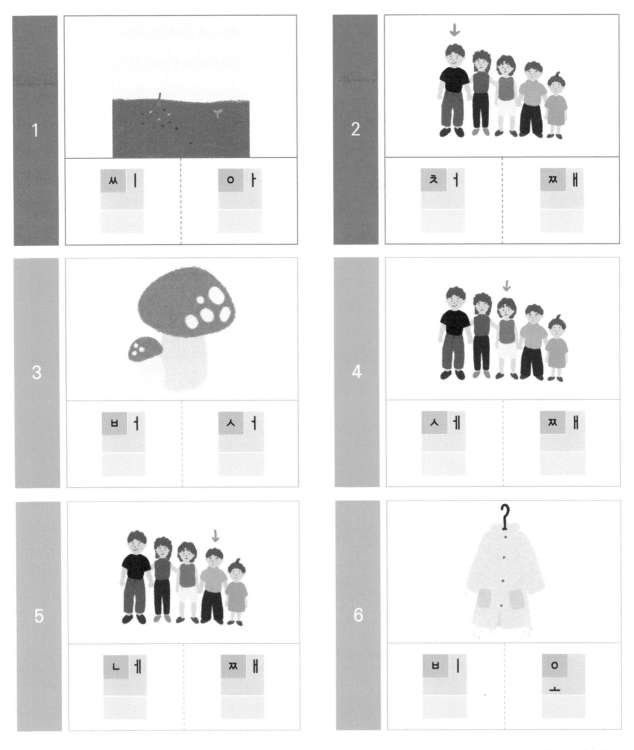

1

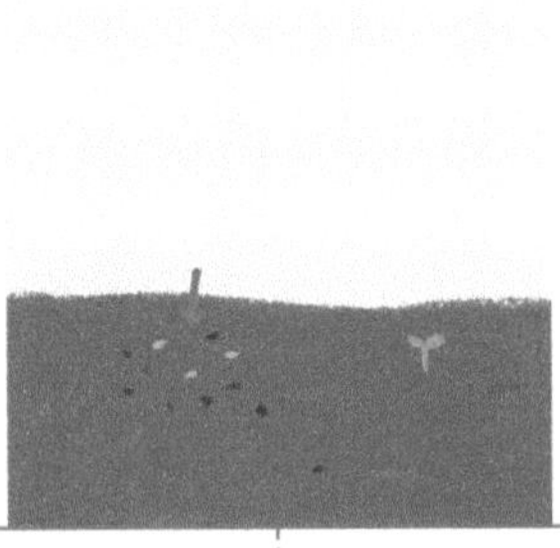

ㅆ ㅣ	ㅇ ㅏ

2

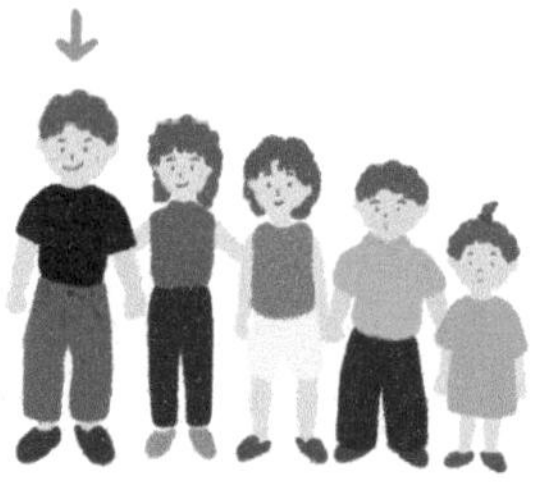

ㅊ ㅓ	ㅉ ㅐ

3

ㅂ ㅓ	ㅅ ㅓ

4

ㅅ ㅔ	ㅉ ㅐ

5

ㄴ ㅔ	ㅉ ㅐ

6

ㅂ ㅣ	ㅇ ㅗ

정답

씨앗(씨앋), 첫째(첟째), 버섯(버섣), 셋째(섿째), 넷째(넫째), 비옷(비옫)

13 그림을 보고 빈 칸에 받침 /ㄷ/을 써보세요. 낱말을 모른다면, 목표 낱말을 들려주세요.

guide!

1. 쓰기 어려워할 시엔, 소리와 소리 사이를 연장해서 들려주세요.(예, /하푸~~ㅁ/)
2. 대표 받침 소리로 쓰도록 알려주세요. 그리고 맞춤법에 맞는 받침도 알려주세요.

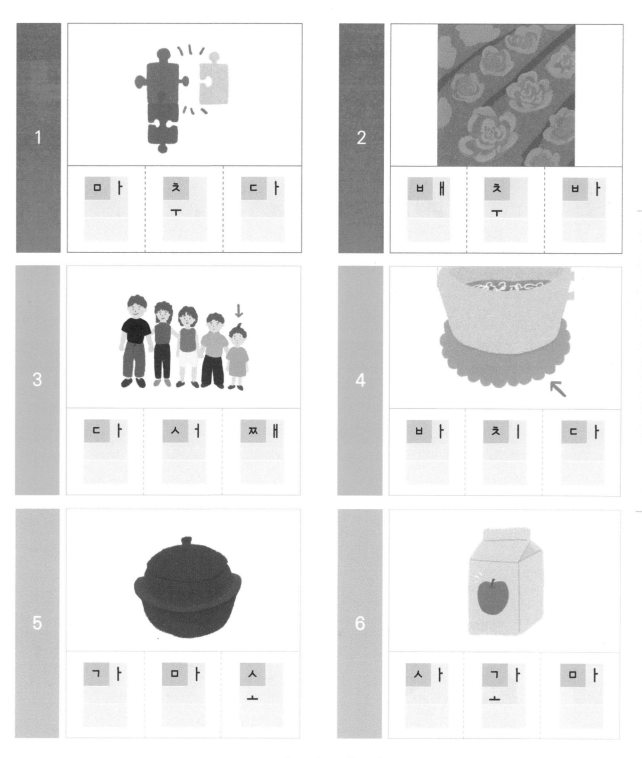

1

ㅁㅏ	ㅊㅜ	ㄷㅏ

2

ㅂㅐ	ㅊㅜ	ㅂㅏ

3

ㄷㅏ	ㅅㅓ	ㅉㅐ

4

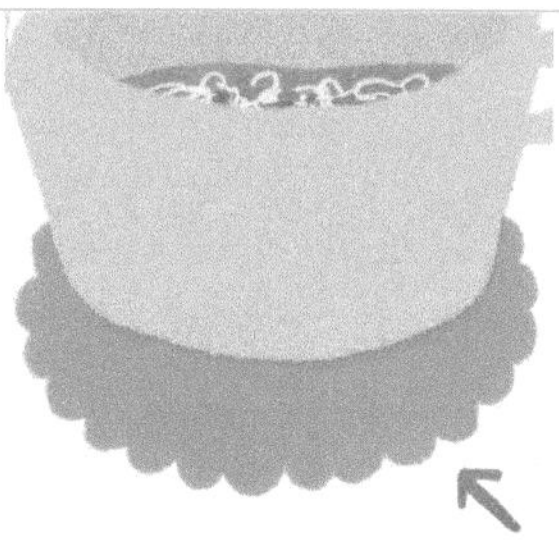

ㅂㅏ	ㅊㅣ	ㄷㅏ

5

ㄱㅏ	ㅁㅏ	ㅅㅗ

6

ㅅㅏ	ㄱㅗㅏ	ㅁㅏ

정답

맞추다(맏추다), 배추밭(배추받), 다섯째(다섣째), 받치다, 가마솥(가마솓), 사과맛(사과맏)

14 그림을 보고 빈 칸에 받침 /은/을 써보세요. 낱말을 모른다면, 목표 낱말을 들려주세요.

guide!

1. 쓰기 어려워할 시엔, 소리와 소리 사이를 연장해서 들려주세요.(예, /하푸~~ㅁ/)
2. 대표 받침 소리로 쓰도록 알려주세요. 그리고 맞춤법에 맞는 받침도 알려주세요.

1

ㄷ ㅗ	ㄹ ㅏ	ㅈ ㅣ	ㄲ ㅗ

2

ㄷ ㅗ	ㄲ ㅐ	ㅂ ㅣ	ㅈ ㅣ

3

ㅇ ㅣ	ㅇ ㅑ	ㄱ ㅣ	ㄲ ㅗ

4

ㅍ ㅏ	ㄲ ㅗ	ㅌ ㅜ	ㄹ ㅣ

5

ㅅ ㅠ	ㅍ ㅓ	ㅁ ㅏ	ㅋ ㅔ

정답 도라지꽃(도라지꼳), 도깨비짓(도깨비짇), 이야기꽃(이야기꼳), 팥꼬투리(팓꼬투리), 수박마켓(수박마켇)

15 받침/은/이 포함된 낱말을 읽어요. 왼쪽부터 오른쪽 순서대로 읽어보세요.

1	ㄲ ㅐ / ㄲ ㅡ ㄷ	ㄲ ㅐ ㄷ / ㄲ ㅡ	ㄲ ㅐ ㄷ / ㄲ ㅡ ㄷ
2	ㅃ ㅣ / ㄲ ㅡ ㄷ	ㅃ ㅣ ㄷ / ㄲ ㅡ	ㅃ ㅣ ㄷ / ㄲ ㅡ ㄷ
3	ㅅ ㅔ / ㅉ ㅐ ㄷ	ㅅ ㅔ ㄷ / ㅉ ㅐ	ㅅ ㅔ ㄷ / ㅉ ㅐ ㄷ
4	ㅎ ㅣ / ㄲ ㅡ ㄷ	ㅎ ㅣ ㄷ / ㄲ ㅡ	ㅎ ㅣ ㄷ / ㄲ ㅡ ㄷ
5	ㄲ ㅜ / ㄲ ㅜ ㄷ	ㄲ ㅜ ㄷ / ㄲ ㅜ	ㄲ ㅜ ㄷ / ㄲ ㅜ ㄷ
6	ㅃ ㅓ / ㅃ ㅓ ㄷ	ㅃ ㅓ ㄷ / ㅃ ㅓ	ㅃ ㅓ ㄷ / ㅃ ㅓ ㄷ

7	ㄹ ㅗ	ㅍ ㅗ ㄷ	ㄹ ㅗ ㄷ	ㅍ ㅗ	ㄹ ㅗ ㄷ	ㅍ ㅗ ㄷ
8	ㅇ ㅣ	ㅊ ㅓ ㄷ	ㅇ ㅣ ㄷ	ㅊ ㅓ	ㅇ ㅣ ㄷ	ㅊ ㅓ ㄷ
9	ㄱ ㅐ	ㅌ ㅔ ㄷ	ㄱ ㅐ ㄷ	ㅌ ㅔ	ㄱ ㅐ ㄷ	ㅌ ㅔ ㄷ
10	ㅇ ㅣ	ㅊ ㅔ ㄷ	ㅇ ㅣ ㄷ	ㅊ ㅔ	ㅇ ㅣ ㄷ	ㅊ ㅔ ㄷ
11	ㅃ ㅓ	ㅍ ㅓ ㄷ	ㅃ ㅓ ㄷ	ㅍ ㅓ	ㅃ ㅓ ㄷ	ㅍ ㅓ ㄷ
12	ㅂ ㅏ	ㅊ ㅣ ㄷ	ㅂ ㅏ ㄷ	ㅊ ㅣ	ㅂ ㅏ ㄷ	ㅊ ㅣ ㄷ

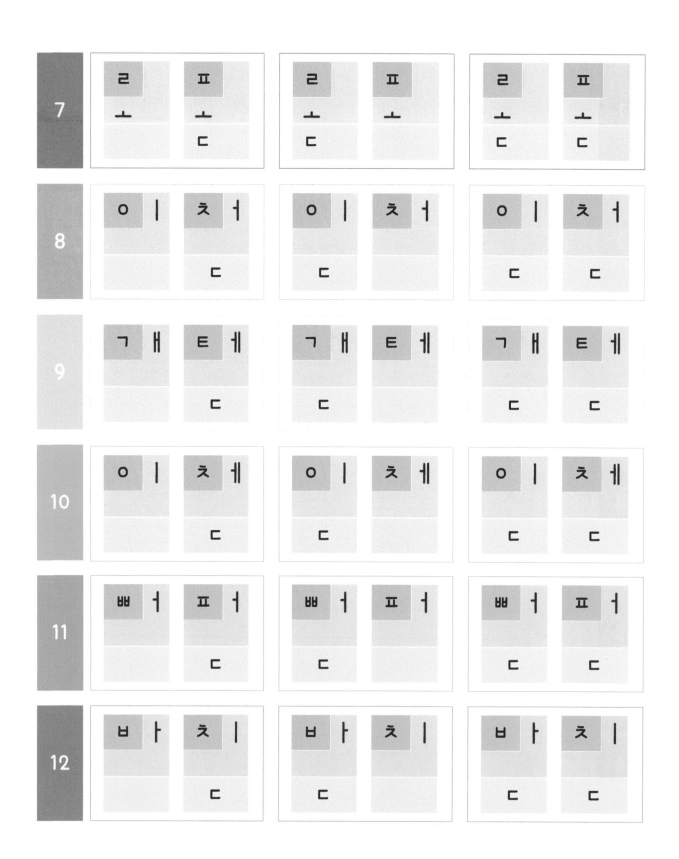

16 하나씩 달라지는 소리를 확인하며 읽어보세요.

guide! 어려운 모음이 포함되어 있어요. 초성, 모음, 종성 순으로 합성하여 읽게 해주세요.

1	ㅍ ㅐ ㅗ ㄷ	ㅃ ㅐ ㅗ ㄷ	ㅃ ㅕ ㄷ	ㅃ ㅖ ㄷ	ㅂ ㅖ ㄷ
2	ㄴ ㅔ ㅜ ㄷ	ㅌ ㅔ ㅜ ㄷ	ㅌ ㅐ ㅗ ㄷ	ㄸ ㅐ ㅗ ㄷ	ㄸ ㅣ ㅜ ㄷ
3	ㄱ ㅐ ㅗ ㄷ	ㄱ ㅠ ㄷ	ㅋ ㅠ ㄷ	ㅋ ㅣ ㅜ ㄷ	ㅋ ㅓ ㅜ ㄷ
4	ㅈ ㅔ ㅜ ㄷ	ㅉ ㅔ ㅜ ㄷ	ㅊ ㅔ ㅜ ㄷ	ㅊ ㅣ ㅜ ㄷ	ㅉ ㅣ ㅜ ㄷ
5	ㅅ ㅣ ㅜ ㄷ	ㅅ ㅑ ㄷ	ㅅ ㅣ ㅜ ㄷ	ㅆ ㅣ ㅜ ㄷ	ㅎ ㅣ ㅜ ㄷ

7. ㄱ 받침

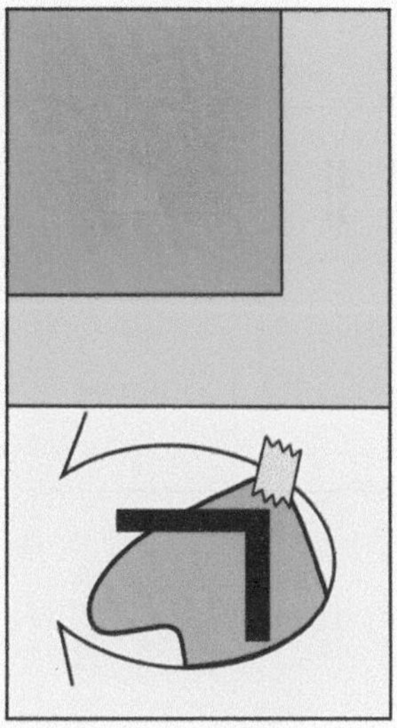

소리 내기

받침 'ㄱ' 소리를 내볼까요? '으-'소리를 내면서 준비를 하다가 혀의 뒷부분과 안쪽 입천장을 딱 붙이며 소리를 내요. /으--ㄱ//으-ㄱ//윽/ 점차 '으'소리는 줄여보세요.

초성과의 차이

초성 'ㄱ'는 혀의 뒷부분과 안쪽 입천장을 딱 붙였다 혀를 떼면서 소리를 내요.

초성 자음과 종성 자음의 차이를 느끼면서 소리 내보세요.

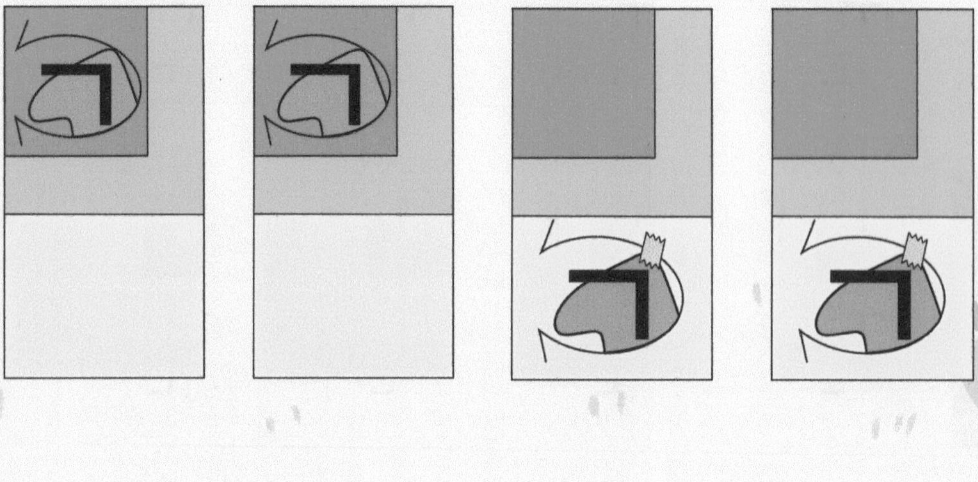

01 손으로 짚으면서 순서대로 읽어보세요.

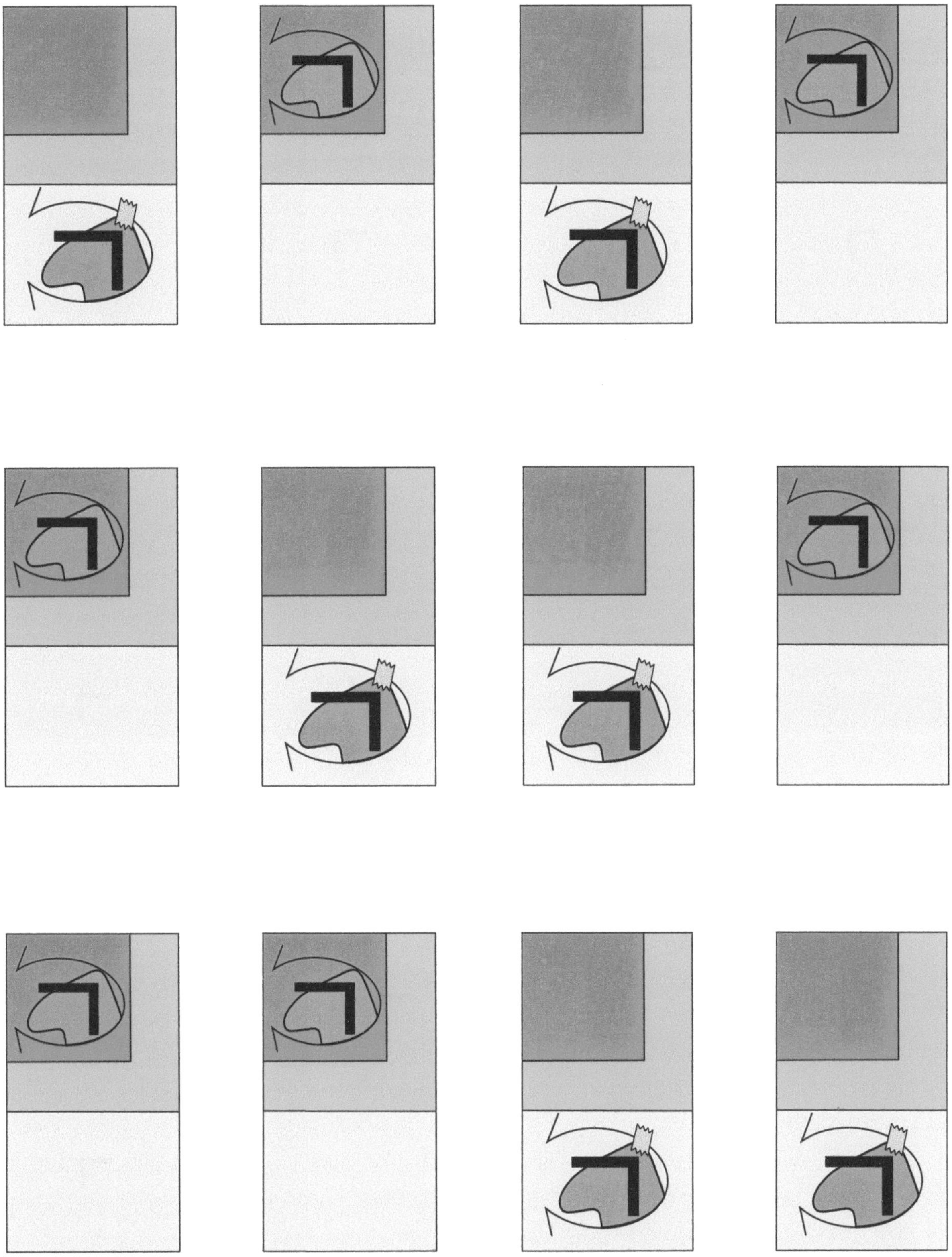

02 손으로 짚으면서 순서대로 읽어보세요.

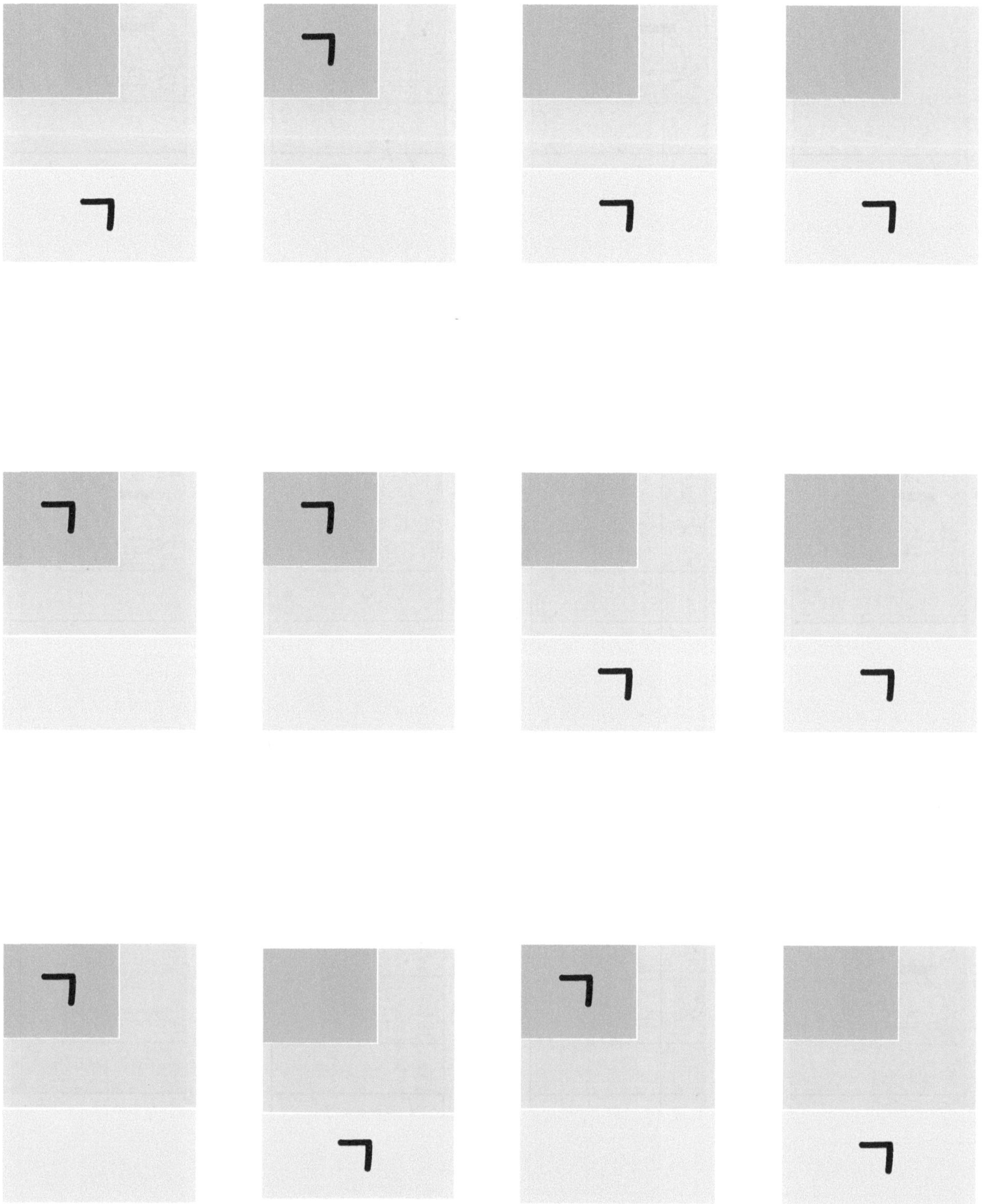

03 들리는 소리에 동그라미 하세요.

guide!

1. 받침이 있는 음절과, 없는 음절을 무작위로 불러주세요.
2. 받침이 있는 음절을 불러줄 때는 받침의 소리가 더 잘 들릴 수 있도록 연장하거나 강조해서 불러주셔도 됩니다.

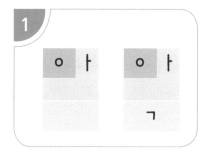

번호		
1	ㅇ ㅏ	ㅇ ㅏ ㄱ
2	ㄸ ㅣ	ㄸ ㅣ ㄱ
3	ㄱ ㅡ	ㄱ ㅡ ㄱ
4	ㅋ ㅜ	ㅋ ㅜ ㄱ
5	ㅃ ㅗ	ㅃ ㅗ ㄱ
6	ㄹ ㅐ	ㄹ ㅐ ㄱ
7	ㅈ ㅏ	ㅈ ㅏ ㄱ
8	ㅋ ㅔ	ㅋ ㅔ ㄱ
9	ㅂ ㅏ	ㅂ ㅏ ㄱ
10	ㅆ ㅣ	ㅆ ㅣ ㄱ
11	ㄸ ㅡ	ㄸ ㅡ ㄱ
12	ㅎ ㅔ	ㅎ ㅔ ㄱ
13	ㅅ ㅏ	ㅅ ㅏ ㄱ
14	ㅉ ㅣ	ㅉ ㅣ ㄱ
15	ㅍ ㅜ	ㅍ ㅜ ㄱ

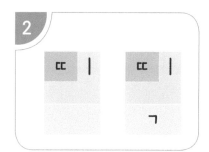

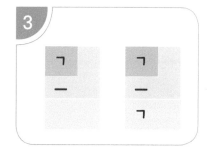

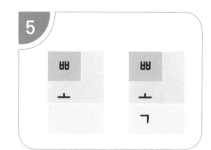

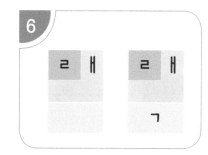

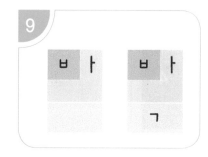

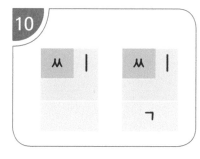

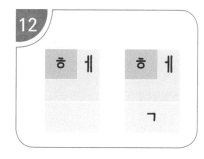

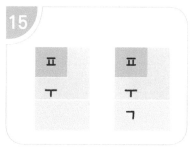

04 들리는 소리에 동그라미 하세요.

guide!

1. 받침이 있는 음절과, 없는 음절을 무작위로 불러주세요.
2. 받침이 있는 음절을 불러줄 때는 받침의 소리가 더 잘 들릴 수 있도록 연장하거나 강조해서 불러주셔도 됩니다.

1	ㅅ ㅜ / ㅂ ㅏ	ㅅ ㅜ / ㅂ ㅏ ㄱ
2	ㅊ ㅗ / ㄹ ㅗ	ㅊ ㅗ / ㄹ ㅗ ㄱ
3	ㅈ ㅣ / ㄱ ㅏ	ㅈ ㅣ / ㄱ ㅏ ㄱ
4	ㄴ ㅗ / ㅊ ㅏ	ㄴ ㅗ ㄱ / ㅊ ㅏ
5	ㄴ ㅏ / ㅌ ㅏ	ㄴ ㅏ ㄱ / ㅌ ㅏ
6	ㅍ ㅗ / ㅍ ㅏ	ㅍ ㅗ ㄱ / ㅍ ㅏ
7	ㅉ ㅗ / ㅍ ㅏ	ㅉ ㅗ ㄱ / ㅍ ㅏ

8	ㅂ ㅗ	ㄹ ㅏ	ㅅ ㅐ	ㅂ ㅗ	ㄹ ㅏ	ㅅ ㅐ ㄱ
9	ㅅ ㅗ	ㄹ ㅣ	ㅂ ㅜ	ㅅ ㅗ	ㄹ ㅣ	ㅂ ㅜ ㄱ
10	ㅊ ㅗ	ㄱ ㅗ	ㅅ ㅗ	ㅊ ㅗ	ㄱ ㅗ	ㅅ ㅗ ㄱ
11	ㅅ ㅜ	ㅂ ㅏ	ㅆ ㅣ	ㅅ ㅜ	ㅂ ㅏ ㄱ	ㅆ ㅣ
12	ㅎ ㅠ	ㅅ ㅣ	ㅊ ㅓ	ㅎ ㅠ	ㅅ ㅣ ㄱ	ㅊ ㅓ
13	ㅊ ㅐ	ㅊ ㅣ	ㄹ ㅔ	ㅊ ㅐ ㄱ	ㅊ ㅣ	ㄹ ㅔ
14	ㅁ ㅗ	ㅍ ㅛ	ㅊ ㅣ	ㅁ ㅗ ㄱ	ㅍ ㅛ	ㅊ ㅣ

05 그림을 보고 받침 /윽/ 소리가 들리는지 찾아보세요. 들리면 O, 안 들리면 X 하세요.

guide!

1. 그림을 보고 아동이 목표 낱말을 말하지 못할 때에는 목표 낱말을 들려주세요.
2. 소리를 들려줄 때에는 받침 소리를 강조해서 들려주세요.

O X

O X

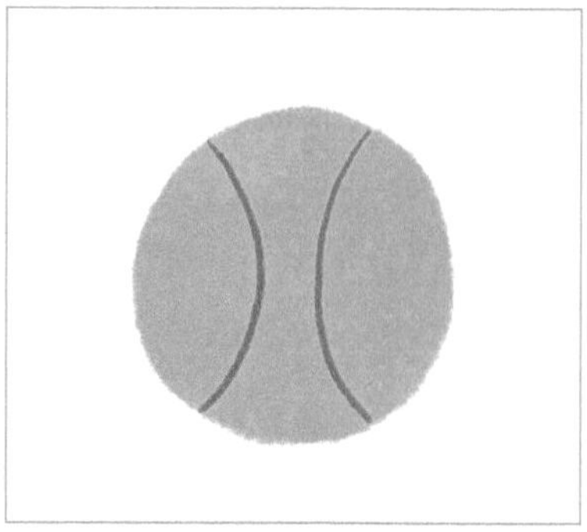

O X

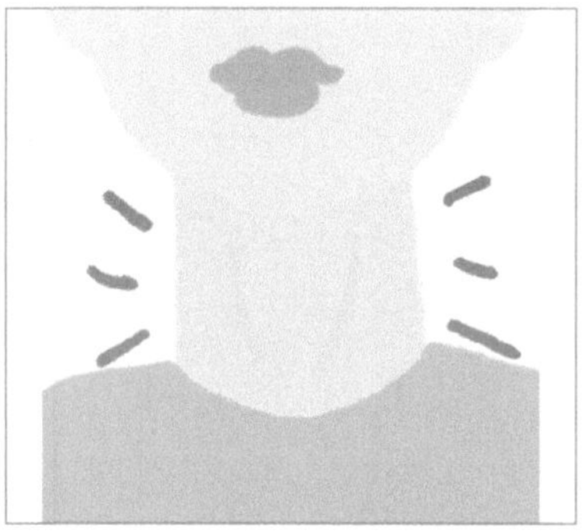

O X

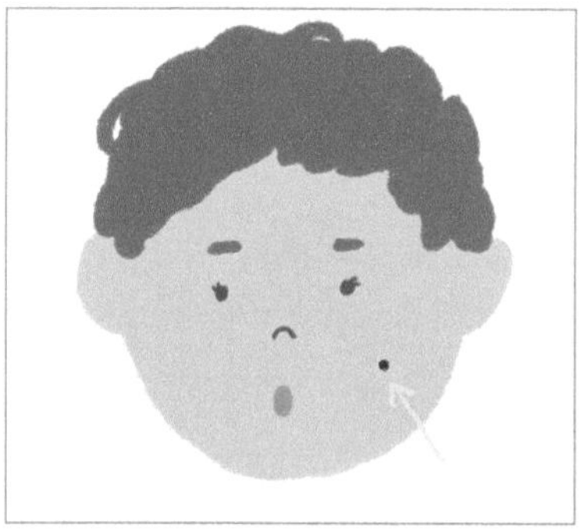

O X

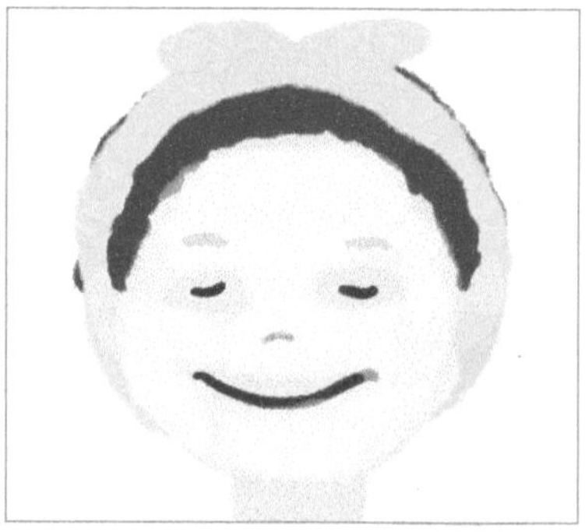

O X

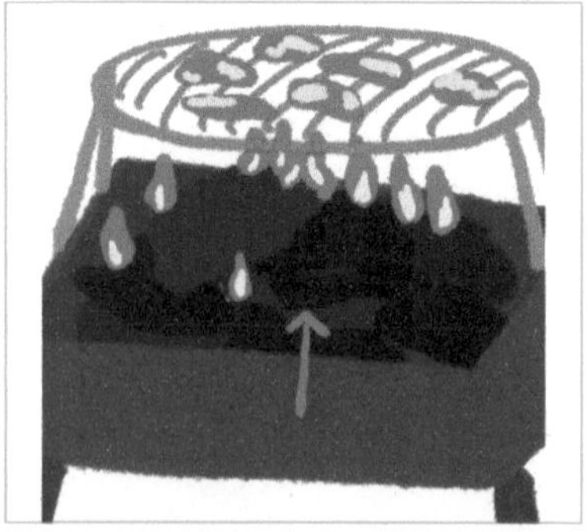

O X

O X

O X

정답

1. X입, 2. O독, 3. X공, 4. O목, 5. X점, 6. O팩, 7. X숯(숟), 8. O역, 9. X돌

06 그림을 보고 받침 /윽/ 소리가 들리는지 찾아보세요. 들리면 O, 안 들리면 X 하세요.

guide!

1. 그림을 보고 아동이 목표 낱말을 말하지 못할 때에는 목표 낱말을 들려주세요.
2. 소리를 들려줄 때에는 받침 소리를 강조해서 들려주세요.

O X

O X

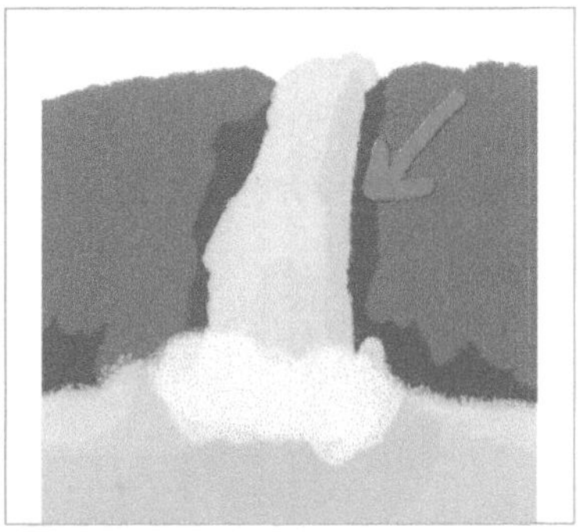

O X

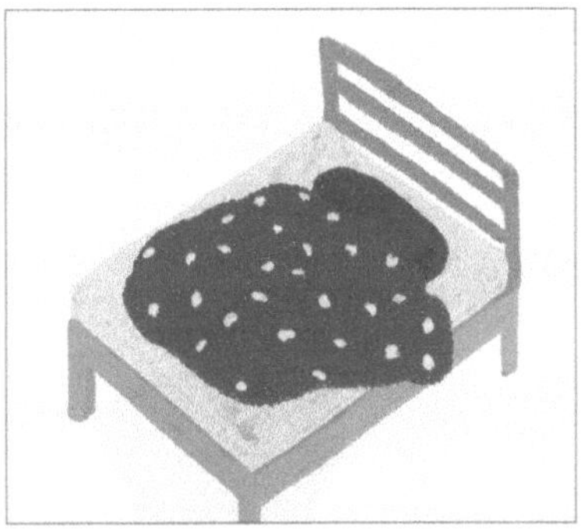

O X

O X

O X

O X

O X

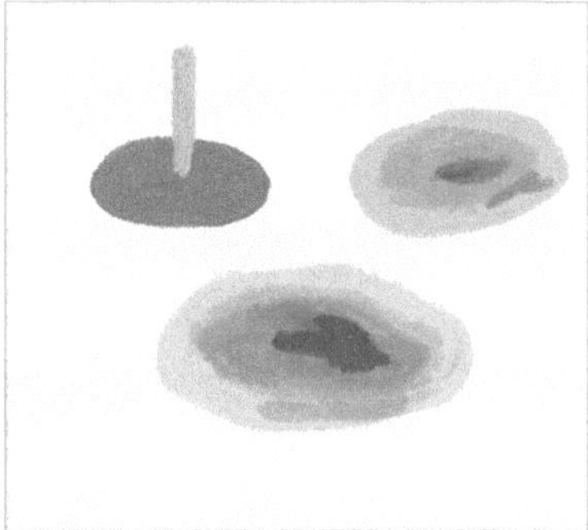

O X

정답

1. O트럭, 2. X씨앗(씨아), 3. O폭포, 4. X침대, 5. O호박, 6. X수건, 7. O녹차, 8. X양초, 9. O호떡

07 그림을 보고 목표 음소에 맞는 그림 카드 번호를 써보세요.

guide! 1. 아동이 낱말을 모르거나, 목표 낱말을 말하지 못할 때에는 목표 낱말을 들려주세요.

첫 소리 /ㄱ/	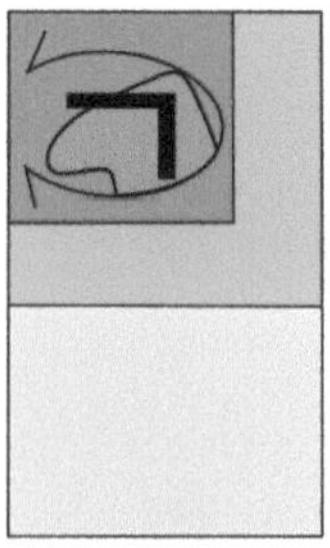	①
받침 소리 /윽/	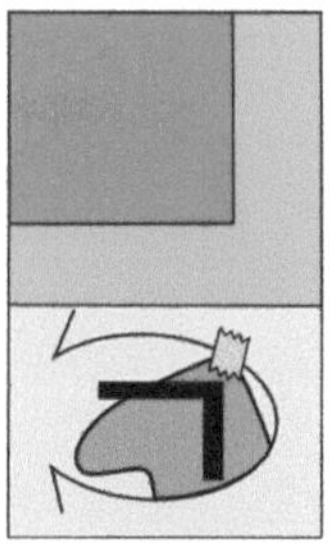	

1
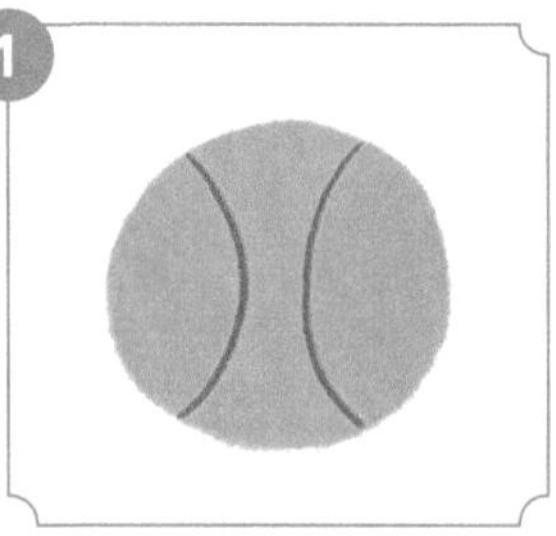

2

3

4

5
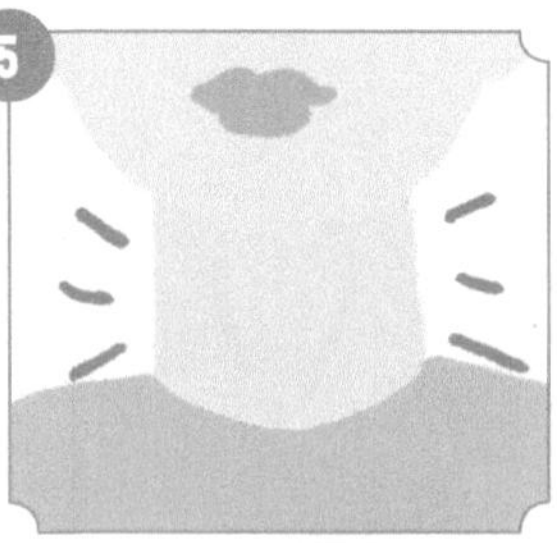

6

7

8

9

10

11

12

정답

첫소리/ㄱ/ 1.공, 2.금, 6.곰, 11.게, 12.구두 / 받침소리/윽/ 3.떡, 4.싹, 5.목, 7.짝, 8.책, 9.턱, 10.벽

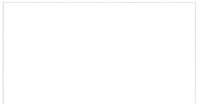

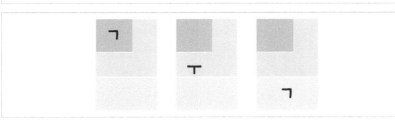

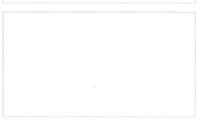

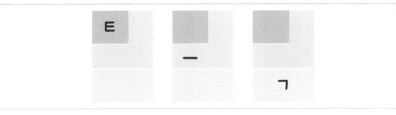

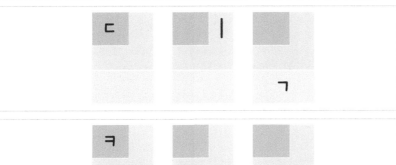

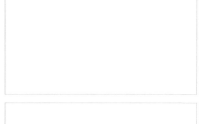

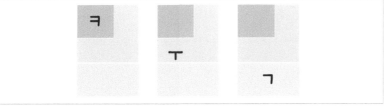

08 각각의 소리를 더하여 하나의 소리로 만들어 보세요.

guide!

1. 손으로 소리 상자를 모두 가리고 차례대로 하나씩 보여주세요.
2. 소리를 끊지 않고 부드럽게 연결하여 이음새 없이 점차 한숨에 합쳐보세요.
3. 어떤 소리가 완성되는지 말해보세요.

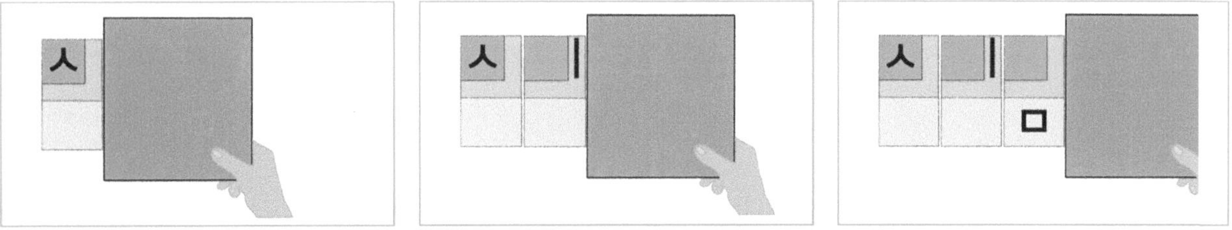

왼쪽부터 차례대로 소리를 합쳐보세요.	반응
ㅣ ㄱ	
ㄱ ㅜ ㄱ	
ㅌ ㅡ ㄱ	
ㄷ ㅣ ㄱ	
ㅋ ㅜ ㄱ	

09 각각의 소리를 더하여 하나의 소리로 만들어 보세요.

guide!

1. 손으로 소리 상자를 모두 가리고 차례대로 하나씩 보여주세요.
2. 소리를 끊지 않고 부드럽게 연결하여 이음새 없이 점차 한숨에 합쳐보세요.
3. 어떤 소리가 완성되는지 말해보세요.

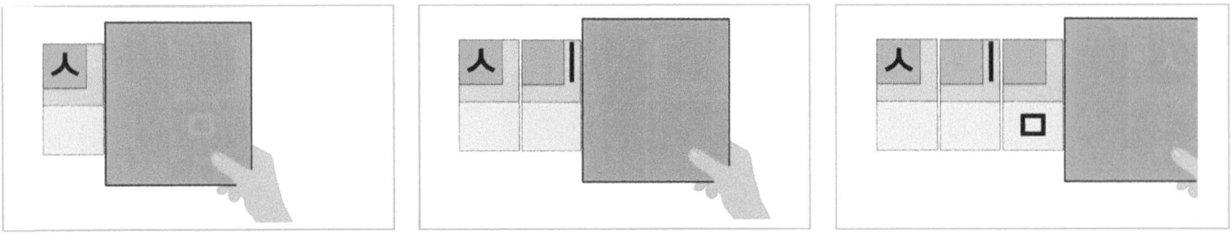

왼쪽부터 차례대로 소리를 합쳐보세요.	반응
ㅎ ㅗ ㄸ ㅓ ㄱ	
ㅅ ㅜ ㅂ ㅏ ㄱ	
ㅌ ㅡ ㄹ ㅓ ㄱ	
ㅊ ㅗ ㄹ ㅗ ㄱ	
ㅣ ㄹ ㅠ ㄱ	

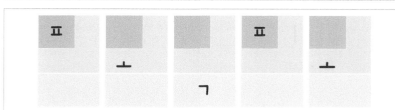

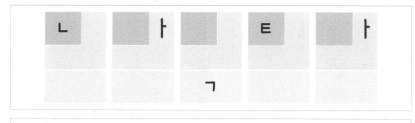

10 각각의 소리를 더하여 하나의 소리로 만들어 보세요. 어떤 소리가 완성되나요?

guide!

1. 손으로 소리 상자를 모두 가리고 차례대로 하나씩 보여주세요.
2. 소리를 끊지 않고 부드럽게 연결하여 이음새 없이 점차 한숨에 합쳐보세요.
3. 어떤 소리가 완성되는지 말해보세요.

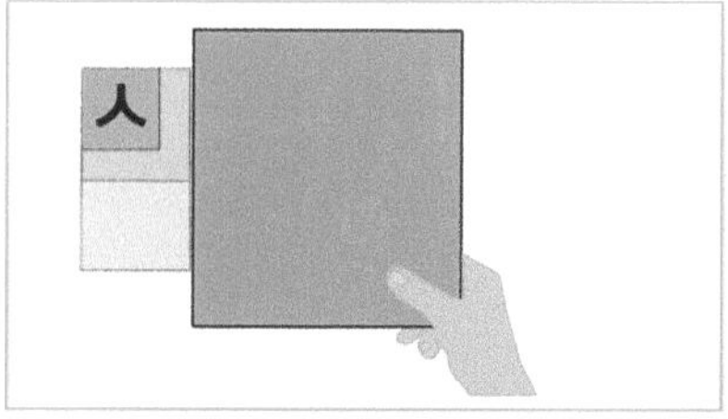

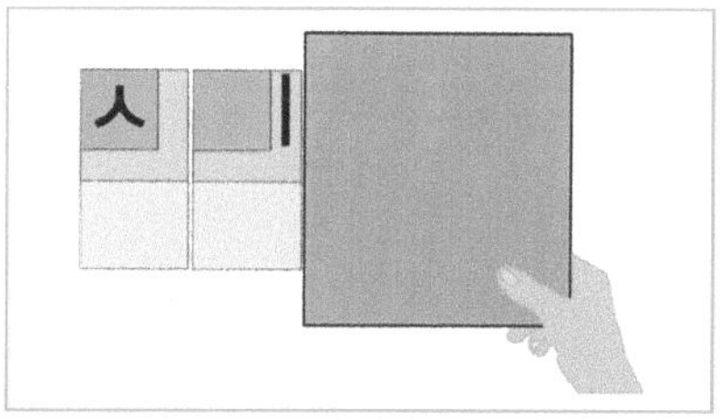

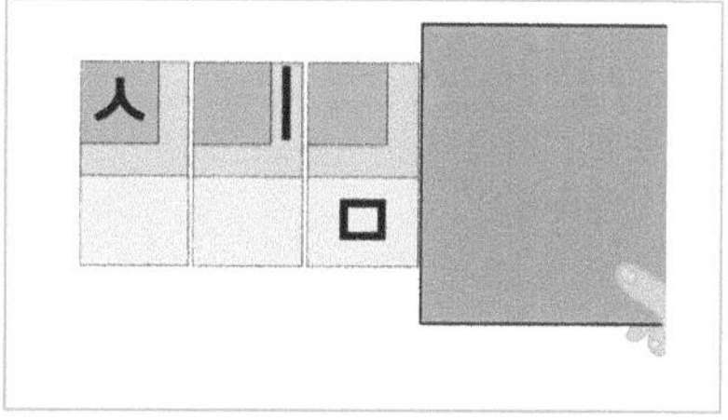

왼쪽부터 차례대로 소리를 합쳐보세요.	어떤 소리가 완성되나요?
ㄴ ㅗ ㄱ ㅊ ㅏ	
ㅍ ㅗ ㄱ ㅍ ㅗ	
ㄴ ㅏ ㄱ ㅌ ㅏ	
ㅉ ㅗ ㄱ ㅍ ㅏ	
ㅍ ㅗ ㄱ ㅍ ㅏ	

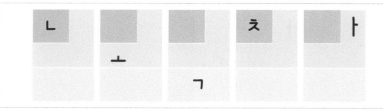

11 각각의 소리를 더하여 하나의 소리로 만들어 보세요. 어떤 소리가 완성되나요?

guide!

1. 손으로 소리 상자를 모두 가리고 차례대로 하나씩 보여주세요.
2. 소리를 끊지 않고 부드럽게 연결하여 이음새 없이 점차 한숨에 합쳐보세요.
3. 어떤 소리가 완성되는지 말해보세요.

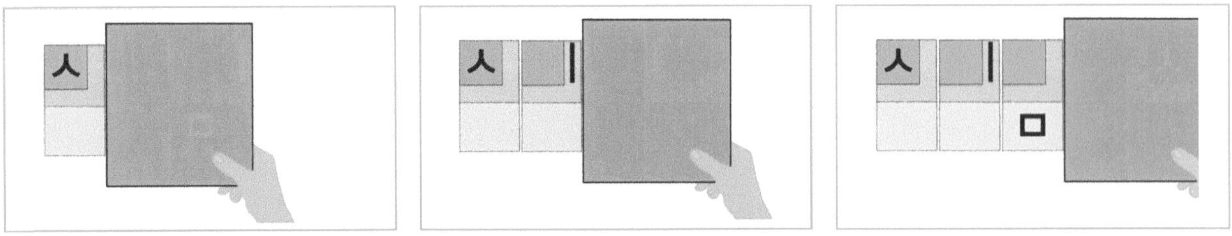

왼쪽부터 차례대로 소리를 합쳐보세요.						반응
ㅅ	ㅣ	ㄱ	ㅌ	ㅏ	ㄱ	
ㅊ	ㅣ	ㄱ	ㅊ	ㅣ	ㄱ	
ㅉ	ㅐ	ㄱ	ㅉ	ㅐ	ㄱ	
ㄲ	ㅜ	ㄱ	ㄲ	ㅜ	ㄱ	
ㄸ	ㅗ	ㄱ	ㄸ	ㅗ	ㄱ	

12 /윽/받침은 어디에 있을까요? 들리는 소리에 o 하세요.

guide! 종성의 위치를 파악하며 듣는 연습입니다. 두 낱말 중 무작위로 하나만 선택해 소리를 들려주세요.

번호	보기 1 (첫째 칸)	보기 1 (둘째 칸)	보기 2 (첫째 칸)	보기 2 (둘째 칸)
1	ㄷ ㅜ	ㅍ ㅏ ㄱ	ㄷ ㅜ ㄱ	ㅍ ㅏ
2	ㅊ ㅐ	ㄲ ㅜ ㄱ	ㅊ ㅐ ㄱ	ㄲ ㅜ
3	ㅂ ㅣ	ㅃ ㅣ ㄱ	ㅂ ㅣ ㄱ	ㅃ ㅣ
4	ㅂ ㅐ	ㅊ ㅜ ㄱ	ㅂ ㅐ ㄱ	ㅊ ㅜ
5	ㅅ ㅜ	ㅊ ㅜ ㄱ	ㅅ ㅜ ㄱ	ㅊ ㅜ
6	ㄱ ㅜ	ㅍ ㅗ ㄱ	ㄱ ㅜ ㄱ	ㅍ ㅗ
7	ㅍ ㅗ	ㅍ ㅗ ㄱ	ㅍ ㅗ ㄱ	ㅍ ㅗ
8	ㄴ ㅗ	ㅊ ㅏ ㄱ	ㄴ ㅗ ㄱ	ㅊ ㅏ
9	ㅌ ㅡ	ㅍ ㅓ ㄱ	ㅌ ㅡ ㄱ	ㅍ ㅓ
10	ㄴ ㅏ	ㅌ ㅏ ㄱ	ㄴ ㅏ ㄱ	ㅌ ㅏ
11	ㅍ ㅗ	ㅍ ㅏ ㄱ	ㅍ ㅗ ㄱ	ㅍ ㅏ
12	ㄷ ㅗ	ㅊ ㅗ ㄱ	ㄷ ㅗ ㄱ	ㅊ ㅗ
13	ㅎ ㅗ	ㄸ ㅓ ㄱ	ㅎ ㅗ ㄱ	ㄸ ㅓ
14	ㅅ ㅜ	ㅊ ㅓ ㄱ	ㅅ ㅜ ㄱ	ㅊ ㅓ

15	ㄷ ㅗ	ㅍ ㅏ ㄱ	ㄷ ㅗ ㄱ	ㅍ ㅏ
16	ㄴ ㅏ	ㅍ ㅜ ㄱ	ㄴ ㅏ ㄱ	ㅍ ㅜ
17	ㄱ ㅐ	ㅊ ㅓ ㄱ	ㄱ ㅐ ㄱ	ㅊ ㅓ
18	ㄱ ㅏ	ㅊ ㅜ ㄱ	ㄱ ㅏ ㄱ	ㅊ ㅜ
19	ㅂ ㅏ	ㅉ ㅏ ㄱ	ㅂ ㅏ ㄱ	ㅉ ㅏ
20	ㅂ ㅐ	ㅊ ㅓ ㄱ	ㅂ ㅐ ㄱ	ㅊ ㅓ
21	ㅅ ㅏ	ㅃ ㅜ ㄱ	ㅅ ㅏ ㄱ	ㅃ ㅜ
22	ㅂ ㅏ	ㅆ ㅏ ㄱ	ㅂ ㅏ ㄱ	ㅆ ㅏ
23	ㅈ ㅏ	ㅊ ㅜ ㄱ	ㅈ ㅏ ㄱ	ㅊ ㅜ
24	ㅊ ㅏ	ㅃ ㅕ ㄱ	ㅊ ㅏ ㄱ	ㅃ ㅕ
25	ㅈ ㅣ	ㅊ ㅜ ㄱ	ㅈ ㅣ ㄱ	ㅊ ㅜ
26	ㅈ ㅣ	ㅃ ㅓ ㄱ	ㅈ ㅣ ㄱ	ㅃ ㅓ
27	ㄷ ㅜ	ㅍ ㅜ ㄱ	ㄷ ㅜ ㄱ	ㅍ ㅜ
28	ㅈ ㅜ	ㄸ ㅡ ㄱ	ㅈ ㅜ ㄱ	ㄸ ㅡ

13 그림을 보고 빈 칸에 받침 /윽/을 써보세요. 낱말을 모른다면, 목표 낱말을 들려주세요.

guide!

1. 쓰기 어려워할 시엔, 소리와 소리 사이를 연장해서 들려주세요.(예, /하푸~~ㅁ/)
2. 대표 받침 소리로 쓰도록 알려주세요. 그리고 맞춤법에 맞는 받침도 알려주세요.

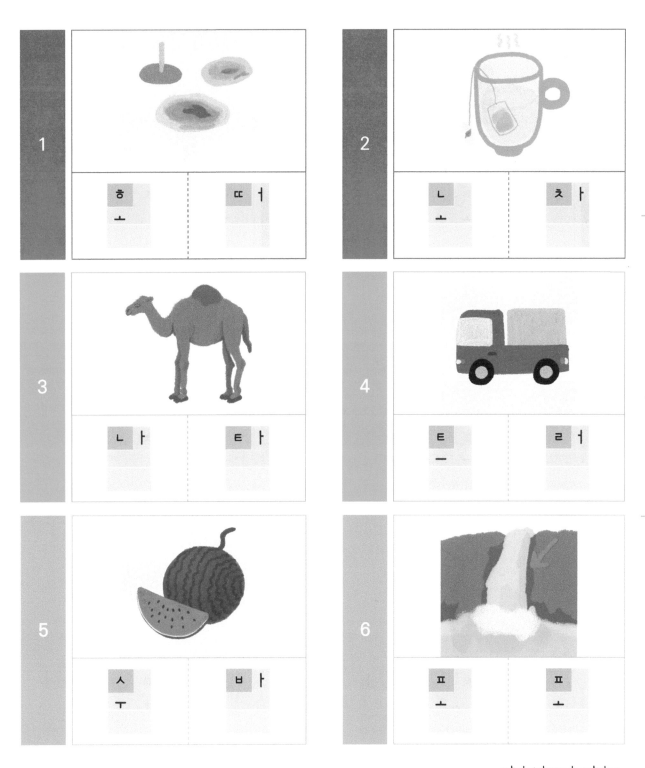

1

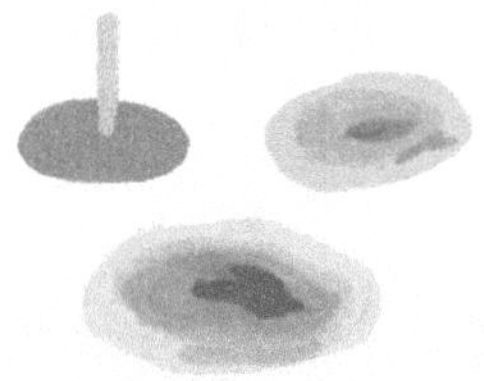

ㅎ ㅗ | ㄸ ㅓ

2

ㄴ ㅗ | ㅊ ㅏ

3

ㄴ ㅏ | ㅌ ㅏ

4

ㅌ ㅡ | ㄹ ㅓ

5

ㅅ ㅜ | ㅂ ㅏ

6

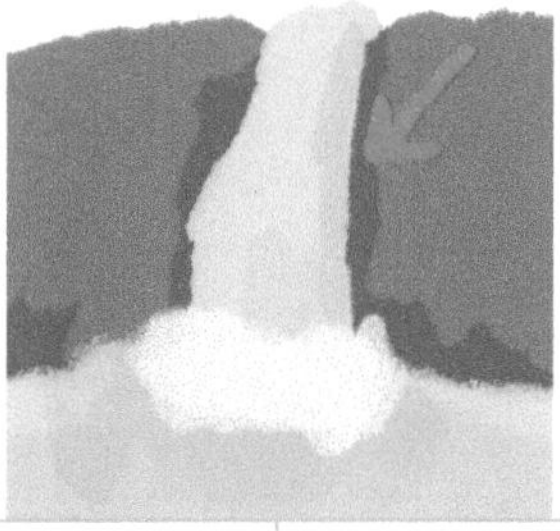

ㅍ ㅗ | ㅍ ㅗ

정답

호떡, 녹차, 낙타, 트럭, 수박, 폭포

14 그림을 보고 빈 칸에 받침 /윽/을 써보세요. 낱말을 모른다면, 목표 낱말을 들려주세요.

guide!

1. 쓰기 어려워할 시엔, 소리와 소리 사이를 연장해서 들려주세요.(예, /하푸~~ㅁ/)
2. 대표 받침 소리로 쓰도록 알려주세요. 그리고 맞춤법에 맞는 받침도 알려주세요.

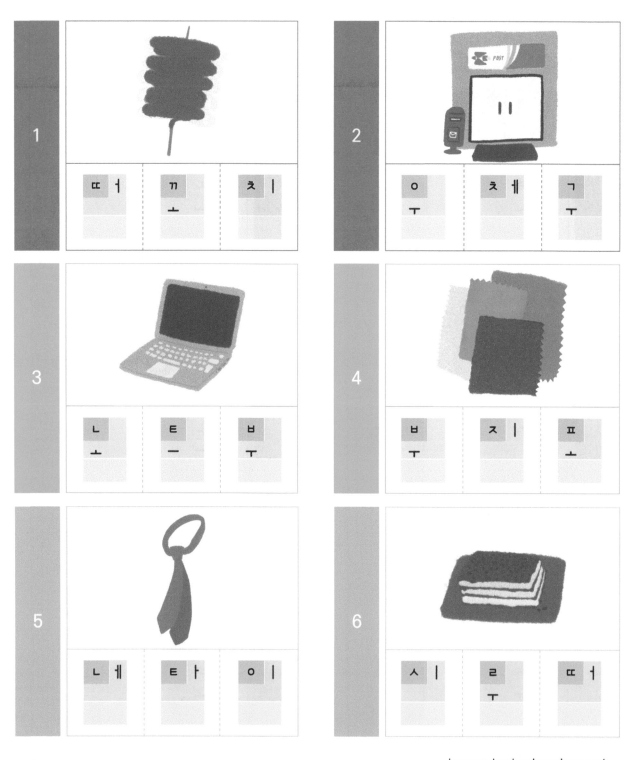

1

ㄸ ㅓ | ㄲ ㅗ | ㅊ ㅣ

2

ㅇ ㅜ | ㅊ ㅔ | ㄱ ㅜ

3

ㄴ ㅗ | ㅌ ㅡ | ㅂ ㅜ

4

ㅂ ㅜ | ㅈ ㅣ | ㅍ ㅗ

5

ㄴ ㅔ | ㅌ ㅏ | ㅇ ㅣ

6

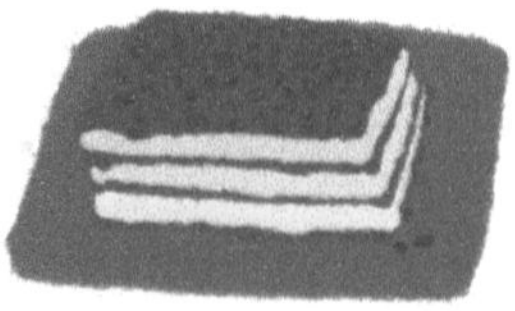

ㅅ ㅣ | ㄹ ㅜ | ㄸ ㅓ

정답

떡꼬치, 우체국, 노트북, 부직포, 넥타이, 시루떡

15 그림을 보고 빈 칸에 받침 /윽/을 써보세요. 낱말을 모른다면, 목표 낱말을 들려주세요.

guide!

1. 쓰기 어려워할 시엔, 소리와 소리 사이를 연장해서 들려주세요.(예, /하푸~~ㅁ/)
2. 대표 받침 소리로 쓰도록 알려주세요. 그리고 맞춤법에 맞는 받침도 알려주세요.

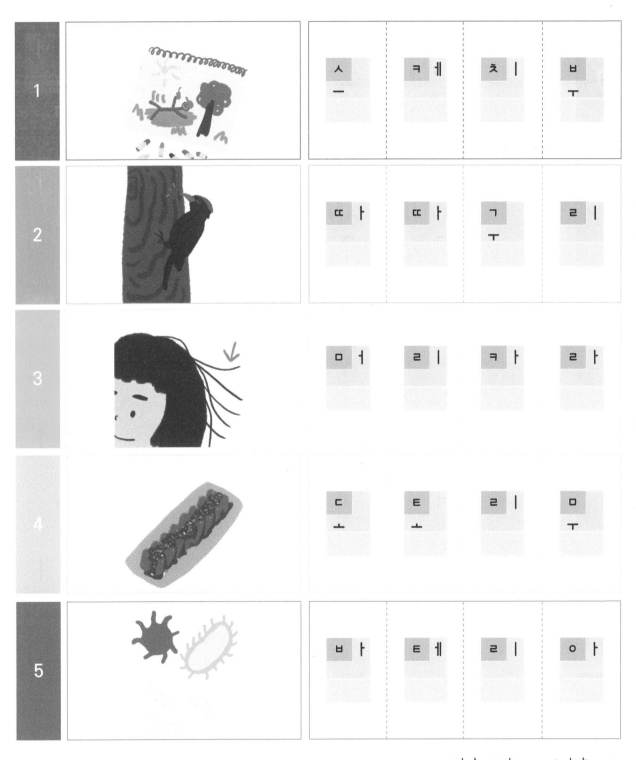

1		ㅅ ㅡ	ㅋ ㅔ	ㅊ ㅣ	ㅂ ㅜ
2		ㄸ ㅏ	ㄸ ㅏ	ㄱ ㅜ	ㄹ ㅣ
3		ㅁ ㅓ	ㄹ ㅣ	ㅋ ㅏ	ㄹ ㅏ
4		ㄷ ㅗ	ㅌ ㅗ	ㄹ ㅣ	ㅁ ㅜ
5	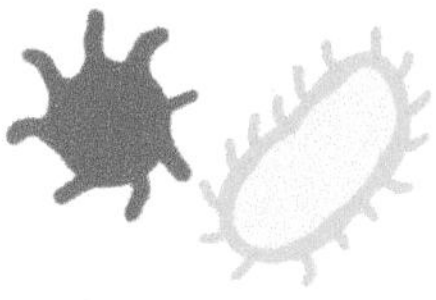	ㅂ ㅏ	ㅌ ㅔ	ㄹ ㅣ	ㅇ ㅏ

정답
스케치북, 딱따구리, 머리카락, 도토리묵, 박테리아

16 받침/윽/이 포함된 낱말을 읽어요. 왼쪽부터 오른쪽 순서대로 읽어보세요.

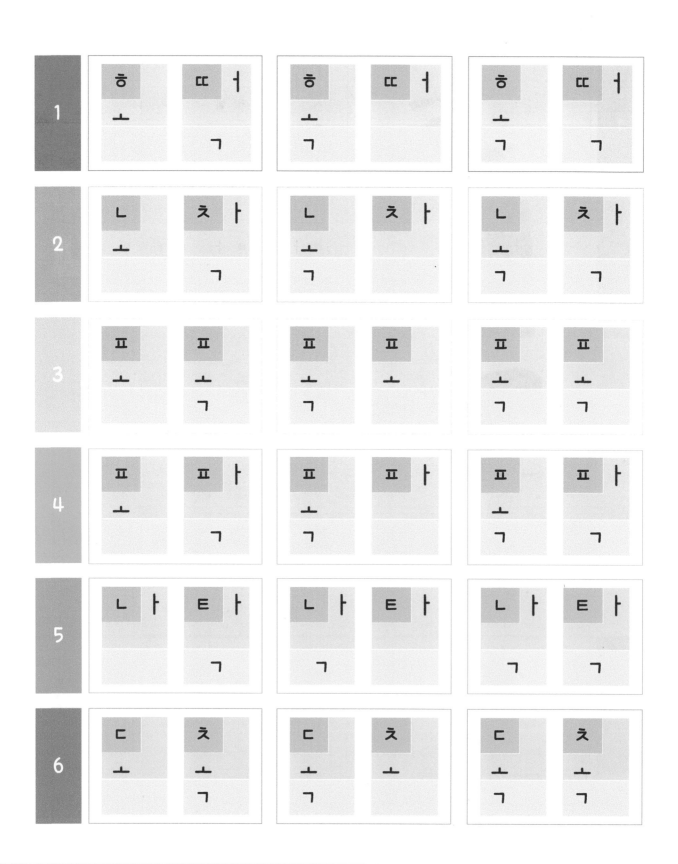

1	ㅎ ㅗ / ㄸ ㅓ ㄱ	ㅎ ㅗ ㄱ / ㄸ ㅓ	ㅎ ㅗ ㄱ / ㄸ ㅓ ㄱ
2	ㄴ ㅗ / ㅊ ㅏ ㄱ	ㄴ ㅗ ㄱ / ㅊ ㅏ	ㄴ ㅗ ㄱ / ㅊ ㅏ ㄱ
3	ㅍ ㅗ / ㅍ ㅗ ㄱ	ㅍ ㅗ ㄱ / ㅍ ㅗ	ㅍ ㅗ ㄱ / ㅍ ㅗ ㄱ
4	ㅍ ㅗ / ㅍ ㅏ ㄱ	ㅍ ㅗ ㄱ / ㅍ ㅏ	ㅍ ㅗ ㄱ / ㅍ ㅏ ㄱ
5	ㄴ ㅏ / ㅌ ㅏ ㄱ	ㄴ ㅏ ㄱ / ㅌ ㅏ	ㄴ ㅏ ㄱ / ㅌ ㅏ ㄱ
6	ㄷ ㅗ / ㅊ ㅗ ㄱ	ㄷ ㅗ ㄱ / ㅊ ㅗ	ㄷ ㅗ ㄱ / ㅊ ㅗ ㄱ

7	ㅉ ㅗ / ㅍ ㅏ ㄱ	ㅉ ㅗ ㄱ / ㅍ ㅏ	ㅉ ㅗ ㄱ / ㅍ ㅏ ㄱ
8	ㄱ ㅜ / ㅌ ㅗ ㄱ	ㄱ ㅜ ㄱ / ㅌ ㅗ	ㄱ ㅜ ㄱ / ㅌ ㅗ ㄱ
9	ㄷ ㅗ / ㅊ ㅏ ㄱ	ㄷ ㅗ ㄱ / ㅊ ㅏ	ㄷ ㅗ ㄱ / ㅊ ㅏ ㄱ
10	ㅁ ㅗ / ㅍ ㅛ ㄱ	ㅁ ㅗ ㄱ / ㅍ ㅛ	ㅁ ㅗ ㄱ / ㅍ ㅛ ㄱ
11	ㅅ ㅐ / ㅊ ㅔ ㄱ	ㅅ ㅐ ㄱ / ㅊ ㅔ	ㅅ ㅐ ㄱ / ㅊ ㅔ ㄱ
12	ㅇ ㅐ / ㅊ ㅔ ㄱ	ㅇ ㅐ ㄱ / ㅊ ㅔ	ㅇ ㅐ ㄱ / ㅊ ㅔ ㄱ

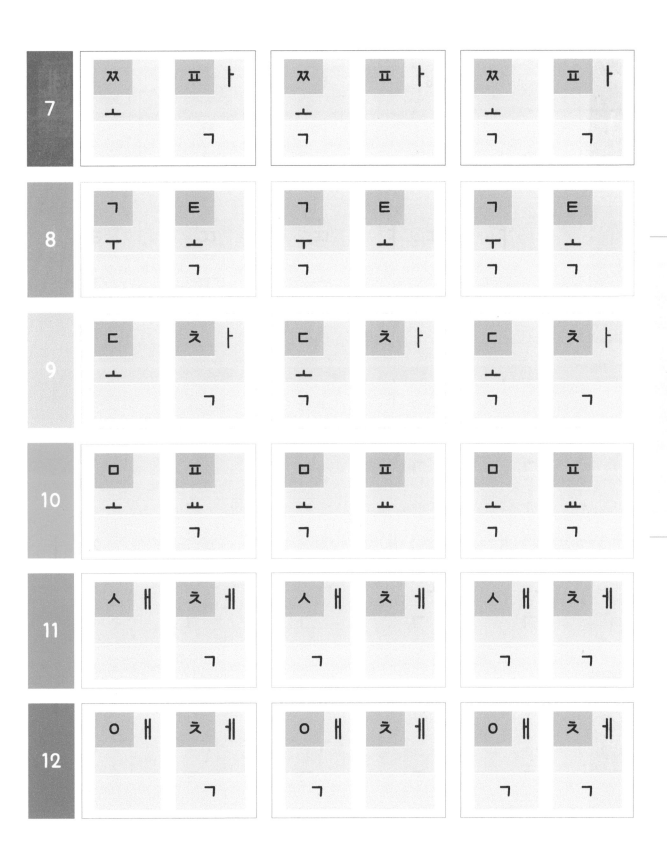

17 하나씩 달라지는 소리를 확인하며 읽어보세요.

guide! 어려운 모음이 포함되어 있어요. 초성, 중성, 종성 순으로 합성하여 읽게 해주세요.

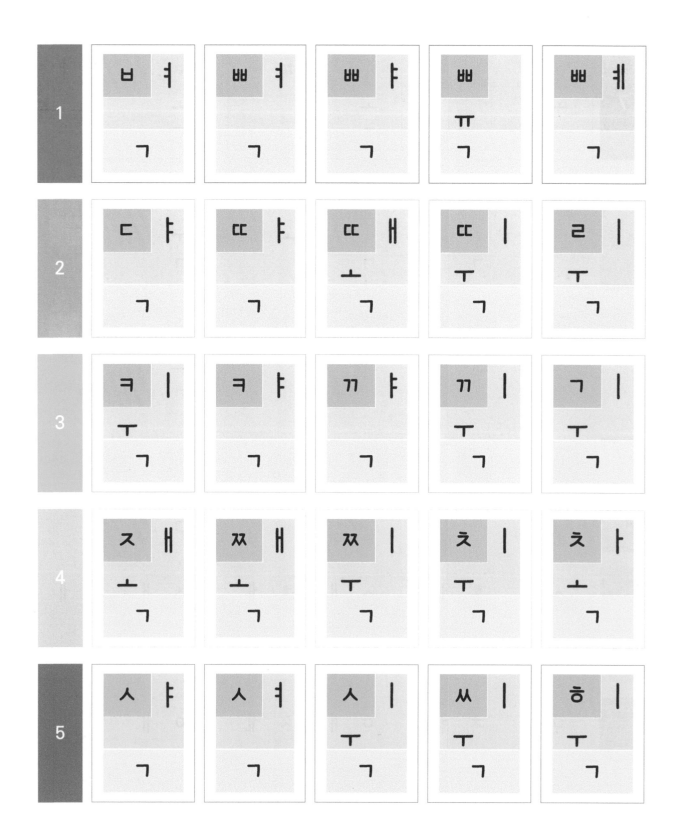

1	ㅂ ㅕ ㄱ	ㅃ ㅕ ㄱ	ㅃ ㅑ ㄱ	ㅃ ㅠ ㄱ	ㅃ ㅖ ㄱ
2	ㄷ ㅑ ㄱ	ㄸ ㅑ ㄱ	ㄸ ㅐ ㅗ ㄱ	ㄸ ㅣ ㅜ ㄱ	ㄹ ㅣ ㅜ ㄱ
3	ㅋ ㅣ ㅜ ㄱ	ㅋ ㅑ ㄱ	ㄲ ㅑ ㄱ	ㄲ ㅣ ㅜ ㄱ	ㄱ ㅣ ㅜ ㄱ
4	ㅈ ㅐ ㅗ ㄱ	ㅉ ㅐ ㅗ ㄱ	ㅉ ㅣ ㅜ ㄱ	ㅊ ㅣ ㅜ ㄱ	ㅊ ㅏ ㅗ ㄱ
5	ㅅ ㅑ ㄱ	ㅅ ㅕ ㄱ	ㅅ ㅣ ㅜ ㄱ	ㅆ ㅣ ㅜ ㄱ	ㅎ ㅣ ㅜ ㄱ

3

모두 섞어서 연습해요

01 손으로 짚으면서 순서대로 읽어보세요.

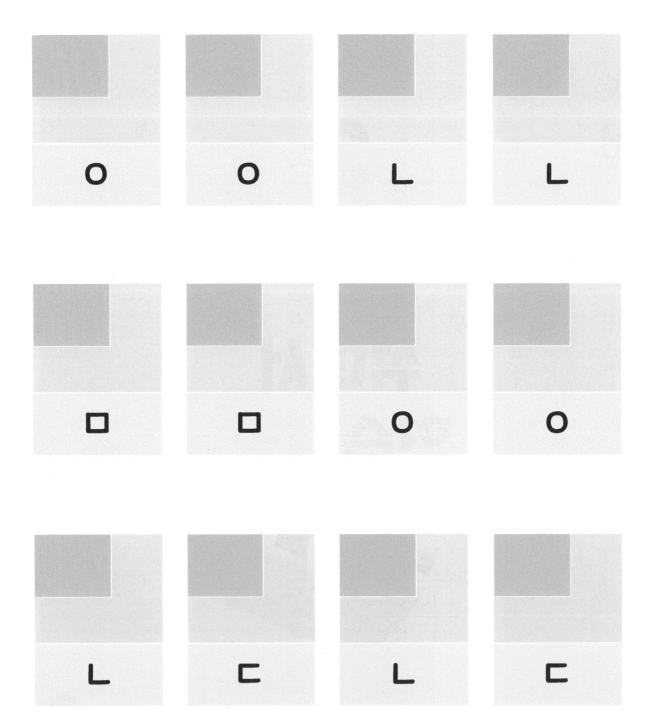

ㅇ	ㅇ	ㄴ	ㄴ
ㅁ	ㅁ	ㅇ	ㅇ
ㄴ	ㄷ	ㄴ	ㄷ

02 손으로 짚으면서 순서대로 읽어보세요.

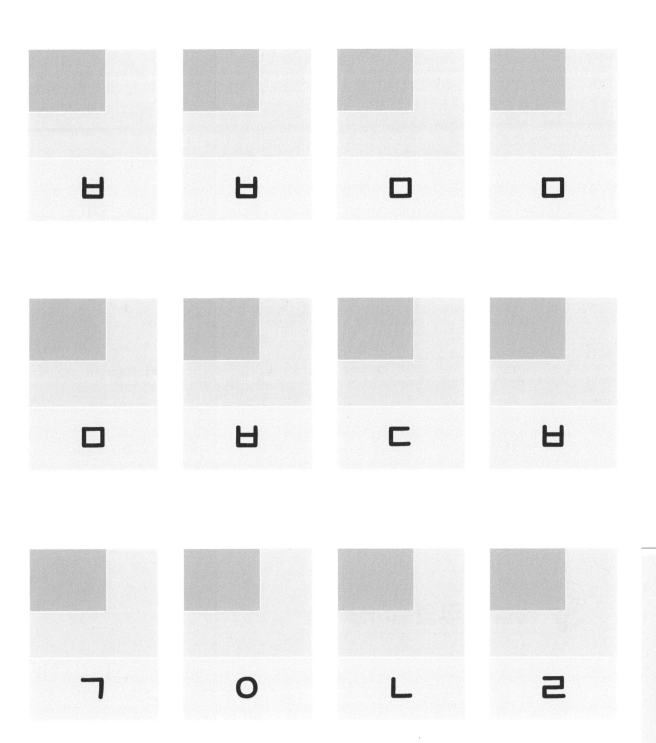

ㅂ	ㅂ	ㅁ	ㅁ
ㅁ	ㅂ	ㄷ	ㅂ
ㄱ	ㅇ	ㄴ	ㄹ

03

아래의 지시를 잘 듣고 바뀐 글자를 찾아
글자로 선을 연결하며 정답을 찾아 써보세요.

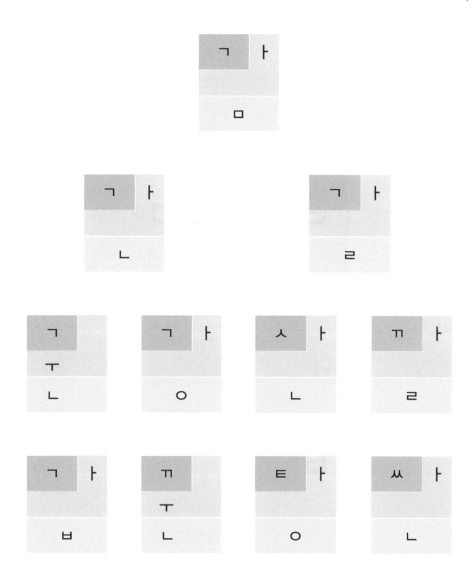

ㄱ ㅏ ㅁ

ㄱ ㅏ ㄴ　　ㄱ ㅏ ㄹ

ㄱ ㅜ ㄴ　　ㄱ ㅏ ㅇ　　ㅅ ㅏ ㄴ　　ㄲ ㅏ ㄹ

ㄱ ㅏ ㅂ　　ㄲ ㅜ ㄴ　　ㅌ ㅏ ㅇ　　ㅆ ㅏ ㄴ

정답은 무엇일까요?

정답

탕

지시

1./감/에서 /음/을 /을/로 바꾸세요.
2./갈/에서 /을/을 /응/으로 바꾸세요.
3. /강/에서 /ㄱ/를 /ㅌ/로 바꾸세요.

04

아래의 지시를 잘 듣고 바뀐 글자를 찾아
글자로 선을 연결하며 정답을 찾아 써보세요.

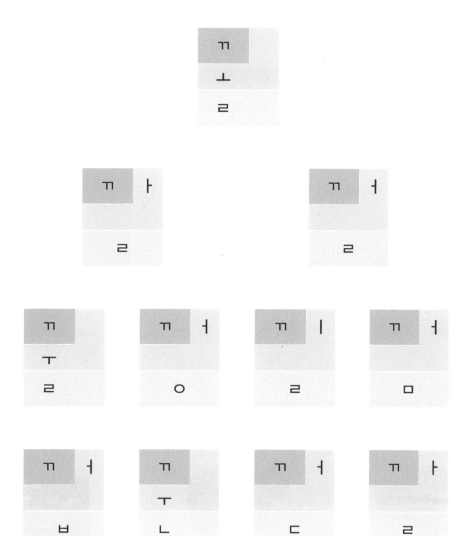

ㄲ ㅗ ㄹ

ㄲ ㅏ ㄹ　　ㄲ ㅓ ㄹ

ㄲ ㅜ ㄹ　　ㄲ ㅓ ㅇ　　ㄲ ㅣ ㄹ　　ㄲ ㅓ ㅁ

ㄲ ㅓ ㅂ　　ㄲ ㅜ ㄴ　　ㄲ ㅓ ㄷ　　ㄲ ㅏ ㄹ

정답은 무엇일까요?

ㄲ

정답

껄

지시

1./꼴/에서/ㅗ/을/ㅓ/로 바꾸세요.
2./껄/에서/을/을/음/으로 바꾸세요.
3. /껌/에서/음/를/은/로 바꾸세요.

05 [/음 읍/ 연습하기] 들려주는 소리를 잘 듣고 받침 소리 /음/과 /읍/ 중 어떤 소리가 들리는지 빈 칸에 써 봅시다.

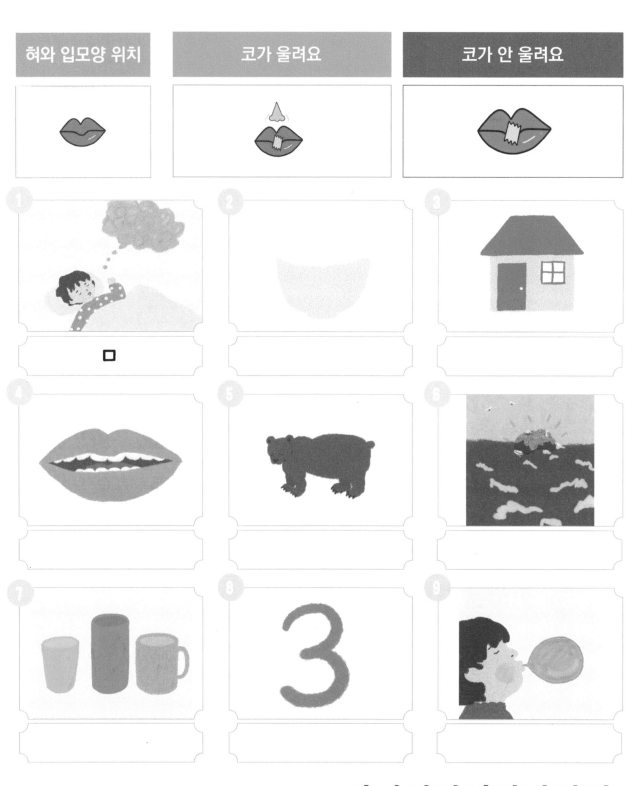

혀와 입모양 위치	코가 울려요	코가 안 울려요
	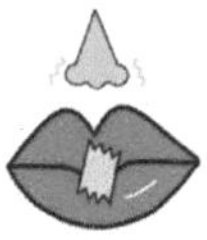	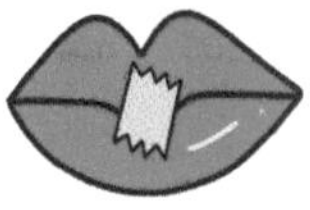

1 

ㅁ

2

3 

4 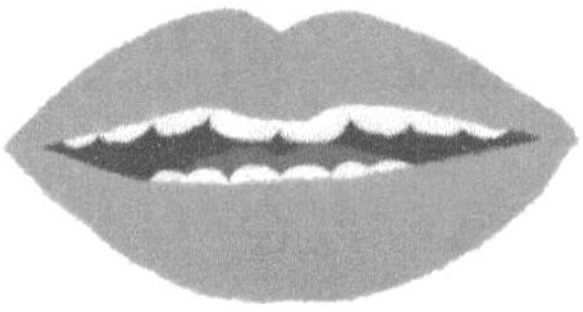

5 

6 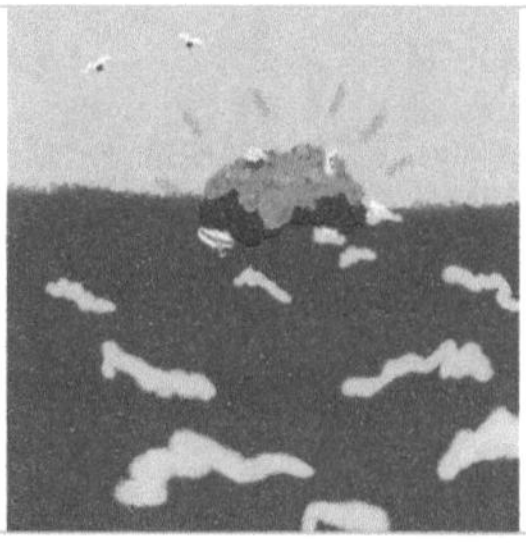

7 

8 

9 

정답

1.꿈(ㅁ) 2.밥(ㅂ) 3.집(ㅂ) 4.입(ㅂ) 5.곰(ㅁ) 6.섬(ㅁ) 7.컵(ㅂ) 8.삼(ㅁ) 9.껌(ㅁ)

06 들려주는 소리를 잘 듣고 두 가지 받침 소리 /음/, /읍/ 중 어떤 소리가 들리는지 손으로 짚어보세요. 먼저 소리가 같은지 다른지 들어봅시다.

ㅁ ㅂ

✿ 들려주세요. 학생은 낱말을 보지 않습니다.

1. 두 개의 단어를 잘 들어보세요. 소리가 같나요? 다르나요?			2. 둘 중에 하나의 낱말만 들려주세요. 어떤 받침 소리가 들리는지 소리 상자를 짚어보세요.		
1	표범	표법	11	구름	구릅
2	샴푸	샵푸	12	잠티	잡티
3	바람	바랍	13	잠초	잡초
4	임체	입체	14	가임	가입
5	지감	지갑	15	잠채	잡채
6	도마뱀	도마뱁	16	고드름	고드릅
7	컴퓨터	컵퓨터	17	함치다	합치다
8	사과즘	사과즘	18	겸치다	겹치다
9	구금차	구급차	19	기와짐	기와집
10	초가짐	초가짐	20	시금치	시급치

07 /음/,/읍/ 발음하기

암 암	암 암 암	압 압	압 압 압
암 압	암 암 압	압 암	압 압 암

엄 엄	엄 엄 엄	업 업	업 업 업
엄 업	엄 엄 업	업 엄	업 업 엄

옴 옴	옴 옴 옴	옵 옵	옵 옵 옵
옴 옵	옴 옴 옵	옵 옴	옵 옵 옴

음 음	음 음 음	읍 읍	읍 읍 읍
음 읍	음 음 읍	읍 음	읍 읍 음

08 [/은 읃 을/ 연습하기] 들려주는 소리를 잘 듣고 두 가지 받침 소리 /은/ /읃/ /을/ 중 어떤 소리가 들리는지 빈 칸에 써 봅시다.

guide! /을/은 코가 울리진 않지만 코가 울리는 소리와 함께 연습해 봐요.

혀와 입모양 위치	코가 울려요	코가 안 울려요
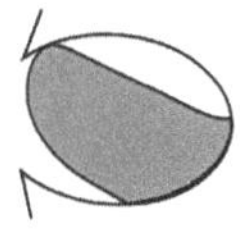	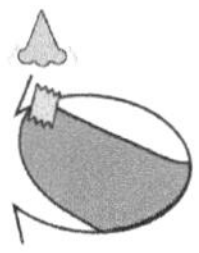	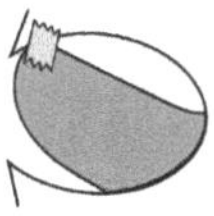
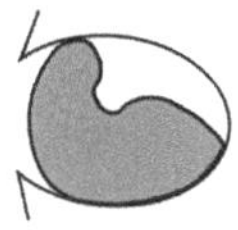		

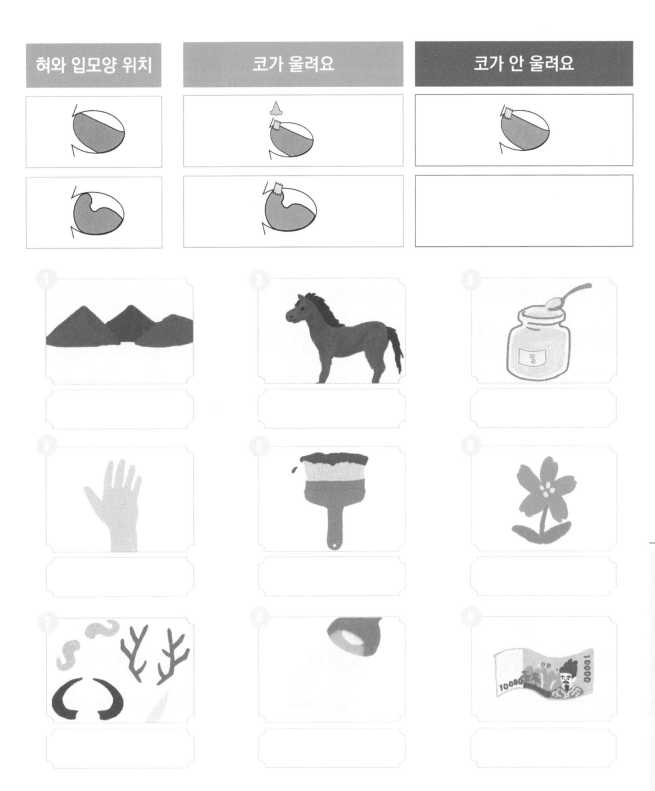

1

2

3

4

5
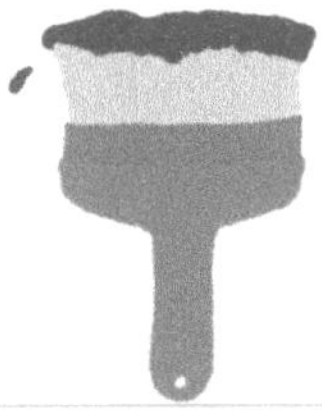

6

7

8
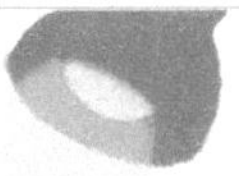

9

정답

1.산(ㄴ) 2.말(ㄹ) 3.꿀(ㄹ) 4.손(ㄴ) 5.붓(ㄷ) 6.꽃(ㄷ) 7.뿔(ㄹ) 8.빛(ㄷ) 9.돈(ㄴ)

09

들려주는 소리를 잘 듣고 두 가지 받침 소리 /은/, /읃/ 중 어떤 소리가 들리는지 손으로 짚어보세요. 먼저 소리가 같은지 다른지 들어봅시다.

ㄴ　　ㄷ

들려주세요. 학생은 낱말을 보지 않습니다.

1. 두 개의 단어를 잘 들어보세요. 소리가 같나요? 다르나요?			2. 둘 중에 하나의 낱말만 들려주세요. 어떤 받침 소리가 들리는지 소리 상자를 짚어보세요.		
1	리본	리볻	11	수건	수걷
2	라면	라면	12	팬티	팯티
3	잔치	잗치	13	기온	기옫
4	사촌	사촏	14	인체	읻체
5	선수	선수	15	라면	라멷
6	태어난	태어난	16	우리만	우리맏
7	터뜨린	터뜨릳	17	자세한	자세핟
8	아무런	아무럳	18	두드린	두드릳
9	주전자	주전자	19	빠트린	빠트릳
10	자전거	자전거	20	과수원	과수웓

10 /은/,/읃/ 발음하기

안 안	안 안 안	앋 앋	앋 앋 앋
안 앋	안 안 앋	앋 안	앋 앋 안

언 언	언 언 언	얻 얻	얻 얻 얻
언 얻	언 언 얻	얻 언	얻 얻 언

온 온	온 온 온	옫 옫	옫 옫 옫
온 옫	온 온 옫	옫 온	옫 옫 온

은 은	은 은 은	읃 읃	읃 읃 읃
은 읃	은 은 읃	읃 은	읃 읃 은

11 /은/,/을/ 발음하기

안 안	안 안 안	알 알	알 알 알
안 알	안 안 알	알 안	알 알 안

언 언	언 언 언	얼 얼	얼 얼 얼
언 얼	언 언 얼	얼 언	얼 얼 언

온 온	온 온 온	올 올	올 올 올
온 올	온 온 올	올 온	올 올 온

은 은	은 은 은	을 을	을 을 을
은 을	은 은 을	을 은	을 을 은

12 [/응 윽/ 연습하기] 들려주는 소리를 잘 듣고 두 가지 받침 소리 /응/, /윽/ 중 어떤 소리가 들리는지 빈 칸에 써 봅시다.

혀와 입모양 위치	코가 울려요	코가 안 울려요
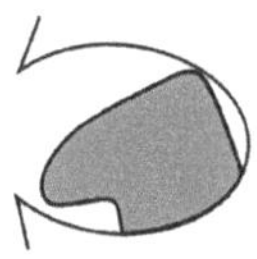	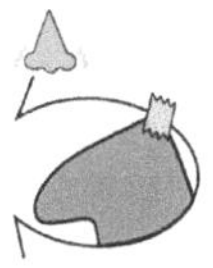	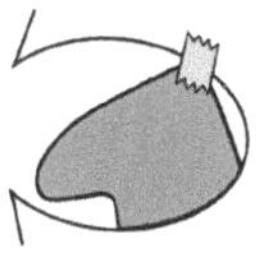

1
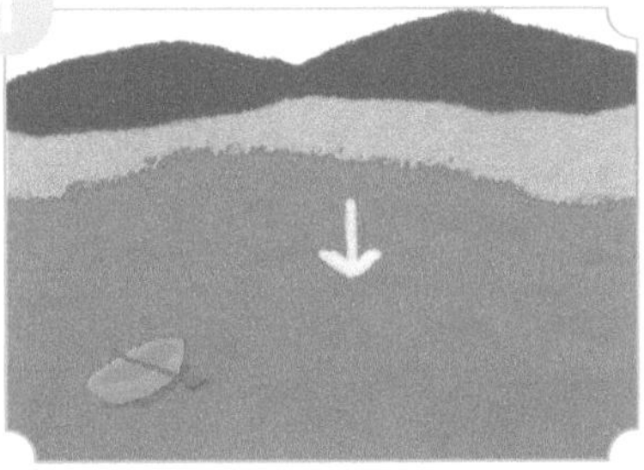

2

3

4
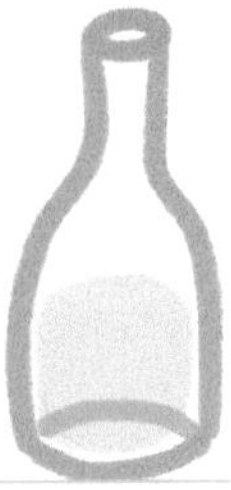

5

6
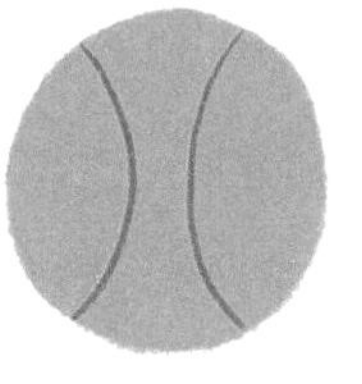

7

8
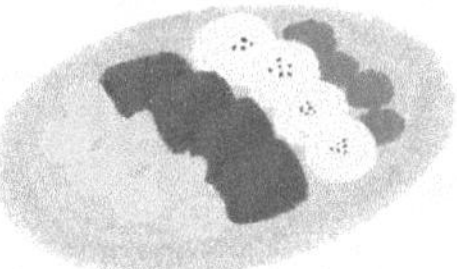

9

정답

1.강(ㅇ) 2.빵(ㅇ) 3.짝(ㄱ) 4.병(ㅇ) 5.성(ㅇ) 6.공(ㅇ) 7.책(ㄱ) 8.떡(ㄱ) 9.똥(ㅇ)

13

들려주는 소리를 잘 듣고 두 가지 받침 소리 /응/, /윽/ 중 어떤 소리가 들리는지 손으로 짚어보세요. 먼저 소리가 같은지 다른지 들어봅시다.

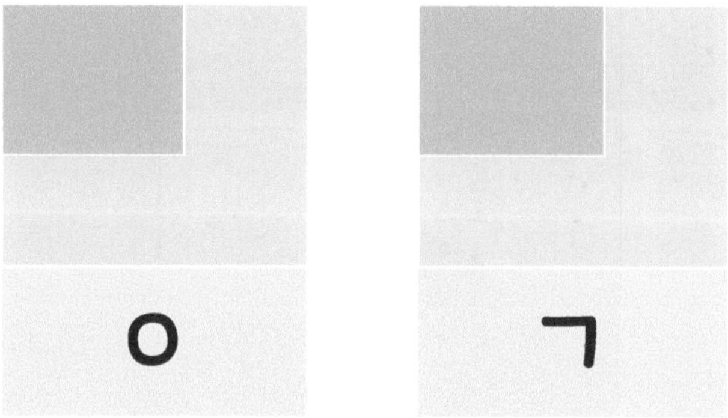

들려주세요. 학생은 낱말을 보지 않습니다.

1. 두 개의 단어를 잘 들어보세요. 소리가 같나요? 다르나요?			2. 둘 중에 하나의 낱말만 들려주세요. 어떤 받침 소리가 들리는지 소리 상자를 짚어보세요.		
1	가방	가박	11	보통	보톡
2	사랑	사락	12	뚜껑	뚜꺽
3	자랑	자랑	13	양파	약파
4	상추	삭추	14	소풍	소푹
5	사탕	사탁	15	망치	막치
6	고추장	고추작	16	주차장	주차작
7	수수깡	수수깍	17	이정표	이적표
8	포도당	포도닥	18	좌우명	좌우멱
9	청포도	척포도	19	청취자	척취자
10	동치미	독치미	20	소방차	소박차

14 /응/,/윽/ 발음하기

앙 앙	앙 앙 앙	악 악	악 악 악
앙 악	앙 앙 악	악 앙	악 악 앙

엉 엉	엉 엉 엉	억 억	억 억 억
엉 억	엉 엉 억	억 엉	억 억 엉

옹 옹	옹 옹 옹	옥 옥	옥 옥 옥
옹 옥	옹 옹 옥	옥 옹	옥 옥 옹

응 응	응 응 응	윽 윽	윽 윽 윽
응 윽	응 응 윽	윽 응	윽 윽 응

15 들려주는 소리를 잘 듣고 받침 소리 /음, 은, 을, 응/ 중 어떤 소리가 들리는지 구분하여 노란색 칸에 써 봅시다.

guide! /을/은 코가 울리진 않지만 코가 울리는 소리와 함께 연습해 봐요.

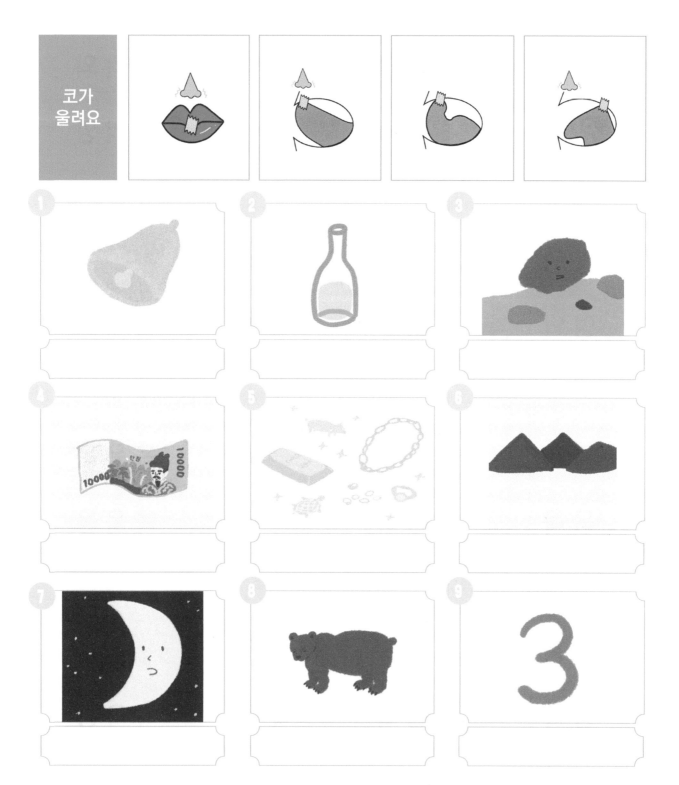

코가 울려요

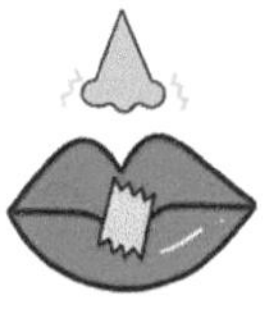

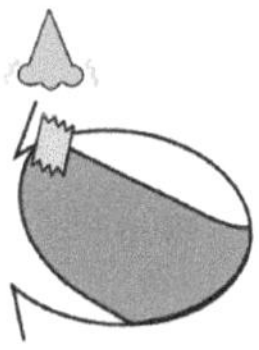

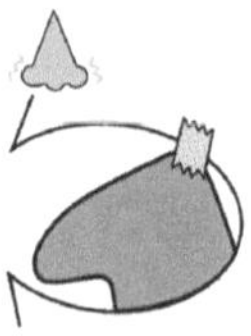

1

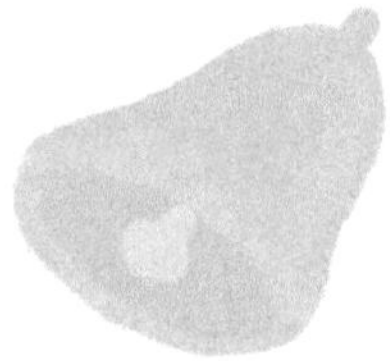

2

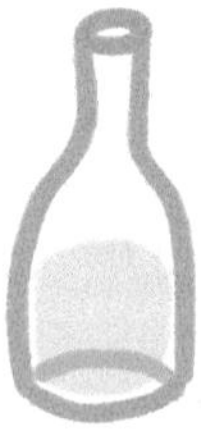

3

4

5

6

7

8

9

정답
1.종(ㅇ) 2.병(ㅇ) 3.돌(ㄹ) 4.돈(ㄴ) 5.금(ㅁ) 6.산(ㄴ) 7.달(ㄹ) 8.곰(ㅁ) 9.삼(ㅁ)

16

들려주는 소리를 잘 듣고 들리는 순서대로 번호 매겨보세요.
그리고 번호 순서대로 읽어보세요.

guide! 낱말을 무작위로 불러주세요. 소리 고르는 것을 어려워한다면 읽는 것은 생략해도 좋습니다.

1	하품	하푼	하풀	하풍
	예) 3	1	4	2
2	마늠	마는	마늘	마능
3	뚜껌	뚜껀	뚜껄	뚜껑
4	리봄	리본	리볼	리봉
5	거움	거운	거울	거웅
6	얌파	얀파	얄파	양파
7	맘두	만두	말두	망두
8	금씨	근씨	글씨	긍씨
9	밤목	반목	발목	방목
10	찜빵	찐빵	찔빵	찡빵

1	도마뱀	도마밴	도마밸	도마뱅
2	아이듬	아이든	아이들	아이등
3	태어남	태어난	태어날	태어낭
4	주차잠	주차잔	주차잘	주차장
5	첨바지	천바지	철바지	청바지
6	햄버거	핸버거	핼버거	행버거
7	감호사	간호사	갈호사	강호사
8	거줌기	거준기	거줄기	거중기
9	비둠기	비둔기	비둘기	비둥기
10	유점자	유전자	유절자	유정자

17 들려주는 소리를 잘 듣고 받침 소리 /읍, 읃, 윽/ 중 어떤 소리가 들리는지 빈 칸에 써 봅시다.

코가 안 울려요

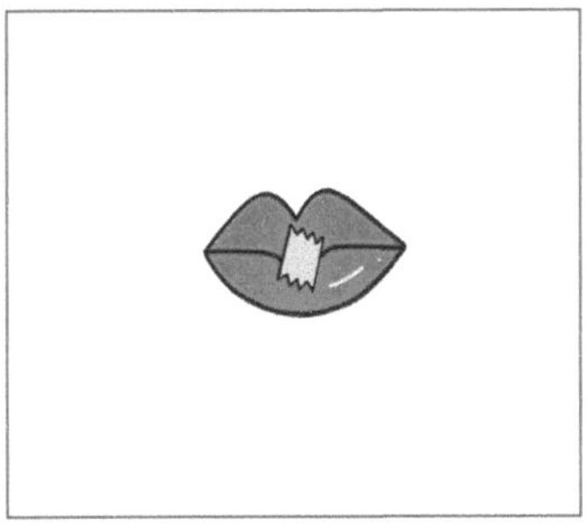

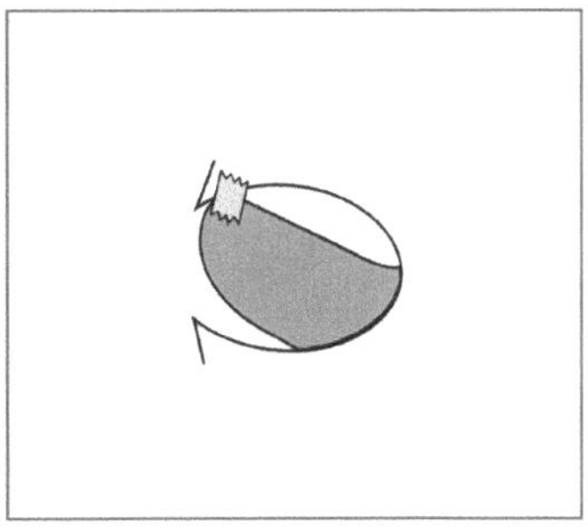

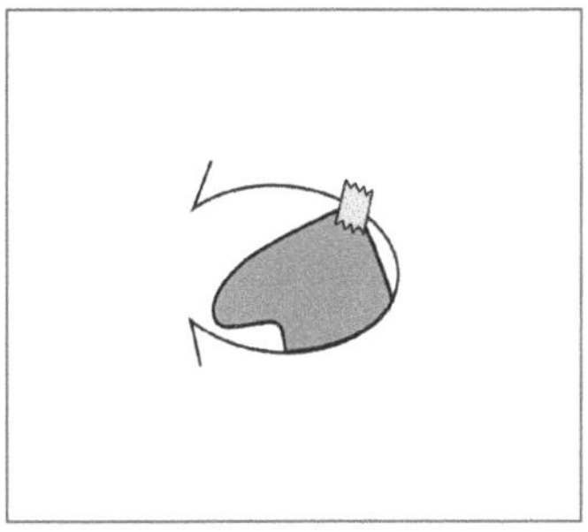

1

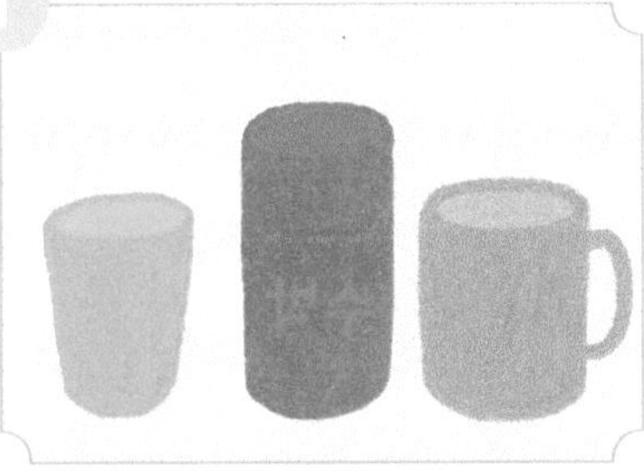

2

3

4

5

6

7

8

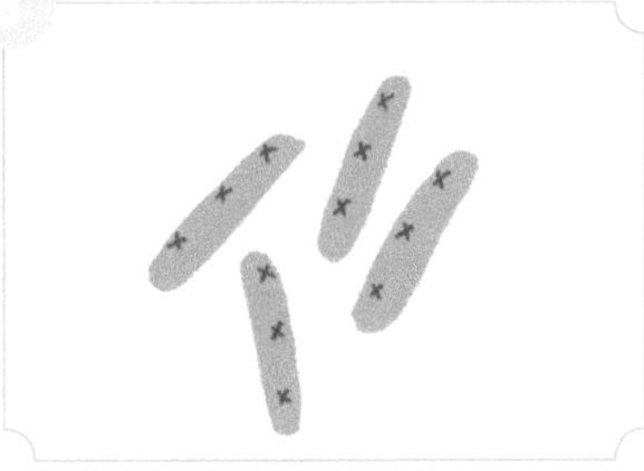

9

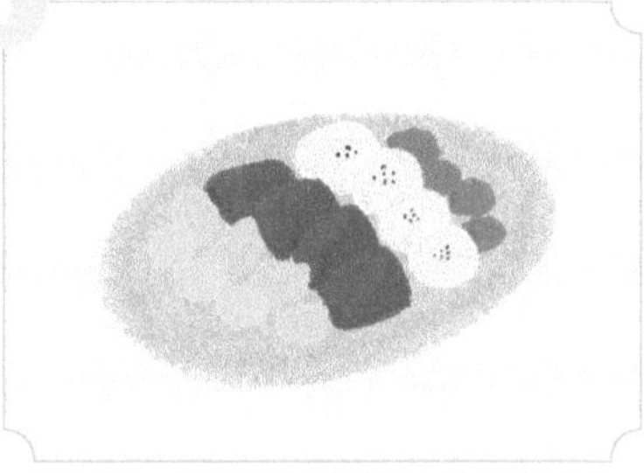

정답

1.컵(ㅂ) 2.입(ㅂ) 3.톱(ㅂ) 4.죽(ㄱ) 5.싹(ㄱ) 6.밥(ㅂ) 7.못(ㄷ) 8.꽃(ㄷ) 9.떡(ㄱ)

3. 모두 섞어서 연습해요.

18 들려주는 소리를 잘 듣고 들리는 순서대로 번호 매겨보세요. 그리고 번호 순서대로 읽어보세요.

guide! 낱말을 무작위로 불러주세요. 소리 고르는 것을 어려워한다면 읽는 것은 생략해도 좋습니다.

1	배꼽	배꼳	배꼭
	예) 3	2	1
2	아홉	아혿	아혹
3	수갑	수갇	수각
4	수밥	수받	수박
5	트럽	트럳	트럭
6	초롭	초롣	초록
7	수업	수얻	수억
8	잡채	잗채	작채
9	폽포	폳포	폭포
10	돕초	돋초	독초

1	도시랍	도시랃	도시락
2	보라샙	보라샏	보라색
3	노트붑	노트붇	노트북
4	까치집	까치짇	까치직
5	합치다	핟치다	학치다
6	첩추뼈	첟추뼈	척추뼈
7	쌉트다	싿트다	싹트다
8	수밥씨	수받씨	수박씨
9	소돕차	소돋차	소독차
10	휴십처	휴싣처	휴식처

19 불러주는 1음절을 잘 듣고 빈 칸에 1음절의 받침을 써 보세요.

guide !

1. 소리를 들려 줄 때는 받침 소리를 과장해서 들려주세요.
2. 맞춤법에 맞게 쓰지 않아도 좋지만 소리는 맞게 써야 합니다. (예, **못** → **몯**)

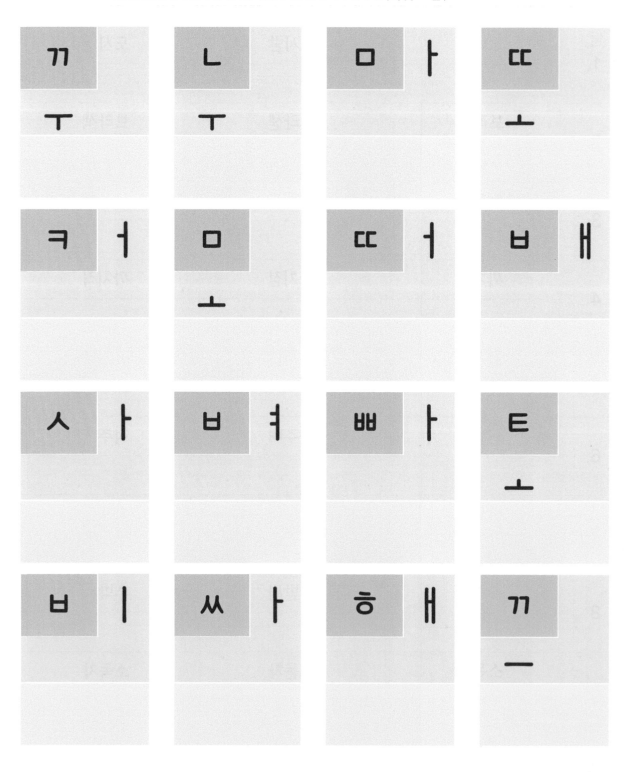

ㄲ ㅜ	ㄴ ㅜ	ㅁ ㅏ	ㄸ ㅗ
ㅋ ㅓ	ㅁ ㅗ	ㄸ ㅓ	ㅂ ㅐ
ㅅ ㅏ	ㅂ ㅕ	ㅃ ㅏ	ㅌ ㅗ
ㅂ ㅣ	ㅆ ㅏ	ㅎ ㅐ	ㄲ ㅡ

정답

꿈. 눈. 말. 똥/ 컵. 못(몯). 떡. 뱀/ 산. 별. 빵. 톱/ 빗(빋). 싹. 햄. 끈

20 불러주는 1음절을 잘 듣고 빈 칸에 1음절의 받침을 써 보세요.

guide!

1. 소리를 들려 줄 때는 받침 소리를 과장해서 들려주세요.
2. 맞춤법에 맞게 쓰지 않아도 좋지만 소리는 맞게 써야 합니다. (예, **못** → **몯**)

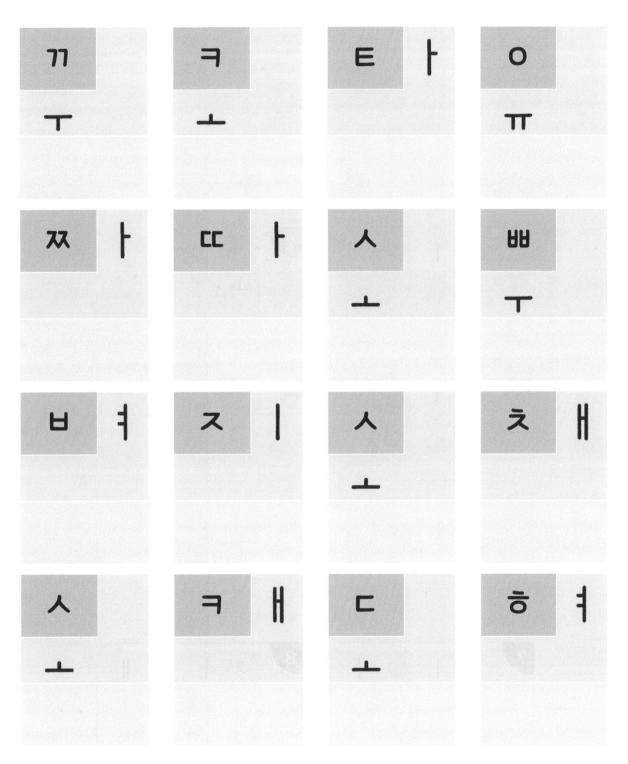

ㄲ ㅜ	ㅋ ㅗ	ㅌ ㅏ	ㅇ ㅠ
ㅉ ㅏ	ㄸ ㅏ	ㅅ ㅗ	ㅃ ㅜ
ㅂ ㅕ	ㅈ ㅣ	ㅅ ㅗ	ㅊ ㅐ
ㅅ ㅗ	ㅋ ㅐ	ㄷ ㅗ	ㅎ ㅕ

3. 모두 섞어서 연습해요.

정답

꿀. 콩. 탑. 윷(윧)/ 짝. 땀. 손. 뿔/ 병. 집. 솥(솓). 책/ 솜. 캔. 돌. 형

21 불러주는 2음절을 잘 듣고 어떤 받침이 어디에 들어가는지 찾아 써보세요.

guide !

1. 소리를 들려 줄 때는 받침 소리를 과장해서 들려주세요.
2. 받침 소리가 어디에 있는지 위치를 손가락으로 가리킨 뒤, 어떤 받침 소리가 들어가는지 써 보세요.
3. 맞춤법에 맞게 쓰지 않아도 좋지만 소리는 맞게 써야 합니다. (예, **못 → 몯**)

1. ㅊ ㅣ / ㄷ ㅐ

2. ㅍ ㅗ / ㅍ ㅗ

3. ㅆ ㅓ / ㅁ ㅐ

4. ㄱ ㅗ / ㅈ ㅜ

5. ㅁ ㅏ / ㄷ ㅜ

6. ㅇ ㅏ / ㅎ ㅗ

7. ㅆ ㅣ / ㅇ ㅏ

8. ㅊ ㅏ / ㅅ ㅐ

정답
침대, 퐁퐁, 썰매, 공주, 만두, 아홉, 씨앗, 참새

22 불러주는 2음절을 잘 듣고 어떤 받침이 어디에 들어가는지 찾아 써보세요.

guide!

1. 소리를 들려 줄 때는 받침 소리를 과장해서 들려주세요.
2. 받침 소리가 어디에 있는지 위치를 손가락으로 가리킨 뒤, 어떤 받침 소리가 들어가는지 써 보세요.
3. 맞춤법에 맞게 쓰지 않아도 좋지만 소리는 맞게 써야 합니다. (예, **못** → **몯**)

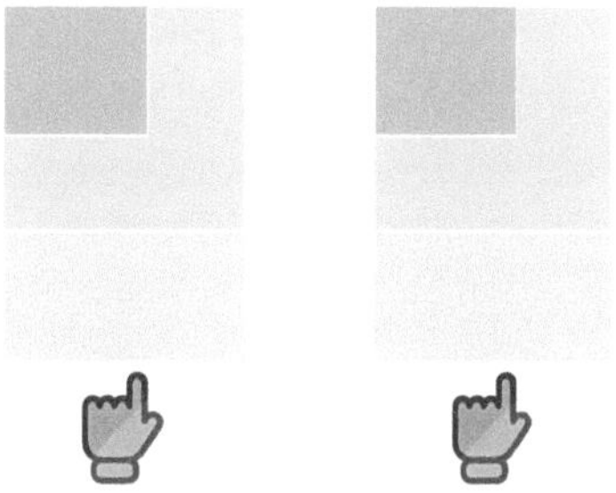

1. ㅈ ㅏ / ㄷ ㅣ

2. ㅈ ㅣ / ㄱ ㅏ

3. ㅇ ㅣ / ㅇ ㅜ

4. ㄴ ㅏ / ㅆ ㅣ

5. ㅇ ㅏ ㅗ / ㅈ ㅏ

6. ㄴ ㅗ / ㅊ ㅏ

7. ㅅ ㅓ / ㅅ ㅜ

8. ㄱ ㅏ / ㅈ ㅏ

정답

잔디, 지갑, 이웃, 날씨, 왕자, 녹차, 선수, 감자

23 불러주는 2음절을 잘 듣고 어떤 받침이 어디에 들어가는지 찾아 써보세요.

guide!

1. 소리를 들려 줄 때는 받침 소리를 과장해서 들려주세요.
2. 받침 소리가 어디에 있는지 위치를 손가락으로 가리킨 뒤, 어떤 받침 소리가 들어가는지 써 보세요.
3. 맞춤법에 맞게 쓰지 않아도 좋지만 소리는 맞게 써야 합니다. (예, 못 → 몯)

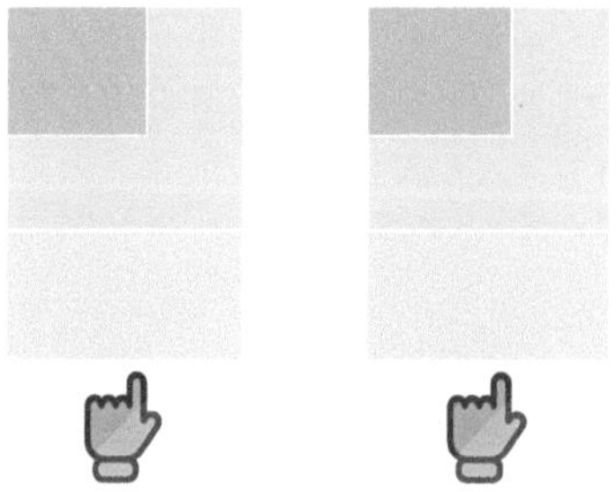

1 ㅁ ㅕ / ㅊ ㅣ

2 ㅅ ㅜ / ㄱ ㅏ

3 ㅅ ㅔ / ㅉ ㅐ

4 ㅌ ㅡ / ㄹ ㅓ

5 ㅅ ㅗ / ㅍ ㅜ

6 ㅊ ㅣ / ㅋ ㅣ

7 ㅍ ㅛ / ㅂ ㅓ

8 ㄴ ㅏ / ㅍ ㅏ

정답

멸치, 수갑, 셋째, 트럭, 소풍, 치킨, 표범, 나팔

24 불러주는 2음절을 잘 듣고 어떤 받침이 어디에 들어가는지 찾아 써보세요.

guide!

1. 소리를 들려 줄 때는 받침 소리를 과장해서 들려주세요.
2. 받침 소리가 어디에 있는지 위치를 손가락으로 가리킨 뒤, 어떤 받침 소리가 들어가는지 써 보세요.
3. 맞춤법에 맞게 쓰지 않아도 좋지만 소리는 맞게 써야 합니다. (예, **못 → 몯**)

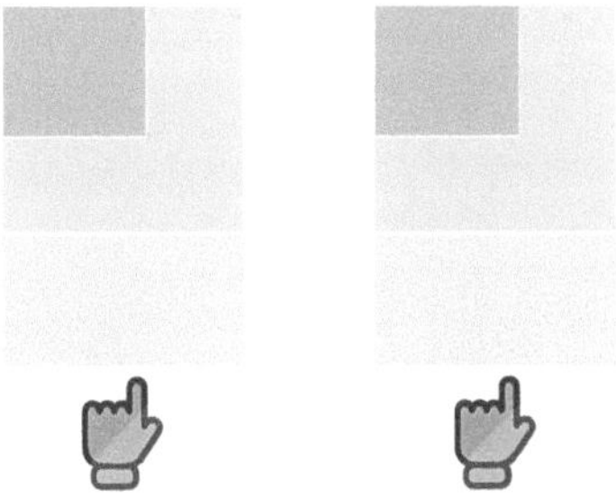

1 ㅈ ㅜ / ㅎ ㅏ ㅗ

2 ㅊ ㅗ / ㄹ ㅗ

3 ㅅ ㅏ / ㅅ ㅡ

4 ㅇ ㅕ / ㅎ ㅐ

5 ㅇ ㅜ / ㅅ ㅏ

6 ㄴ ㅏ / ㅌ ㅏ

7 ㅈ ㅏ / ㅊ ㅐ

8 ㅊ ㅓ / ㅉ ㅐ

정답
주황. 초록. 사슴. 여행. 우산. 낙타. 잡채. 첫째

25 불러주는 2음절을 잘 듣고 어떤 받침이 어디에 들어가는지 찾아 써보세요.

guide!

1. 소리를 들려 줄 때는 받침 소리를 과장해서 들려주세요.
2. 받침 소리가 어디에 있는지 위치를 손가락으로 가리킨 뒤, 어떤 받침 소리가 들어가는지 써 보세요.
3. 맞춤법에 맞게 쓰지 않아도 좋지만 소리는 맞게 써야 합니다. (예, **못** → **몯**)

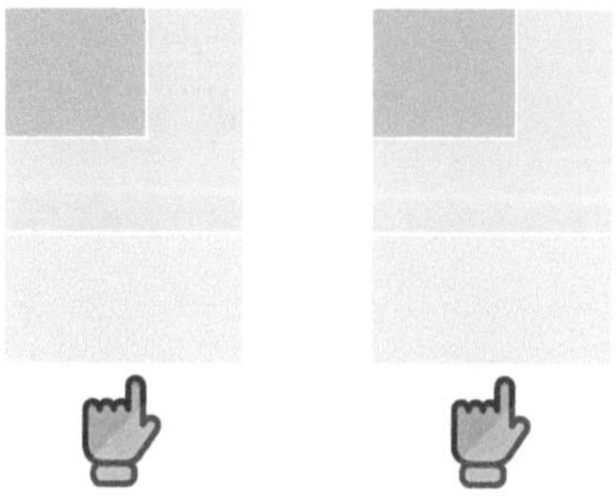

1. ㅅ ㅣ / ㅂ ㅏ

2. ㄴ ㅜ / ㅆ ㅓ

3. ㅉ ㅏ / ㅃ ㅗ

4. ㄲ ㅏ / ㅉ ㅏ

5. ㅊ ㅣ / ㅍ ㅏ

6. ㄱ ㅕ / ㅊ ㅏ

7. ㅇ ㅣ / ㅎ ㅕ

8. ㄱ ㅗ / ㅎ ㅏ

정답

신발, 눈썹, 짬뽕, 깜짝, 칠판, 경찰, 인형, 공항

26 불러주는 2음절을 잘 듣고 어떤 받침이 어디에 들어가는지 찾아 써보세요.

guide!

1. 소리를 들려 줄 때는 받침 소리를 과장해서 들려주세요.
2. 받침 소리가 어디에 있는지 위치를 손가락으로 가리킨 뒤, 어떤 받침 소리가 들어가는지 써 보세요.
3. 맞춤법에 맞게 쓰지 않아도 좋지만 소리는 맞게 써야 합니다. (예, **못** → **몯**)

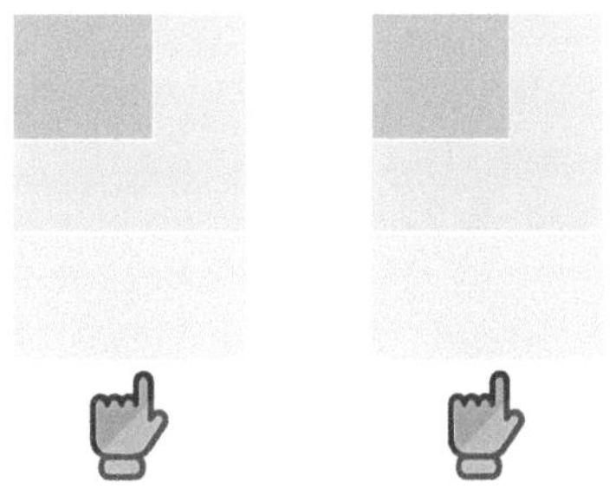

1 ㅂ ㅓ / ㅉ ㅓ

2 ㄸ ㅏ / ㅋ ㅗ

3 ㅂ ㅕ / ㅇ ㅜ ㅓ

4 ㄷ ㅏ / ㄹ ㅕ

5 ㅂ ㅡ / ㄹ ㅗ

6 ㄷ ㅗ / ㅁ ㅜ

7 ㅇ ㅡ / ㅎ ㅐ

8 ㄴ ㅗ / ㅈ ㅏ

정답

번쩍, 딱콩, 병원, 달력, 블록, 동물, 은행, 녹차

3. 모두 섞어서 연습해요.

27 불러주는 2음절을 잘 듣고 어떤 받침이 어디에 들어가는지 찾아 써보세요.

guide!

1. 소리를 들려 줄 때는 받침 소리를 과장해서 들려주세요.
2. 받침 소리가 어디에 있는지 위치를 손가락으로 가리킨 뒤, 어떤 받침 소리가 들어가는지 써 보세요.
3. 맞춤법에 맞게 쓰지 않아도 좋지만 소리는 맞게 써야 합니다. (예, **못** → **몯**)

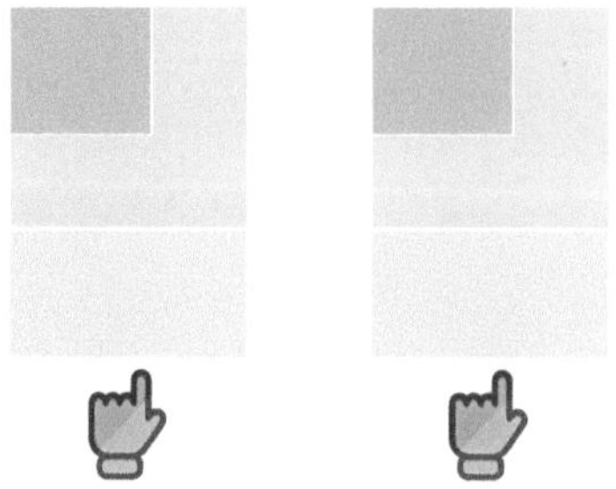

1 ㄱ ㅗ / ㅇ ㅓ ㅜ

2 ㅅ ㅗ / ㅌ ㅗ

3 ㅊ ㅏ / ㅁ ㅜ

4 ㅇ ㅓ / ㄱ ㅜ

5 ㅂ ㅏ / ㅁ ㅗ

6 ㅂ ㅏ / ㅌ ㅗ

7 ㅌ ㅠ / ㄹ ㅣ

8 ㅅ ㅗ / ㅁ ㅗ

정답

공원, 손톱, 창문, 얼굴, 발목, 발톱, 튤립, 손목

28 불러주는 2음절을 잘 듣고 어떤 받침이 어디에 들어가는지 찾아 써보세요.

guide!

1. 소리를 들려 줄 때는 받침 소리를 과장해서 들려주세요.
2. 받침 소리가 어디에 있는지 위치를 손가락으로 가리킨 뒤, 어떤 받침 소리가 들어가는지 써 보세요.
3. 맞춤법에 맞게 쓰지 않아도 좋지만 소리는 맞게 써야 합니다. (예, **못 → 몯**)

1. ㅊ ㅓ / ㅂ ㅗ
2. ㅅ ㅐ / ㅇ ㅣ
3. ㅈ ㅓ / ㅅ ㅣ
4. ㅊ ㅓ / ㄷ ㅜ
5. ㅅ ㅐ / ㅅ ㅓ
6. ㅉ ㅣ / ㅃ ㅏ
7. ㅍ ㅏ / ㅋ ㅗ
8. ㅍ ㅣ / ㅌ ㅗ

정답

철봉, 생일, 점심, 천둥, 생선, 찐빵, 팝콘, 필통

29 불러주는 3음절을 잘 듣고 어떤 받침이 어디에 들어가는지 찾아 써보세요.

guide!

1. 소리를 들려 줄 때는 받침 소리를 과장해서 들려주세요.
2. 받침 소리가 어디에 있는지 위치를 손가락으로 가리킨 뒤, 어떤 받침 소리가 들어가는지 써 보세요.
3. 맞춤법에 맞게 쓰지 않아도 좋지만 소리는 맞게 써야 합니다. (예, **못 → 몯**)

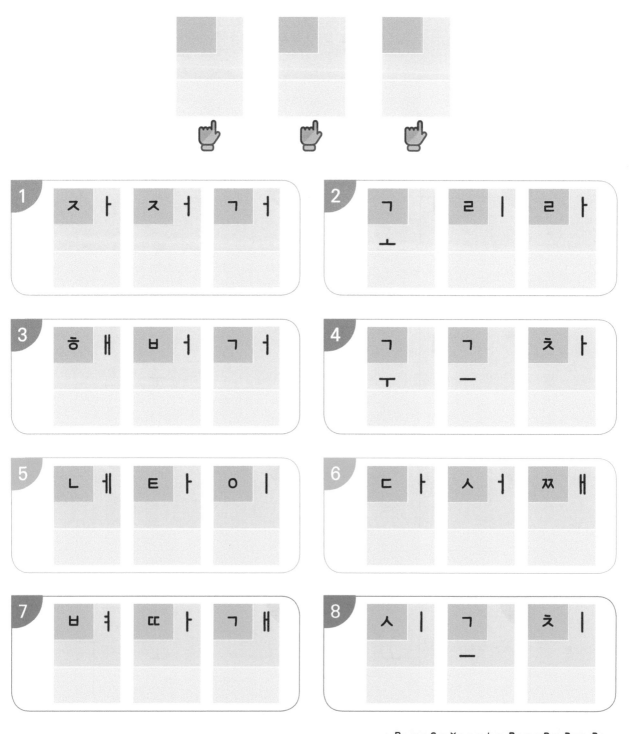

1

ㅈ ㅏ	ㅈ ㅓ	ㄱ ㅓ

2

ㄱ ㅗ	ㄹ ㅣ	ㄹ ㅏ

3

ㅎ ㅐ	ㅂ ㅓ	ㄱ ㅓ

4

ㄱ ㅜ	ㄱ ㅡ	ㅊ ㅏ

5

ㄴ ㅔ	ㅌ ㅏ	ㅇ ㅣ

6

ㄷ ㅏ	ㅅ ㅓ	ㅉ ㅐ

7

ㅂ ㅕ	ㄸ ㅏ	ㄱ ㅐ

8

ㅅ ㅣ	ㄱ ㅡ	ㅊ ㅣ

정답

자전거, 고릴라, 햄버거, 구급차, 넥타이, 다섯째, 병따개, 시금치

30 불러주는 3음절을 잘 듣고 어떤 받침이 어디에 들어가는지 찾아 써보세요.

guide !

1. 소리를 들려 줄 때는 받침 소리를 과장해서 들려주세요.
2. 받침 소리가 어디에 있는지 위치를 손가락으로 가리킨 뒤, 어떤 받침 소리가 들어가는지 써 보세요.
3. 맞춤법에 맞게 쓰지 않아도 좋지만 소리는 맞게 써야 합니다. (예, **못** → **몯**)

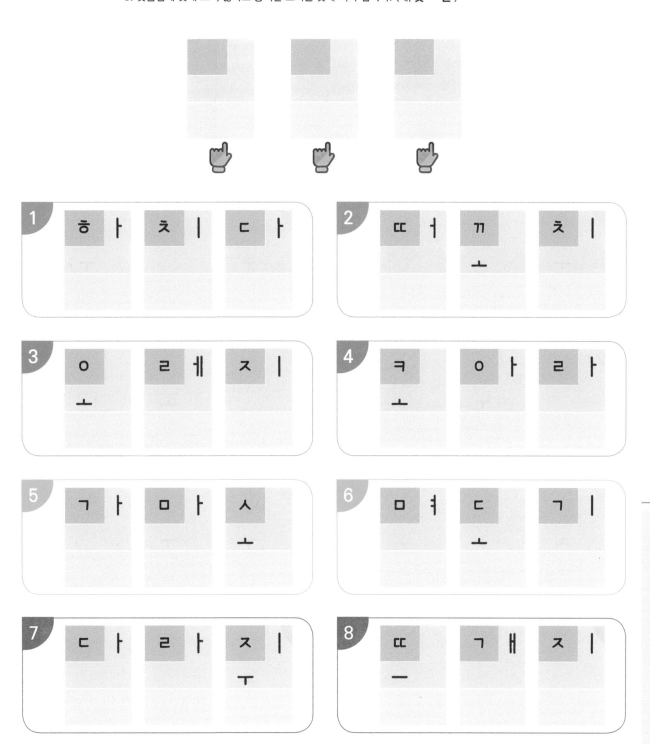

1

ㅎ ㅏ	ㅊ ㅣ	ㄷ ㅏ

2

ㄸ ㅓ	ㄲ ㅗ	ㅊ ㅣ

3

ㅇ ㅗ	ㄹ ㅔ	ㅈ ㅣ

4

ㅋ ㅗ	ㅇ ㅏ	ㄹ ㅏ

5

ㄱ ㅏ	ㅁ ㅏ	ㅅ ㅗ

6

ㅁ ㅕ	ㄷ ㅗ	ㄱ ㅣ

7

ㄷ ㅏ	ㄹ ㅏ	ㅈ ㅜ ㅣ

8

ㄸ ㅡ	ㄱ ㅐ	ㅈ ㅣ

정답

합치다, 떡꼬치, 오렌지, 코알라, 가마솥, 면도기, 다람쥐, 뜨개질

31 불러주는 3음절을 잘 듣고 어떤 받침이 어디에 들어가는지 찾아 써보세요.

guide!

1. 소리를 들려 줄 때는 받침 소리를 과장해서 들려주세요.
2. 받침 소리가 어디에 있는지 위치를 손가락으로 가리킨 뒤, 어떤 받침 소리가 들어가는지 써 보세요.
3. 맞춤법에 맞게 쓰지 않아도 좋지만 소리는 맞게 써야 합니다. (예, **못 → 몯**)

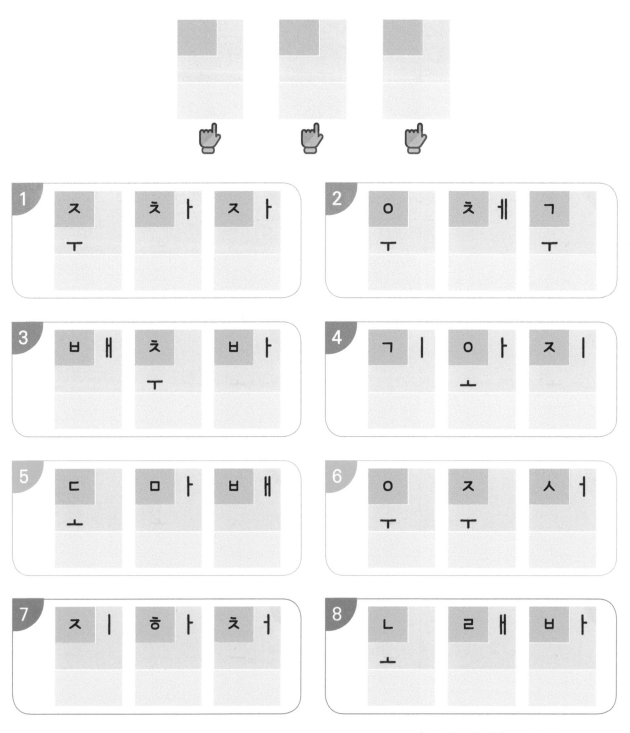

1. ㅈ ㅜ / ㅊ ㅏ / ㅈ ㅏ

2. ㅇ ㅜ / ㅊ ㅔ / ㄱ ㅜ

3. ㅂ ㅐ / ㅊ ㅜ / ㅂ ㅏ

4. ㄱ ㅣ / ㅇ ㅏ ㅗ / ㅈ ㅣ

5. ㄷ ㅗ / ㅁ ㅏ / ㅂ ㅐ

6. ㅇ ㅜ / ㅈ ㅜ / ㅅ ㅓ

7. ㅈ ㅣ / ㅎ ㅏ / ㅊ ㅓ

8. ㄴ ㅗ / ㄹ ㅐ / ㅂ ㅏ

정답
주차장, 우체국, 배추밭, 기와집, 도마뱀, 우주선, 지하철, 노래방

32 불러주는 3음절을 잘 듣고 어떤 받침이 어디에 들어가는지 찾아 써보세요.

guide!

1. 소리를 들려 줄 때는 받침 소리를 과장해서 들려주세요.
2. 받침 소리가 어디에 있는지 위치를 손가락으로 가리킨 뒤, 어떤 받침 소리가 들어가는지 써 보세요.
3. 맞춤법에 맞게 쓰지 않아도 좋지만 소리는 맞게 써야 합니다. (예, **못 → 몯**)

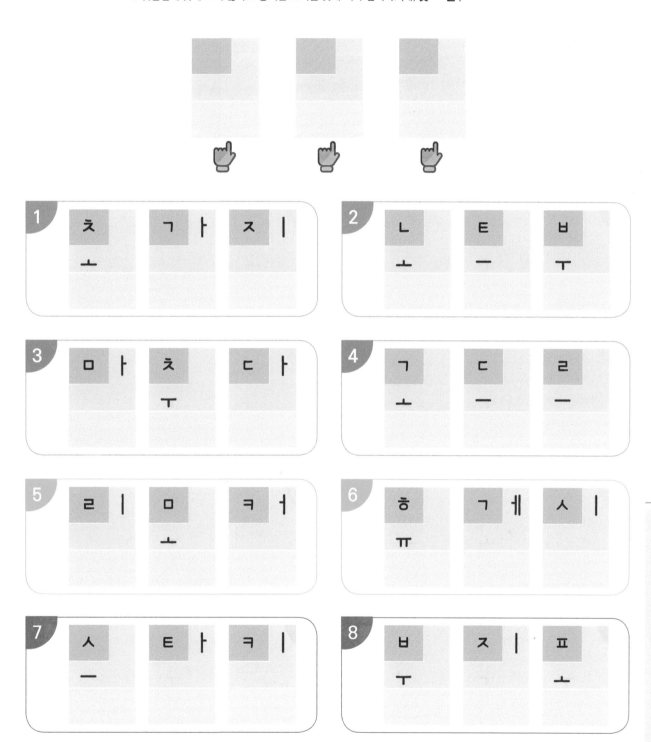

1. ㅊ ㅗ / ㄱ ㅏ / ㅈ ㅣ
2. ㄴ ㅗ / ㅌ ㅡ / ㅂ ㅜ
3. ㅁ ㅏ / ㅊ ㅜ / ㄷ ㅏ
4. ㄱ ㅗ / ㄷ ㅡ / ㄹ ㅡ
5. ㄹ ㅣ / ㅁ ㅗ / ㅋ ㅓ
6. ㅎ ㅠ / ㄱ ㅔ / ㅅ ㅣ
7. ㅅ ㅡ / ㅌ ㅏ / ㅋ ㅣ
8. ㅂ ㅜ / ㅈ ㅣ / ㅍ ㅗ

정답

초가집, 노트북, 맞추다, 고드름, 리모컨, 휴게실, 스타킹, 부직포

33 불러주는 3음절을 잘 듣고 어떤 받침이 어디에 들어가는지 찾아 써보세요.

guide!

1. 소리를 들려 줄 때는 받침 소리를 과장해서 들려주세요.
2. 받침 소리가 어디에 있는지 위치를 손가락으로 가리킨 뒤, 어떤 받침 소리가 들어가는지 써 보세요.
3. 맞춤법에 맞게 쓰지 않아도 좋지만 소리는 맞게 써야 합니다. (예, **못 → 몯**)

1. ㅂ ㅏ / ㄲ ㅜ / ㅊ ㅣ
2. ㅋ ㅗ / ㄴ ㅏ / ㅁ ㅜ
3. ㅈ ㅏ / ㅅ ㅜ / ㅎ ㅏ
4. ㅆ ㅏ / ㄷ ㅜ / ㅇ ㅣ
5. ㅇ ㅕ / ㅎ ㅏ ㅗ / ㄱ ㅏ ㅗ
6. ㅅ ㅓ / ㅍ ㅜ / ㄱ ㅣ
7. ㅇ ㅓ ㅜ / ㅅ ㅜ / ㅇ ㅣ
8. ㅍ ㅏ / ㄲ ㅜ / ㅊ ㅣ

정답

발꿈치, 콩나물, 잠수함, 쌍둥이, 영화관, 선풍기, 원숭이, 팔꿈치

34 불러주는 3음절을 잘 듣고 어떤 받침이 어디에 들어가는지 찾아 써보세요.

guide!

1. 소리를 들려 줄 때는 받침 소리를 과장해서 들려주세요.
2. 받침 소리가 어디에 있는지 위치를 손가락으로 가리킨 뒤, 어떤 받침 소리가 들어가는지 써 보세요.
3. 맞춤법에 맞게 쓰지 않아도 좋지만 소리는 맞게 써야 합니다. (예, **못 → 몯**)

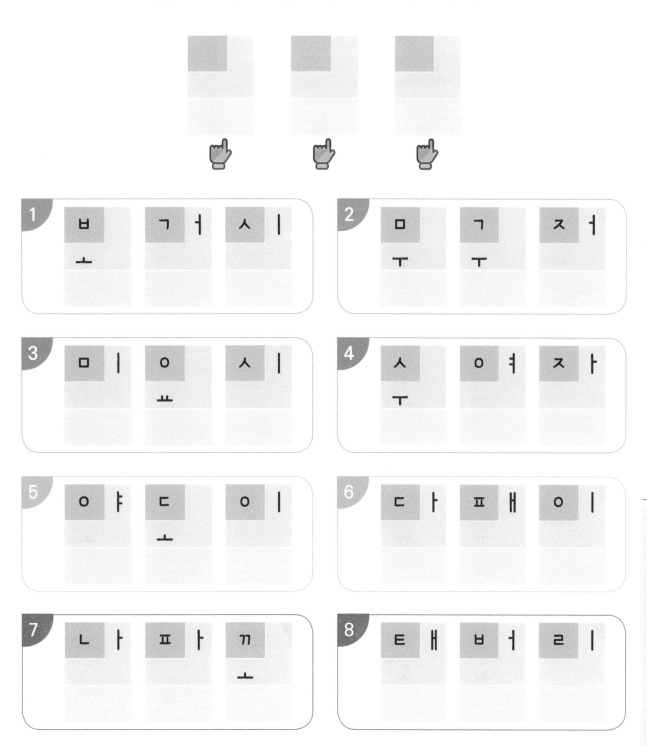

1. ㅂ ㅗ / ㄱ ㅓ / ㅅ ㅣ

2. ㅁ ㅜ / ㄱ ㅜ / ㅈ ㅓ

3. ㅁ ㅣ / ㅇ ㅛ / ㅅ ㅣ

4. ㅅ ㅜ / ㅇ ㅕ / ㅈ ㅏ

5. ㅇ ㅑ / ㄷ ㅗ / ㅇ ㅣ

6. ㄷ ㅏ / ㅍ ㅐ / ㅇ ㅣ

7. ㄴ ㅏ / ㅍ ㅏ / ㄲ ㅗ

8. ㅌ ㅐ / ㅂ ㅓ / ㄹ ㅣ

정답

보건실, 문구점, 미용실, 수영장, 양동이, 달팽이, 나팔꽃, 탬버린

35 불러주는 3음절을 잘 듣고 어떤 받침이 어디에 들어가는지 찾아 써보세요.

guide!

1. 소리를 들려 줄 때는 받침 소리를 과장해서 들려주세요.
2. 받침 소리가 어디에 있는지 위치를 손가락으로 가리킨 뒤, 어떤 받침 소리가 들어가는지 써 보세요.
3. 맞춤법에 맞게 쓰지 않아도 좋지만 소리는 맞게 써야 합니다. (예, **못 → 몯**)

1

ㅎ ㅏ / ㅗ	ㅈ ㅏ	ㅍ / ㅜ

2

ㅆ ㅏ	ㄲ ㅓ	ㅍ / ㅜ

3

ㅁ ㅣ	ㄷ / ㅡ	ㄹ ㅔ

4

ㅅ / ㅗ	ㅅ ㅏ	ㅌ ㅏ

5

ㅌ ㅏ	ㅅ / ㅜ	ㅇ / ㅠ

6

ㅈ ㅓ	ㄱ / ㅡ	ㅌ / ㅗ

7

ㅅ ㅣ	ㄹ / ㅗ	ㅍ / ㅗ

8

ㅊ / ㅗ	ㅋ / ㅗ	ㄹ ㅣ

정답

화장품, 쌍꺼풀, 민들레, 솜사탕, 탕수육, 저금통, 실로폰, 초콜릿

36 불러주는 3음절을 잘 듣고 어떤 받침이 어디에 들어가는지 찾아 써보세요.

guide!

1. 소리를 들려 줄 때는 받침 소리를 과장해서 들려주세요.
2. 받침 소리가 어디에 있는지 위치를 손가락으로 가리킨 뒤, 어떤 받침 소리가 들어가는지 써 보세요.
3. 맞춤법에 맞게 쓰지 않아도 좋지만 소리는 맞게 써야 합니다. (예, **못 → 몯**)

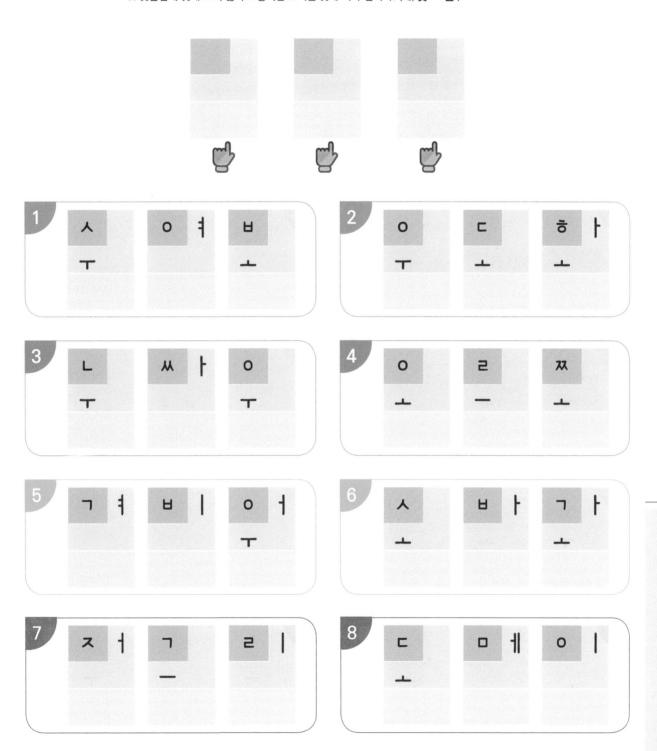

1. ㅅ ㅜ / ㅇ ㅕ / ㅂ ㅗ

2. ㅇ ㅜ / ㄷ ㅗ / ㅎ ㅗ ㅏ

3. ㄴ ㅜ / ㅆ ㅏ / ㅇ ㅜ

4. ㅇ ㅗ / ㄹ ㅡ / ㅉ ㅗ

5. ㄱ ㅕ / ㅂ ㅣ / ㅇ ㅓ ㅜ

6. ㅅ ㅗ / ㅂ ㅏ / ㄱ ㅗ ㅏ

7. ㅈ ㅓ / ㄱ ㅡ / ㄹ ㅣ

8. ㄷ ㅗ / ㅁ ㅔ / ㅇ ㅣ

정답
수영복, 운동화, 눈싸움, 오른쪽, 경비원, 소방관, 저글링, 돌멩이

3. 모두 섞어서 연습해요.

37 불러주는 3음절을 잘 듣고 어떤 받침이 어디에 들어가는지 찾아 써보세요.

guide!

1. 소리를 들려 줄 때는 받침 소리를 과장해서 들려주세요.
2. 받침 소리가 어디에 있는지 위치를 손가락으로 가리킨 뒤, 어떤 받침 소리가 들어가는지 써 보세요.
3. 맞춤법에 맞게 쓰지 않아도 좋지만 소리는 맞게 써야 합니다. (예, **못** → **몯**)

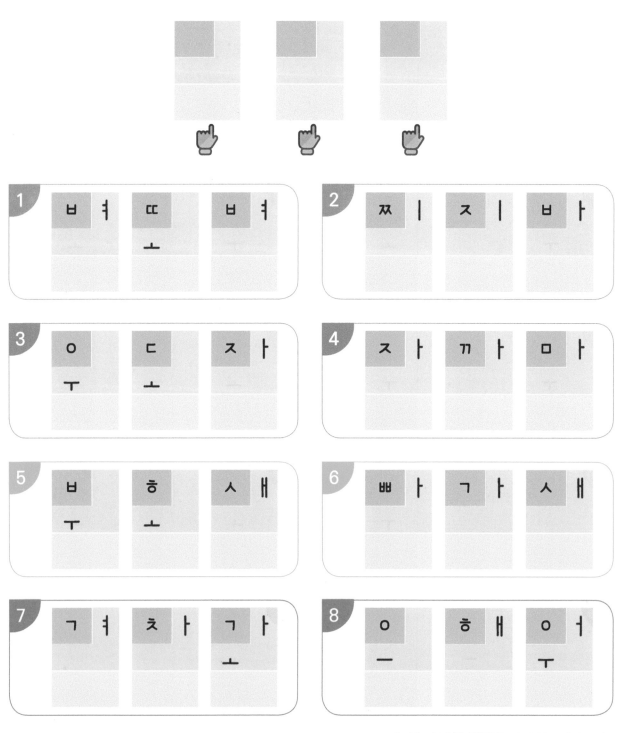

1

ㅂ ㅕ	ㄸ ㅗ	ㅂ ㅕ

2

ㅉ ㅣ	ㅈ ㅣ	ㅂ ㅏ

3

ㅇ ㅜ	ㄷ ㅗ	ㅈ ㅏ

4

ㅈ ㅏ	ㄲ ㅏ	ㅁ ㅏ

5

ㅂ ㅜ	ㅎ ㅗ	ㅅ ㅐ

6

ㅃ ㅏ	ㄱ ㅏ	ㅅ ㅐ

7

ㄱ ㅕ	ㅊ ㅏ	ㄱ ㅗ ㅏ

8

ㅇ ㅡ	ㅎ ㅐ	ㅇ ㅜ ㅓ

정답: 벽돌벽, 찜질방, 운동장, 잠깐만, 분홍색, 빨간색, 경찰관, 은행원

38 불러주는 3음절을 잘 듣고 어떤 받침이 어디에 들어가는지 찾아 써보세요.

guide!

1. 소리를 들려 줄 때는 받침 소리를 과장해서 들려주세요.
2. 받침 소리가 어디에 있는지 위치를 손가락으로 가리킨 뒤, 어떤 받침 소리가 들어가는지 써 보세요.
3. 맞춤법에 맞게 쓰지 않아도 좋지만 소리는 맞게 써야 합니다. (예, **못 → 몯**)

1 ㅁ ㅏ / ㅍ ㅜ / ㅅ ㅓ

2 ㅇ ㅣ / ㄱ ㅡ / ㄴ ㅣ

3 ㅅ ㅐ / ㄲ ㅏ / ㅂ ㅕ

4 ㅎ ㅏ / ㅊ ㅏ / ㄷ ㅏ

5 ㄱ ㅕ / ㅎ ㅗ / ㅅ ㅣ

6 ㄱ ㅡ / ㄱ ㅏ / ㅅ ㅏ

7 ㄷ ㅗ / ㄹ ㅣ / ㅍ ㅏ

8 ㄷ ㅗ / ㅈ ㅏ / ㄱ ㅜ

정답

말풍선, 임금님, 색깔별, 합창단, 결혼식, 금강산, 돌림판, 동장군

39 불러주는 3음절을 잘 듣고 어떤 받침이 어디에 들어가는지 찾아 써보세요.

guide !

1. 소리를 들려 줄 때는 받침 소리를 과장해서 들려주세요.
2. 받침 소리가 어디에 있는지 위치를 손가락으로 가리킨 뒤, 어떤 받침 소리가 들어가는지 써 보세요.
3. 맞춤법에 맞게 쓰지 않아도 좋지만 소리는 맞게 써야 합니다. (예, **못 → 몯**)

1 ㅂ ㅏ / ㅅ ㅗ / ㅅ ㅣ

2 ㅈ ㅏ / ㄱ ㅜ / ㄴ ㅣ

3 ㅅ ㅏ / ㅍ ㅜ / ㅁ ㅕ

4 ㅇ ㅗ / ㄹ ㅣ / ㅍ ㅣ

5 ㅈ ㅏ / ㅅ ㅣ / ㅍ ㅜ

6 ㅎ ㅏ / ㅁ ㅣ / ㅈ ㅗ

7 ㅎ ㅕ / ㅊ ㅜ / ㅇ ㅣ

8 ㄱ ㅏ / ㅅ ㅏ / ㅁ ㅜ

정답

방송실, 장군님, 상품명, 울림픽, 장식품, 한민족, 현충일, 감상문

40 불러주는 3음절을 잘 듣고 어떤 받침이 어디에 들어가는지 찾아 써보세요.

guide!

1. 소리를 들려 줄 때는 받침 소리를 과장해서 들려주세요.
2. 받침 소리가 어디에 있는지 위치를 손가락으로 가리킨 뒤, 어떤 받침 소리가 들어가는지 써 보세요.
3. 맞춤법에 맞게 쓰지 않아도 좋지만 소리는 맞게 써야 합니다. (예, **못 → 몯**)

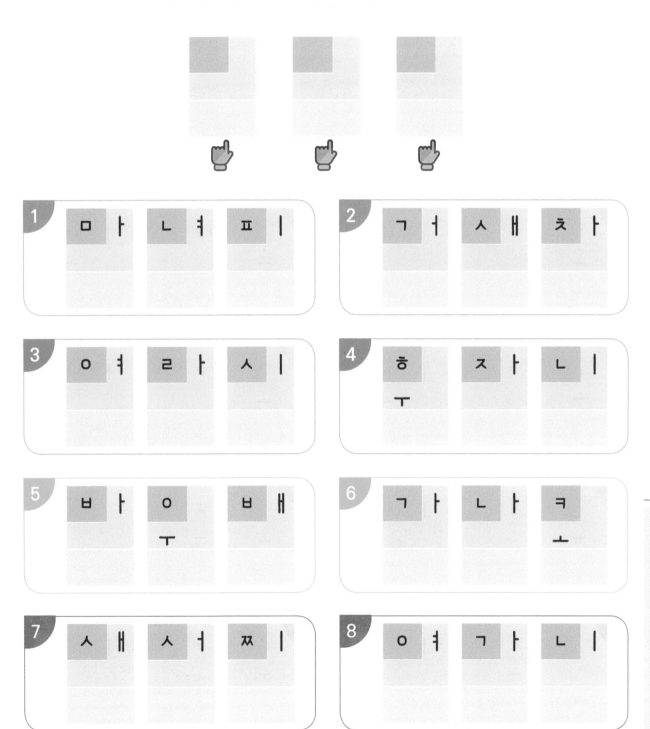

1. ㅁ ㅏ / ㄴ ㅕ / ㅍ ㅣ

2. ㄱ ㅓ / ㅅ ㅐ / ㅊ ㅏ

3. ㅇ ㅕ / ㄹ ㅏ / ㅅ ㅣ

4. ㅎ ㅜ / ㅈ ㅏ / ㄴ ㅣ

5. ㅂ ㅏ / ㅇ ㅜ / ㅂ ㅐ

6. ㄱ ㅏ / ㄴ ㅏ / ㅋ ㅗ

7. ㅅ ㅐ / ㅅ ㅓ / ㅉ ㅣ

8. ㅇ ㅕ / ㄱ ㅏ / ㄴ ㅣ

정답

만년필, 검색창, 열람실, 훈장님, 방울뱀, 강낭콩, 생선찜, 영감님

3. 모두 섞어서 연습해요.

41 불러주는 4음절을 잘 듣고 어떤 받침이 어디에 들어가는지 찾아 써보세요.

guide!

1. 소리를 들려 줄 때는 받침 소리를 과장해서 들려주세요.
2. 받침 소리가 어디에 있는지 위치를 손가락으로 가리킨 뒤, 어떤 받침 소리가 들어가는지 써 보세요.
3. 맞춤법에 맞게 쓰지 않아도 좋지만 소리는 맞게 써야 합니다. (예, **못** → **몯**)

1			
ㄱ ㅗ	ㄲ ㅏ	ㅁ ㅗ	ㅈ ㅏ

2			
ㄷ ㅗ	ㄹ ㅏ	ㅈ ㅣ	ㄲ ㅗ

3			
ㅆ ㅡ	ㄹ ㅔ	ㄱ ㅣ	ㅌ ㅗ

4			
ㅎ ㅗ	ㄹ ㅏ	ㄴ ㅏ	ㅂ ㅣ

5			
ㅅ ㅠ	ㅍ ㅓ	ㅁ ㅏ	ㅋ ㅔ

6			
ㄱ ㅗ	ㅅ ㅡ	ㄷ ㅗ	ㅊ ㅣ

7			
ㅅ ㅐ	ㄷ ㅡ	ㅇ ㅜ ㅣ	ㅊ ㅣ

8			
ㅂ ㅜ	ㄱ ㅏ	ㅅ ㅏ	ㄹ ㅣ

정답
고깔모자, 도라지꽃, 쓰레기통, 호랑나비, 슈퍼마켓, 고슴도치, 샌드위치, 불가사리

42 불러주는 4음절을 잘 듣고 어떤 받침이 어디에 들어가는지 찾아 써보세요.

guide!

1. 소리를 들려 줄 때는 받침 소리를 과장해서 들려주세요.
2. 받침 소리가 어디에 있는지 위치를 손가락으로 가리킨 뒤, 어떤 받침 소리가 들어가는지 써 보세요.
3. 맞춤법에 맞게 쓰지 않아도 좋지만 소리는 맞게 써야 합니다. (예, **못 → 몯**)

1. ㅍ ㅐ | ㅇ ㅣ | ㅊ ㅣ | ㄱ ㅣ
2. ㄸ ㅏ | ㄸ ㅏ | ㄱ ㅜ | ㄹ ㅣ
3. ㅈ ㅏ | ㄲ ㅜ | ㄹ ㅓ | ㄱ ㅣ
4. ㅎ ㅗ | ㅍ ㅔ | ㅇ ㅣ | ㅈ ㅣ
5. ㅇ ㅏ | ㅋ ㅗ | ㄷ ㅣ | ㅇ ㅓ
6. ㅊ ㅗ | ㅋ ㅗ | ㅅ ㅣ | ㄹ ㅓ
7. ㅁ ㅓ | ㄹ ㅣ | ㅋ ㅏ | ㄹ ㅏ
8. ㄷ ㅗ | ㅌ ㅗ | ㄹ ㅣ | ㅁ ㅜ

정답

팽이치기, 딱따구리, 잠꾸러기, 홈페이지, 아코디언, 초코시럽, 머리카락, 도토리묵

43 불러주는 4음절을 잘 듣고 어떤 받침이 어디에 들어가는지 찾아 써보세요.

guide!

1. 소리를 들려 줄 때는 받침 소리를 과장해서 들려주세요.
2. 받침 소리가 어디에 있는지 위치를 손가락으로 가리킨 뒤, 어떤 받침 소리가 들어가는지 써 보세요.
3. 맞춤법에 맞게 쓰지 않아도 좋지만 소리는 맞게 써야 합니다. (예, **못** → **몯**)

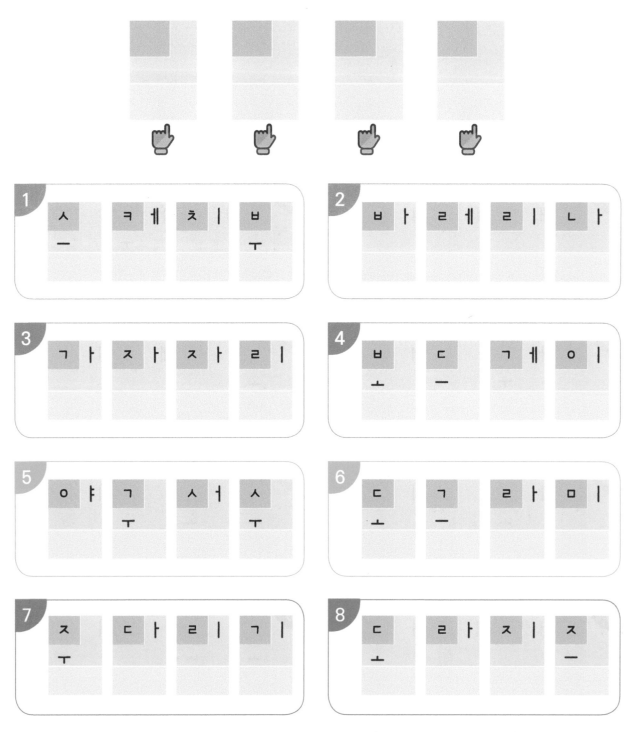

1

ㅅ ㅡ	ㅋ ㅔ	ㅊ ㅣ	ㅂ ㅜ

2

ㅂ ㅏ	ㄹ ㅔ	ㄹ ㅣ	ㄴ ㅏ

3

ㄱ ㅏ	ㅈ ㅏ	ㅈ ㅏ	ㄹ ㅣ

4

ㅂ ㅗ	ㄷ ㅡ	ㄱ ㅔ	ㅇ ㅣ

5

ㅇ ㅑ	ㄱ ㅜ	ㅅ ㅓ	ㅅ ㅜ

6

ㄷ ㅗ	ㄱ ㅡ	ㄹ ㅏ	ㅁ ㅣ

7

ㅈ ㅜ	ㄷ ㅏ	ㄹ ㅣ	ㄱ ㅣ

8

ㄷ ㅗ	ㄹ ㅏ	ㅈ ㅣ	ㅈ ㅡ

정답
스케치북, 발레리나, 가장자리, 보드게임, 양궁선수, 동그라미, 줄다리기, 도라지즙

44 불러주는 4음절을 잘 듣고 어떤 받침이 어디에 들어가는지 찾아 써보세요.

guide!

1. 소리를 들려 줄 때는 받침 소리를 과장해서 들려주세요.
2. 받침 소리가 어디에 있는지 위치를 손가락으로 가리킨 뒤, 어떤 받침 소리가 들어가는지 써 보세요.
3. 맞춤법에 맞게 쓰지 않아도 좋지만 소리는 맞게 써야 합니다. (예, **못 → 몯**)

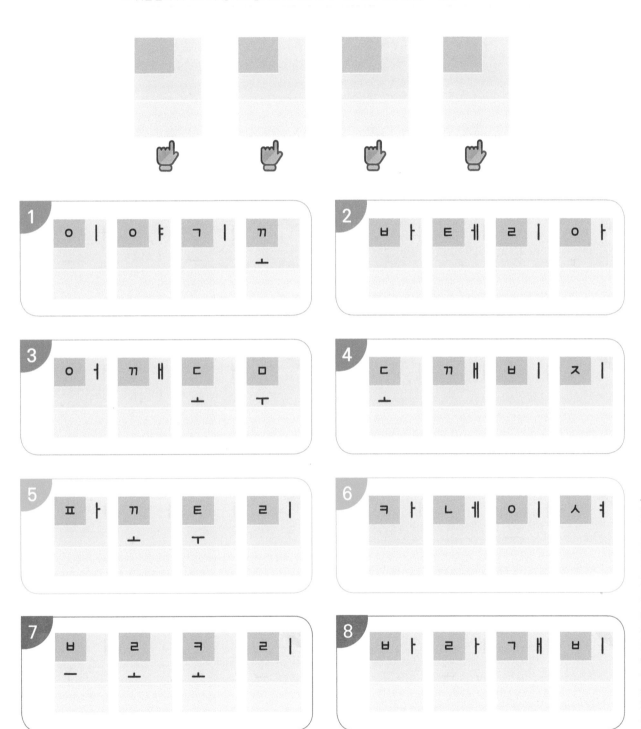

번호	1음절	2음절	3음절	4음절
1	ㅇ ㅣ	ㅇ ㅑ	ㄱ ㅣ	ㄲ ㅗ
2	ㅂ ㅏ	ㅌ ㅔ	ㄹ ㅣ	ㅇ ㅏ
3	ㅇ ㅓ	ㄲ ㅐ	ㄷ ㅗ	ㅁ ㅜ
4	ㄷ ㅗ	ㄲ ㅐ	ㅂ ㅣ	ㅈ ㅣ
5	ㅍ ㅏ	ㄲ ㅗ	ㅌ ㅜ	ㄹ ㅣ
6	ㅋ ㅏ	ㄴ ㅔ	ㅇ ㅣ	ㅅ ㅕ
7	ㅂ ㅡ	ㄹ ㅗ	ㅋ ㅗ	ㄹ ㅣ
8	ㅂ ㅏ	ㄹ ㅏ	ㄱ ㅐ	ㅂ ㅣ

정답

이야기꽃, 박테리아, 어깨동무, 도깨비짓, 팔고투리, 카네이션, 브로콜리, 바람개비

45 불러주는 4음절을 잘 듣고 어떤 받침이 어디에 들어가는지 찾아 써보세요.

guide!

1. 소리를 들려 줄 때는 받침 소리를 과장해서 들려주세요.
2. 받침 소리가 어디에 있는지 위치를 손가락으로 가리킨 뒤, 어떤 받침 소리가 들어가는지 써 보세요.
3. 맞춤법에 맞게 쓰지 않아도 좋지만 소리는 맞게 써야 합니다. (예, **못 → 몯**)

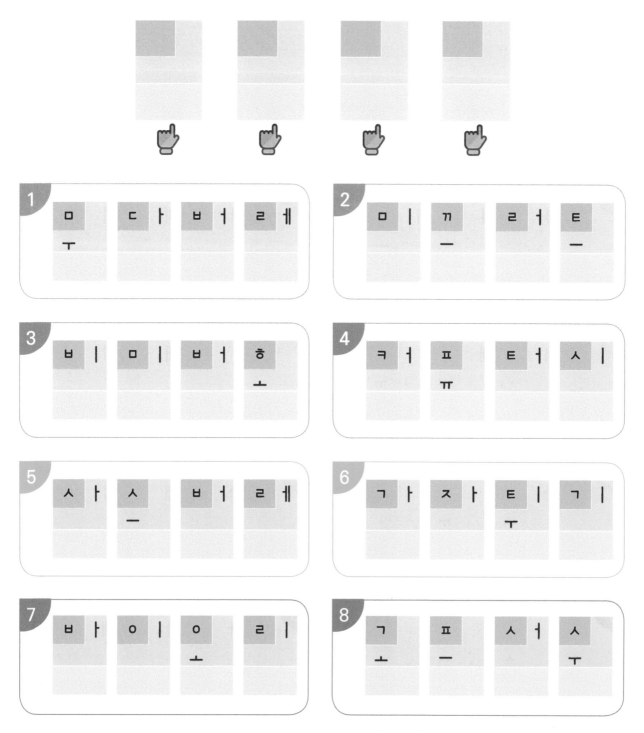

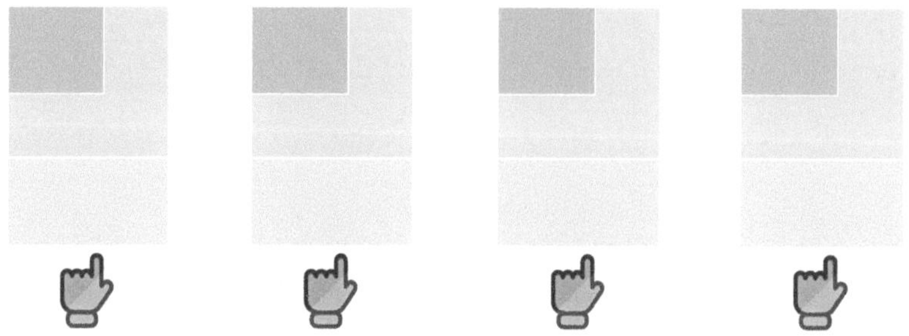

1 ㅁ ㅜ / ㄷ ㅏ / ㅂ ㅓ / ㄹ ㅔ

2 ㅁ ㅣ / ㄲ ㅡ / ㄹ ㅓ / ㅌ ㅡ

3 ㅂ ㅣ / ㅁ ㅣ / ㅂ ㅓ / ㅎ ㅗ

4 ㅋ ㅓ / ㅍ ㅠ / ㅌ ㅓ / ㅅ ㅣ

5 ㅅ ㅏ / ㅅ ㅡ / ㅂ ㅓ / ㄹ ㅔ

6 ㄱ ㅏ / ㅈ ㅏ / ㅌ ㅜ / ㄱ ㅣ

7 ㅂ ㅏ / ㅇ ㅣ / ㅇ ㅗ / ㄹ ㅣ

8 ㄱ ㅗ / ㅍ ㅡ / ㅅ ㅓ / ㅅ ㅜ

정답

무당벌레, 미끄럼틀, 비밀번호, 컴퓨터실, 사슴벌레, 감자튀김, 바이올린, 골프선수

46 불러주는 4음절을 잘 듣고 어떤 받침이 어디에 들어가는지 찾아 써보세요.

guide!

1. 소리를 들려 줄 때는 받침 소리를 과장해서 들려주세요.
2. 받침 소리가 어디에 있는지 위치를 손가락으로 가리킨 뒤, 어떤 받침 소리가 들어가는지 써 보세요.
3. 맞춤법에 맞게 쓰지 않아도 좋지만 소리는 맞게 써야 합니다. (예, **못 → 몯**)

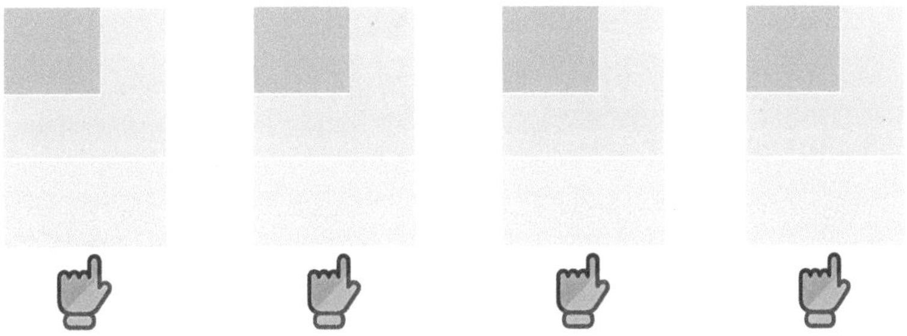

1

ㅅ	ㅇ ㅕ	ㅅ ㅓ	ㅅ
ㅜ			ㅜ

2

ㅇ	ㅈ ㅓ	ㄱ ㅣ	ㅅ ㅏ
ㅜ			

3

ㅂ ㅐ	ㄷ	ㅁ ㅣ	ㅌ ㅓ
	ㅡ		

4

ㅎ ㅔ	ㄹ ㅣ	ㅋ	ㅌ ㅓ
		ㅗ	

5

ㄷ	ㅈ ㅏ	ㅉ ㅣ	ㄱ ㅐ
ㅗ			

6

ㄷ ㅏ	ㅍ	ㄴ ㅏ	ㅁ
	ㅜ		ㅜ

7

ㄱ	ㅌ	ㅅ	ㄷ ㅏ
ㅛ	ㅗ	ㅜ	

8

ㅇ ㅏ	ㅎ ㅐ	ㅇ ㅓ	ㅅ ㅏ

정답
수영선수, 운전기사, 배드민턴, 헬리콥터, 된장찌개, 단풍나무, 교통수단, 암행어사

3. 모두 섞어서 연습해요.

47 불러주는 4음절을 잘 듣고 어떤 받침이 어디에 들어가는지 찾아 써보세요.

guide!

1. 소리를 들려 줄 때는 받침 소리를 과장해서 들려주세요.
2. 받침 소리가 어디에 있는지 위치를 손가락으로 가리킨 뒤, 어떤 받침 소리가 들어가는지 써 보세요.
3. 맞춤법에 맞게 쓰지 않아도 좋지만 소리는 맞게 써야 합니다. (예, **몫** → **몹**)

1

ㅅ ㅜ	ㅅ ㅏ	ㅅ ㅣ	ㅈ ㅏ

2

ㄴ ㅗ	ㄱ ㅜ	ㅅ ㅓ	ㅅ ㅜ

3

ㅇ ㅡ	ㅎ ㅐ	ㄴ ㅏ	ㅁ ㅜ

4

ㄷ ㅗ	ㄴ ㅔ	ㅂ ㅏ	ㄴ ㅔ

5

ㅅ ㅡ	ㅁ ㅜ	ㄷ ㅏ	ㅅ ㅓ

6

ㅅ ㅐ	ㅇ ㅣ	ㅍ ㅏ	ㅌ ㅣ

7

ㅌ ㅔ	ㄹ ㅔ	ㅂ ㅣ	ㅈ ㅓ

8

ㅅ ㅓ	ㄹ ㅡ	ㅇ ㅕ	ㅅ ㅓ

정답

수산시장, 농구선수, 은행나무, 동네방네, 스물다섯, 생일파티, 텔레비전, 서른여섯

48 불러주는 4음절을 잘 듣고 어떤 받침이 어디에 들어가는지 찾아 써보세요.

guide!

1. 소리를 들려 줄 때는 받침 소리를 과장해서 들려주세요.
2. 받침 소리가 어디에 있는지 위치를 손가락으로 가리킨 뒤, 어떤 받침 소리가 들어가는지 써 보세요.
3. 맞춤법에 맞게 쓰지 않아도 좋지만 소리는 맞게 써야 합니다. (예, **못 → 몯**)

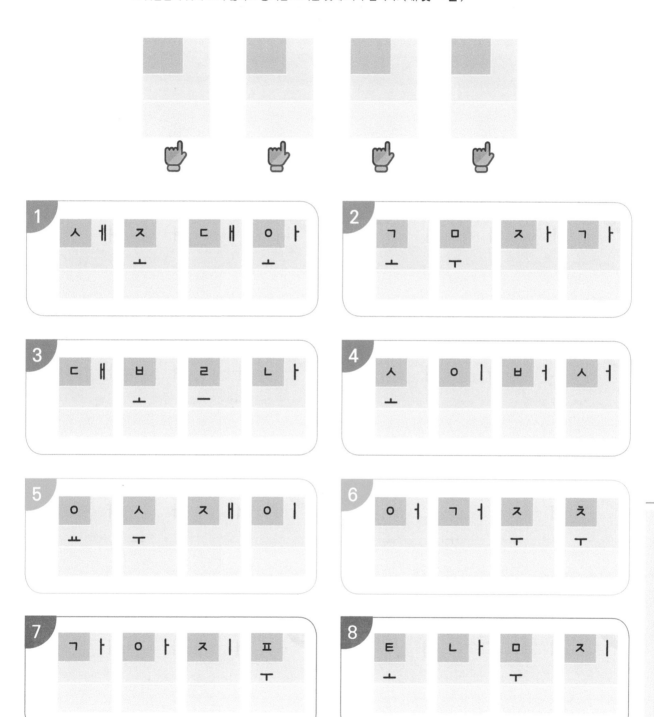

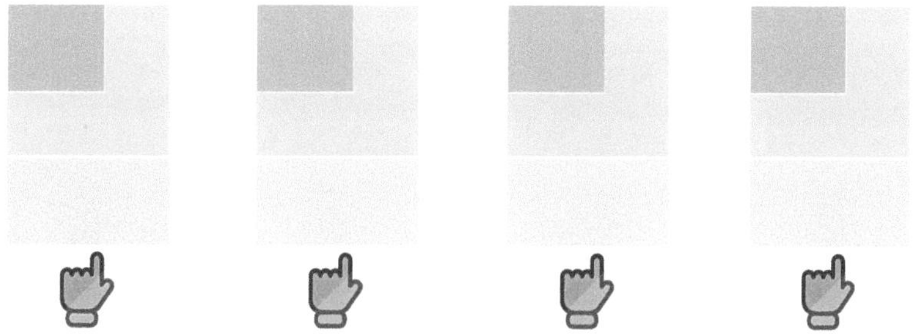

1

ㅅㅔ	ㅈㅗ	ㄷㅐ	ㅇㅗㅏ

2

ㄱㅗ	ㅁㅜ	ㅈㅏ	ㄱㅏ

3

ㄷㅐ	ㅂㅗ	ㄹㅡ	ㄴㅏ

4

ㅅㅗ	ㅇㅣ	ㅂㅓ	ㅅㅓ

5

ㅇㅛ	ㅅㅜ	ㅈㅐ	ㅇㅣ

6

ㅇㅓ	ㄱㅓ	ㅈㅜ	ㅊㅜ

7

ㄱㅏ	ㅇㅏ	ㅈㅣ	ㅍㅜ

8

ㅌㅗ	ㄴㅏ	ㅁㅜ	ㅈㅣ

정답

세종대왕, 고무장갑, 대보름날, 송이버섯, 요술쟁이, 엉거주춤, 강아지풀, 통나무집

49 불러주는 4음절을 잘 듣고 어떤 받침이 어디에 들어가는지 찾아 써보세요.

guide!

1. 소리를 들려 줄 때는 받침 소리를 과장해서 들려주세요.
2. 받침 소리가 어디에 있는지 위치를 손가락으로 가리킨 뒤, 어떤 받침 소리가 들어가는지 써 보세요.
3. 맞춤법에 맞게 쓰지 않아도 좋지만 소리는 맞게 써야 합니다. (예, **몫 → 목**)

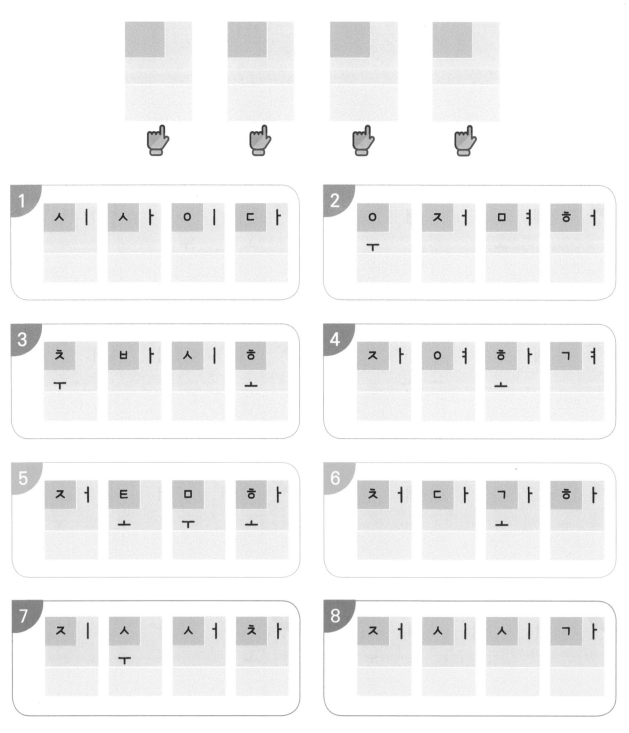

1. ㅅ ㅣ / ㅅ ㅏ / ㅇ ㅣ / ㄷ ㅏ
2. ㅇ ㅜ / ㅈ ㅓ / ㅁ ㅕ / ㅎ ㅓ
3. ㅊ ㅜ / ㅂ ㅏ / ㅅ ㅣ / ㅎ ㅗ
4. ㅈ ㅏ / ㅇ ㅕ / ㅎ ㅗ ㅏ / ㄱ ㅕ
5. ㅈ ㅓ / ㅌ ㅗ / ㅁ ㅜ / ㅎ ㅗ ㅏ
6. ㅊ ㅓ / ㄷ ㅏ / ㄱ ㅗ ㅏ / ㅎ ㅏ
7. ㅈ ㅣ / ㅅ ㅜ / ㅅ ㅓ / ㅊ ㅏ
8. ㅈ ㅓ / ㅅ ㅣ / ㅅ ㅣ / ㄱ ㅏ

정답
신사임당, 운전면허, 출발신호, 자연환경, 전통문화, 첨단과학, 진수성찬, 점심시간

50 불러주는 4음절을 잘 듣고 어떤 받침이 어디에 들어가는지 찾아 써보세요.

guide!

1. 소리를 들려 줄 때는 받침 소리를 과장해서 들려주세요.
2. 받침 소리가 어디에 있는지 위치를 손가락으로 가리킨 뒤, 어떤 받침 소리가 들어가는지 써 보세요.
3. 맞춤법에 맞게 쓰지 않아도 좋지만 소리는 맞게 써야 합니다. (예, **못 → 몯**)

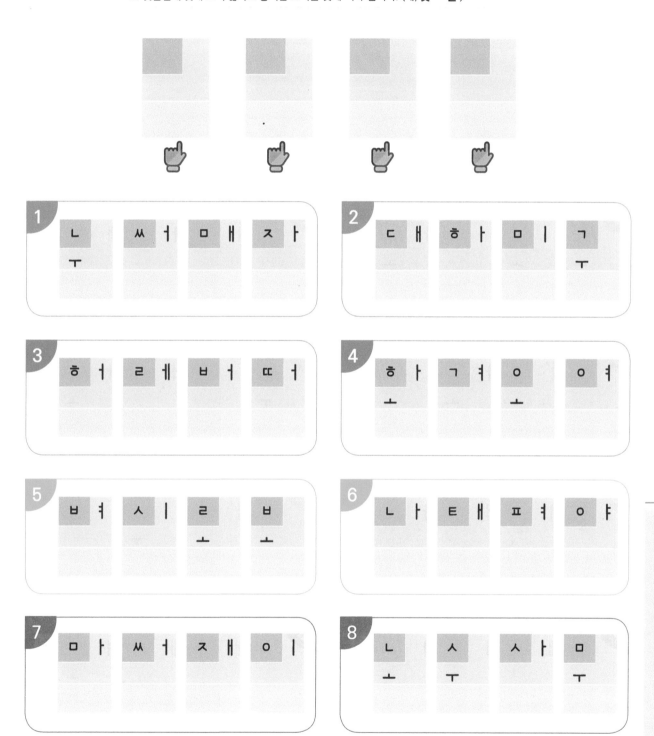

1

ㄴ ㅜ　ㅆ ㅓ　ㅁ ㅐ　ㅈ ㅏ

2

ㄷ ㅐ　ㅎ ㅏ　ㅁ ㅣ　ㄱ ㅜ

3

ㅎ ㅓ　ㄹ ㅔ　ㅂ ㅓ　ㄸ ㅓ

4

ㅎ ㅗ ㅏ　ㄱ ㅕ　ㅇ ㅗ　ㅇ ㅕ

5

ㅂ ㅕ　ㅅ ㅣ　ㄹ ㅗ　ㅂ ㅗ

6

ㄴ ㅏ　ㅌ ㅐ　ㅍ ㅕ　ㅇ ㅑ

7

ㅁ ㅏ　ㅆ ㅓ　ㅈ ㅐ　ㅇ ㅣ

8

ㄴ ㅗ　ㅅ ㅜ　ㅅ ㅏ　ㅁ ㅜ

정답

눈썰매장, 대한민국, 헐레벌떡, 환경오염, 변신로봇, 남태평양, 말썽쟁이, 농수산물

3. 모두 섞어서 연습해요.

51 불러주는 4음절을 잘 듣고 어떤 받침이 어디에 들어가는지 찾아 써보세요.

guide!

1. 소리를 들려 줄 때는 받침 소리를 과장해서 들려주세요.
2. 받침 소리가 어디에 있는지 위치를 손가락으로 가리킨 뒤, 어떤 받침 소리가 들어가는지 써 보세요.
3. 맞춤법에 맞게 쓰지 않아도 좋지만 소리는 맞게 써야 합니다. (예, **못** → **몯**)

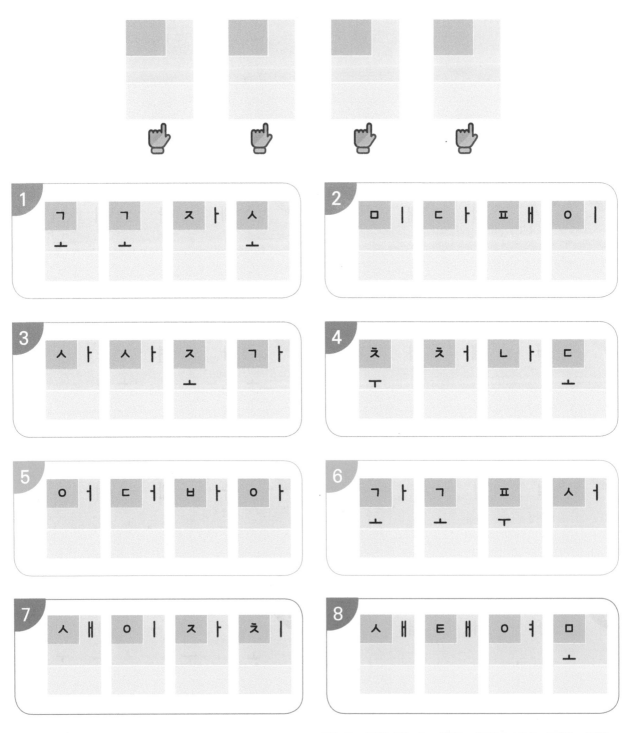

1
ㄱ ㅗ / ㄱ ㅗ / ㅈ ㅏ / ㅅ ㅗ

2
ㅁ ㅣ / ㄷ ㅏ / ㅍ ㅐ / ㅇ ㅣ

3
ㅅ ㅏ / ㅅ ㅏ / ㅈ ㅗ / ㄱ ㅏ

4
ㅊ ㅜ / ㅊ ㅓ / ㄴ ㅏ / ㄷ ㅗ

5
ㅇ ㅓ / ㄷ ㅓ / ㅂ ㅏ / ㅇ ㅏ

6
ㄱ ㅏ / ㄱ ㅗ / ㅍ ㅜ / ㅅ ㅓ

7
ㅅ ㅐ / ㅇ ㅣ / ㅈ ㅏ / ㅊ ㅣ

8
ㅅ ㅐ / ㅌ ㅐ / ㅇ ㅕ / ㅁ ㅗ

정답

공공장소, 민달팽이, 산산조각, 충청남도, 엉덩방아, 광고풍선, 생일잔치, 생태연못

52 불러주는 4음절을 잘 듣고 어떤 받침이 어디에 들어가는지 찾아 써보세요.

guide!

1. 소리를 들려 줄 때는 받침 소리를 과장해서 들려주세요.
2. 받침 소리가 어디에 있는지 위치를 손가락으로 가리킨 뒤, 어떤 받침 소리가 들어가는지 써 보세요.
3. 맞춤법에 맞게 쓰지 않아도 좋지만 소리는 맞게 써야 합니다. (예, **못** → **몯**)

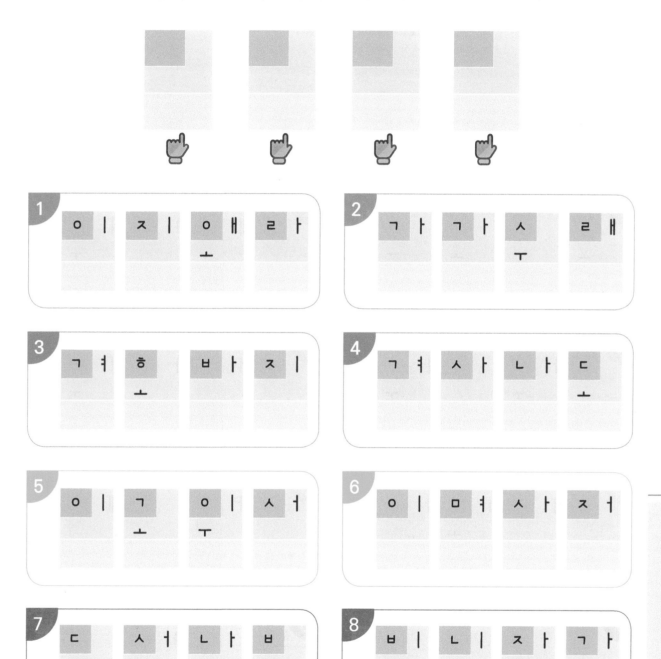

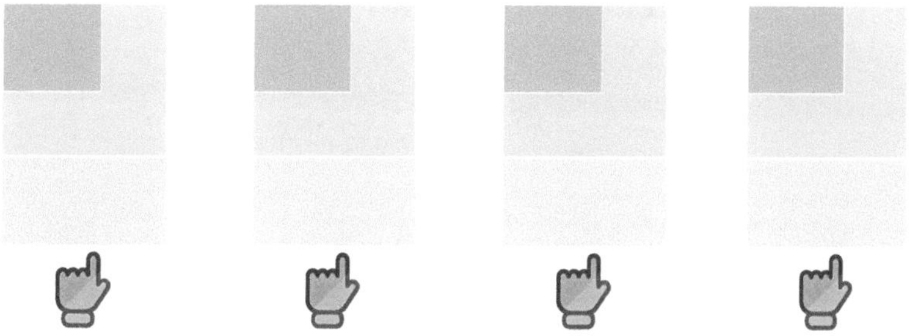

1. ㅇ ㅣ | ㅈ ㅣ | ㅇ ㅐ ㅗ | ㄹ ㅏ

2. ㄱ ㅏ | ㄱ ㅏ | ㅅ ㅜ | ㄹ ㅐ

3. ㄱ ㅕ | ㅎ ㅗ | ㅂ ㅏ | ㅈ ㅣ

4. ㄱ ㅕ | ㅅ ㅏ | ㄴ ㅏ | ㄷ ㅗ

5. ㅇ ㅣ | ㄱ ㅗ | ㅇ ㅣ ㅜ | ㅅ ㅓ

6. ㅇ ㅣ | ㅁ ㅕ | ㅅ ㅏ | ㅈ ㅓ

7. ㄷ ㅗ | ㅅ ㅓ | ㄴ ㅏ | ㅂ ㅜ

8. ㅂ ㅣ | ㄴ ㅣ | ㅈ ㅏ | ㄱ ㅏ

정답

임진왜란, 강강술래, 결혼반지, 경상남도, 인공위성, 인명사전, 동서남북, 비닐장갑

53 불러주는 4음절을 잘 듣고 어떤 받침이 어디에 들어가는지 찾아 써보세요.

guide!

1. 소리를 들려 줄 때는 받침 소리를 과장해서 들려주세요.
2. 받침 소리가 어디에 있는지 위치를 손가락으로 가리킨 뒤, 어떤 받침 소리가 들어가는지 써 보세요.
3. 맞춤법에 맞게 쓰지 않아도 좋지만 소리는 맞게 써야 합니다. (예, 못 → 몯)

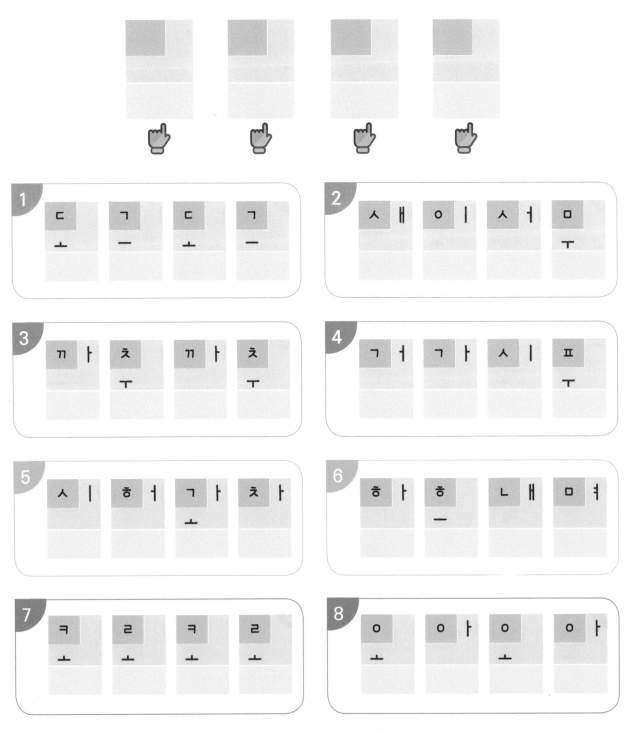

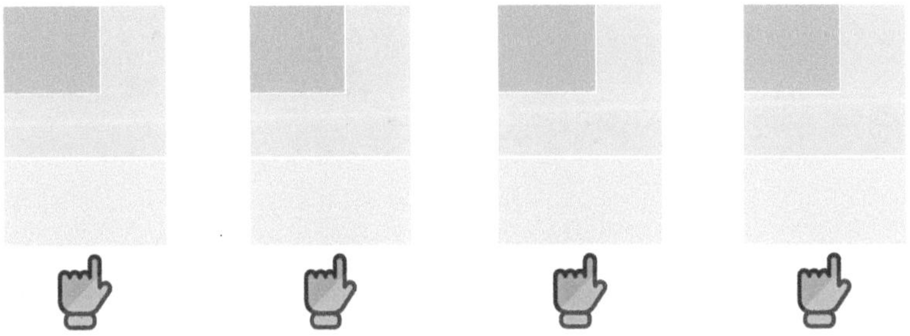

1. ㄷ ㅗ / ㄱ ㅡ / ㄷ ㅗ / ㄱ ㅡ

2. ㅅ ㅐ / ㅇ ㅣ / ㅅ ㅓ / ㅁ ㅜ

3. ㄲ ㅏ / ㅊ ㅜ / ㄲ ㅏ / ㅊ ㅜ

4. ㄱ ㅓ / ㄱ ㅏ / ㅅ ㅣ / ㅍ ㅜ

5. ㅅ ㅣ / ㅎ ㅓ / ㄱ ㅏ ㅗ / ㅊ ㅏ

6. ㅎ ㅏ / ㅎ ㅡ / ㄴ ㅐ / ㅁ ㅕ

7. ㅋ ㅗ / ㄹ ㅗ / ㅋ ㅗ / ㄹ ㅗ

8. ㅇ ㅗ / ㅇ ㅏ / ㅇ ㅗ / ㅇ ㅏ

정답

동글동글, 생일선물, 깡충깡충, 건강식품, 실험관찰, 함흥냉면, 콜록콜록, 옹알옹알

54 불러주는 4음절을 잘 듣고 어떤 받침이 어디에 들어가는지 찾아 써보세요.

guide!

1. 소리를 들려 줄 때는 받침 소리를 과장해서 들려주세요.
2. 받침 소리가 어디에 있는지 위치를 손가락으로 가리킨 뒤, 어떤 받침 소리가 들어가는지 써 보세요.
3. 맞춤법에 맞게 쓰지 않아도 좋지만 소리는 맞게 써야 합니다. (예, **못 → 몯**)

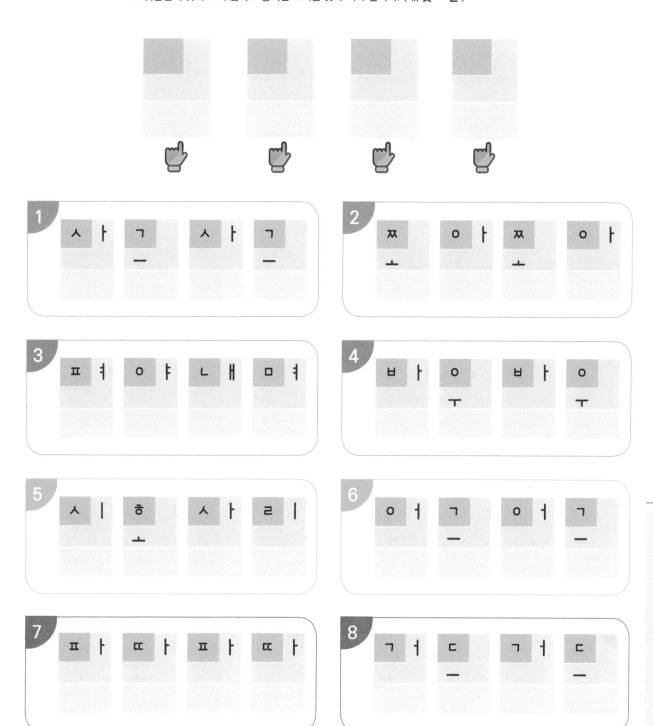

1
ㅅ ㅏ / ㄱ ㅡ / ㅅ ㅏ / ㄱ ㅡ

2
ㅉ ㅗ / ㅇ ㅏ / ㅉ ㅗ / ㅇ ㅏ

3
ㅍ ㅕ / ㅇ ㅑ / ㄴ ㅐ / ㅁ ㅕ

4
ㅂ ㅏ / ㅇ ㅜ / ㅂ ㅏ / ㅇ ㅜ

5
ㅅ ㅣ / ㅎ ㅗ / ㅅ ㅏ / ㄹ ㅣ

6
ㅇ ㅓ / ㄱ ㅡ / ㅇ ㅓ / ㄱ ㅡ

7
ㅍ ㅏ / ㄸ ㅏ / ㅍ ㅏ / ㄸ ㅏ

8
ㄱ ㅓ / ㄷ ㅡ / ㄱ ㅓ / ㄷ ㅡ

정답

살금살금, 쫑알쫑알, 평양냉면, 방울방울, 신혼살림, 엉금엉금, 팔딱팔딱, 건들건들

3. 모두 섞어서 연습해요.

55 불러주는 4음절을 잘 듣고 어떤 받침이 어디에 들어가는지 찾아 써보세요.

guide!

1. 소리를 들려 줄 때는 받침 소리를 과장해서 들려주세요.
2. 받침 소리가 어디에 있는지 위치를 손가락으로 가리킨 뒤, 어떤 받침 소리가 들어가는지 써 보세요.
3. 맞춤법에 맞게 쓰지 않아도 좋지만 소리는 맞게 써야 합니다. (예, **못 → 몯**)

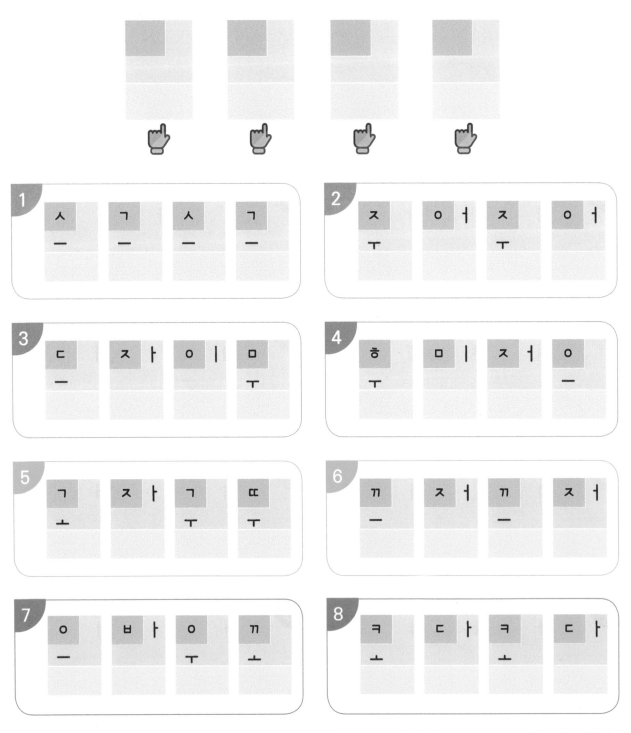

1

ㅅ	ㄱ	ㅅ	ㄱ
ㅡ	ㅡ	ㅡ	ㅡ

2

ㅈ	ㅇ ㅓ	ㅈ	ㅇ ㅓ
ㅜ		ㅜ	

3

ㄷ	ㅈ ㅏ	ㅇ ㅣ	ㅁ
ㅡ			ㅜ

4

ㅎ	ㅁ ㅣ	ㅈ ㅓ	ㅇ
ㅜ			ㅡ

5

ㄱ	ㅈ ㅏ	ㄱ	ㄸ
ㅗ		ㅜ	ㅜ

6

ㄲ	ㅈ ㅓ	ㄲ	ㅈ ㅓ
ㅡ		ㅡ	

7

ㅇ	ㅂ ㅏ	ㅇ	ㄲ
ㅡ		ㅜ	ㅗ

8

ㅋ	ㄷ ㅏ	ㅋ	ㄷ ㅏ
ㅗ		ㅗ	

정답

슬금슬금, 중얼중얼, 등장인물, 훈민정음, 공장굴뚝, 끈적끈적, 은방울꽃, 콩닥콩닥

56 불러주는 4음절을 잘 듣고 어떤 받침이 어디에 들어가는지 찾아 써보세요.

guide!

1. 소리를 들려 줄 때는 받침 소리를 과장해서 들려주세요.
2. 받침 소리가 어디에 있는지 위치를 손가락으로 가리킨 뒤, 어떤 받침 소리가 들어가는지 써 보세요.
3. 맞춤법에 맞게 쓰지 않아도 좋지만 소리는 맞게 써야 합니다. (예, **못 → 몯**)

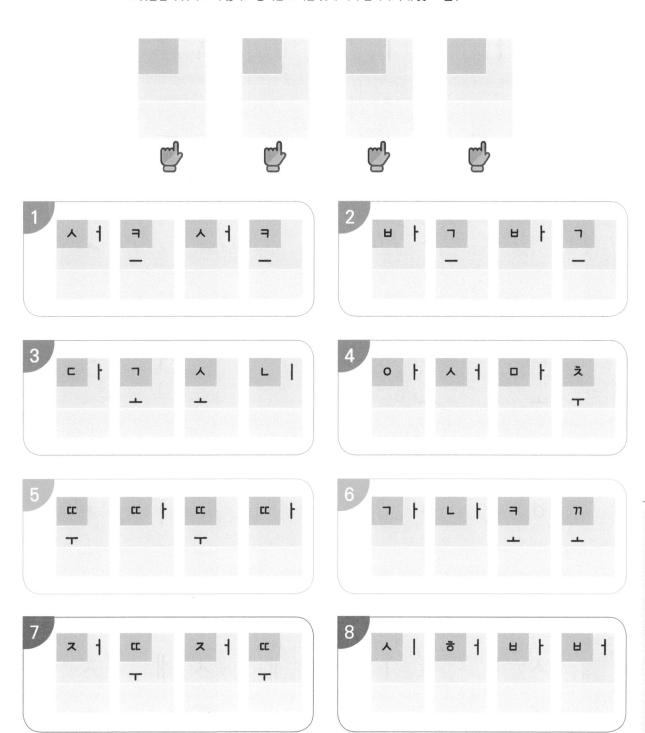

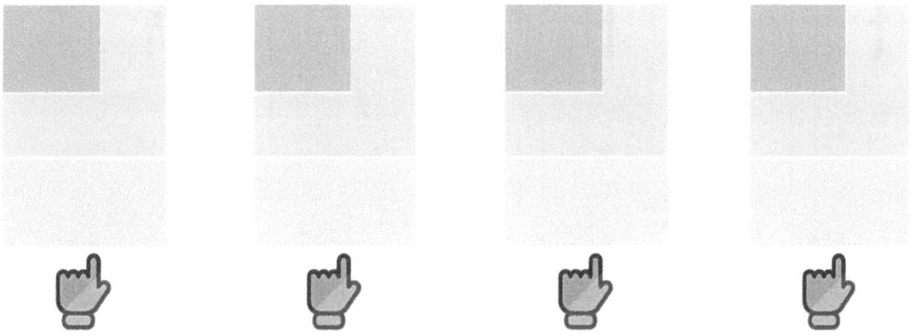

번호	1음절	2음절	3음절	4음절
1	ㅅ ㅓ	ㅋ ㅡ	ㅅ ㅓ	ㅋ ㅡ
2	ㅂ ㅏ	ㄱ ㅡ	ㅂ ㅏ	ㄱ ㅡ
3	ㄷ ㅏ	ㄱ ㅗ	ㅅ ㅗ	ㄴ ㅣ
4	ㅇ ㅏ	ㅅ ㅓ	ㅁ ㅏ	ㅊ ㅜ
5	ㄸ ㅜ	ㄸ ㅏ	ㄸ ㅜ	ㄸ ㅏ
6	ㄱ ㅏ	ㄴ ㅏ	ㅋ ㅗ	ㄲ ㅗ
7	ㅈ ㅓ	ㄸ ㅜ	ㅈ ㅓ	ㄸ ㅜ
8	ㅅ ㅣ	ㅎ ㅓ	ㅂ ㅏ	ㅂ ㅓ

정답

성큼성큼, 방글방글, 단골손님, 안성맞춤, 똑딱똑딱, 강낭콩꽃, 절뚝절뚝, 실험방법

57 하나씩 달라지는 소리를 확인하며 읽어보세요.

guide! 어려운 모음이 포함되어 있어요. 초성, 중성, 종성 순으로 합성하여 읽게 해주세요.

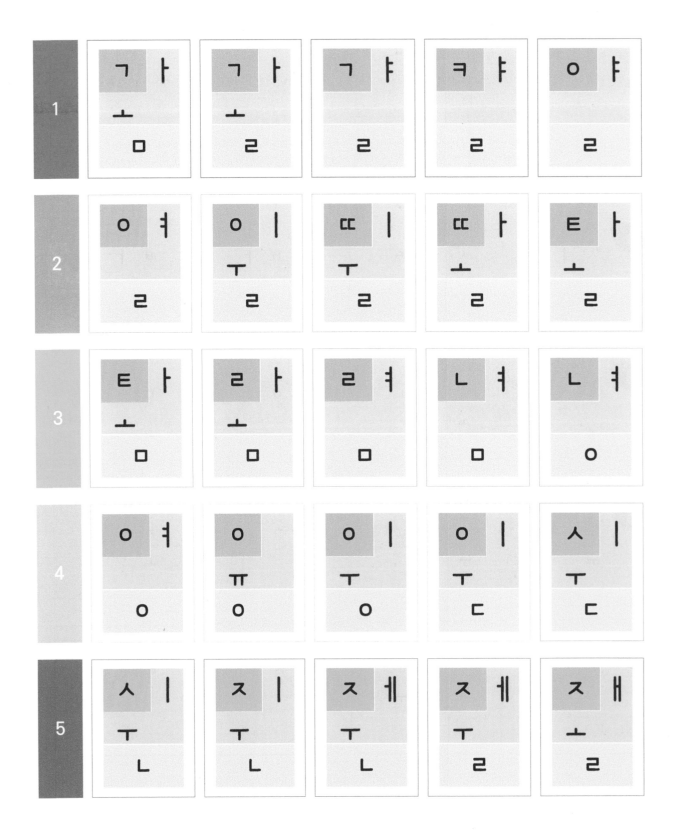

1	ㄱ ㅏ ㅗ ㅁ	ㄱ ㅏ ㅗ ㄹ	ㄱ ㅑ ㄹ	ㅋ ㅑ ㄹ	ㅇ ㅑ ㄹ
2	ㅇ ㅕ ㄹ	ㅇ ㅣ ㅜ ㄹ	ㄸ ㅣ ㅜ ㄹ	ㄸ ㅏ ㅗ ㄹ	ㅌ ㅏ ㅗ ㄹ
3	ㅌ ㅏ ㅗ ㅁ	ㄹ ㅏ ㅗ ㅁ	ㄹ ㅕ ㅁ	ㄴ ㅕ ㅁ	ㄴ ㅕ ㅇ
4	ㅇ ㅕ ㅇ	ㅇ ㅠ ㅇ	ㅇ ㅣ ㅜ ㅇ	ㅇ ㅣ ㅜ ㄷ	ㅅ ㅣ ㅜ ㄷ
5	ㅅ ㅣ ㅜ ㄴ	ㅈ ㅣ ㅜ ㄴ	ㅈ ㅔ ㅜ ㄴ	ㅈ ㅔ ㅜ ㄹ	ㅈ ㅐ ㅗ ㄹ

58 하나씩 달라지는 소리를 확인하며 읽어보세요.

guide! 어려운 모음이 포함되어 있어요. 초성, 중성, 종성 순으로 합성하여 읽게 해주세요.

1	ㅂ ㅕ ㄱ	ㅃ ㅕ ㄱ	ㅃ ㅕ ㅁ	ㅃ ㅠ ㅁ	ㅃ ㅖ ㅁ
2	ㅃ ㅏ ㅗ ㄴ	ㅃ ㅔ ㄴ	ㅂ ㅔ ㄴ	ㅂ ㅔ ㅜ ㄴ	ㅂ ㅔ ㅜ ㄷ
3	ㄹ ㅣ ㅜ ㄴ	ㄹ ㅣ ㅜ ㄱ	ㄹ ㅔ ㅜ ㄱ	ㅊ ㅔ ㅜ ㄱ	ㅊ ㅔ ㅜ ㅂ
4	ㅎ ㅔ ㅜ ㅂ	ㅎ ㅔ ㅜ ㄷ	ㅎ ㅔ ㅜ ㄱ	ㅎ ㅔ ㅜ ㅇ	ㅊ ㅔ ㅜ ㅇ
5	ㅂ ㅔ ㅜ ㅇ	ㅂ ㅔ ㅜ ㄱ	ㅂ ㅣ ㅜ ㄱ	ㅂ ㅐ ㅗ ㄱ	ㅂ ㅐ ㅗ ㅁ

59 하나씩 달라지는 소리를 확인하며 읽어보세요.

guide! 어려운 모음이 포함되어 있어요. 초성, 중성, 종성 순으로 합성하여 읽게 해주세요.

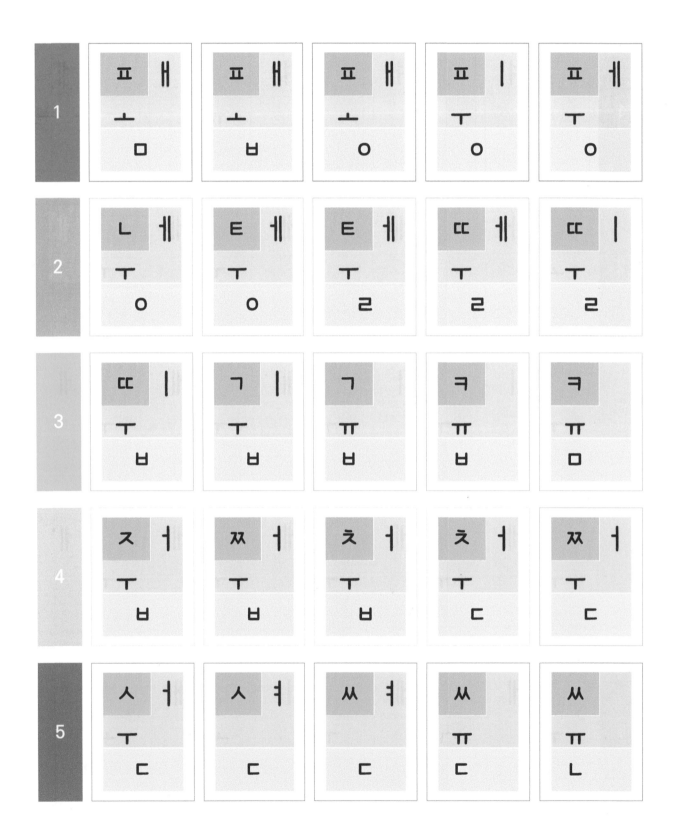

1	ㅍ ㅐ ㅗ ㅁ	ㅍ ㅐ ㅗ ㅂ	ㅍ ㅐ ㅗ ㅇ	ㅍ ㅣ ㅜ ㅇ	ㅍ ㅔ ㅜ ㅇ
2	ㄴ ㅔ ㅜ ㅇ	ㅌ ㅔ ㅜ ㅇ	ㅌ ㅔ ㅜ ㄹ	ㄸ ㅔ ㅜ ㄹ	ㄸ ㅣ ㅜ ㄹ
3	ㄸ ㅣ ㅜ ㅂ	ㄱ ㅣ ㅜ ㅂ	ㄱ ㅠ ㅂ	ㅋ ㅠ ㅂ	ㅋ ㅠ ㅁ
4	ㅈ ㅓ ㅜ ㅂ	ㅉ ㅓ ㅜ ㅂ	ㅊ ㅓ ㅜ ㅂ	ㅊ ㅓ ㅜ ㄷ	ㅉ ㅓ ㅜ ㄷ
5	ㅅ ㅓ ㅜ ㄷ	ㅅ ㅕ ㄷ	ㅆ ㅕ ㄷ	ㅆ ㅠ ㄷ	ㅆ ㅠ ㄴ

60 하나씩 달라지는 소리를 확인하며 읽어보세요.

guide! 어려운 모음이 포함되어 있어요. 초성, 중성, 종성 순으로 합성하여 읽게 해주세요.

1	ㅁ ㅐ ㅗ ㄴ	ㅁ ㅐ ㅗ ㄹ	ㅁ ㅔ ㅜ ㄹ	ㅂ ㅔ ㅜ ㄹ	ㅂ ㅔ ㅜ ㅁ
2	ㅂ ㅕ ㅁ	ㅃ ㅕ ㅁ	ㅃ ㅕ ㅇ	ㅃ ㅕ ㄱ	ㅃ ㅏ ㅗ ㄱ
3	ㅁ ㅏ ㅗ ㄱ	ㅁ ㅐ ㅗ ㄱ	ㅂ ㅐ ㅗ ㄱ	ㅂ ㅣ ㅜ ㄱ	ㅂ ㅣ ㅜ ㄷ
4	ㅈ ㅣ ㅜ ㄱ	ㅈ ㅏ ㅗ ㄱ	ㅈ ㅏ ㅗ ㄷ	ㅊ ㅏ ㅗ ㄷ	ㅉ ㅏ ㅗ ㄷ
5	ㅉ ㅣ ㅗ ㄷ	ㅉ ㅣ ㅗ ㄴ	ㅅ ㅣ ㅗ ㄴ	ㅅ ㅣ ㅗ ㄷ	ㅅ ㅣ ㅗ ㅂ

61 들려주는 소리를 잘 듣고 들리는 순서대로 번호 매겨보세요. 그리고 번호 순서대로 읽어보세요.

guide! 낱말을 무작위로 불러주세요. 소리 고르는 것을 어려워한다면 읽는 것은 생략해도 좋습니다.

1	나르다	나른다	날른다	날르다
2	누르다	눌르다	눌른다	누르단
3	꺼내다	껀내다	꺼낸다	껀낸다
4	겨누다	견누다	겨눈다	견눈다
5	깨물다	깨문다	깸문다	깸무다
6	바지락	반지락	발지락	바질락
7	저금통	저그통	저근통	저긍통
8	원숭이	워숭이	원수이	원수잉
9	진달래	지달래	진다래	지달랜
10	양치질	야치질	양치지	야칠지

1	지우다	지운다	지움다	지웅다
2	기르다	길르다	기른다	길른다
3	다르다	달르다	다른다	달른다
4	이끌다	이끈다	이끄단	일끄다
5	게시판	겐시파	겐시판	게신판
6	송아지	소앙지	소아징	소아지
7	몸무게	모뭄게	모무겜	몬무게
8	중심지	주심징	줌시징	중시지
9	꿈동산	꿈도사	꾸동산	꿈동사
10	감상문	간상문	감산문	감삼문

1	느리다	느린다	늘리다	늘린다
2	쓰리다	쓰린다	쓸리다	쓸린다
3	치우다	치운다	치우단	치운단
4	떨리다	떠린다	떠리다	떨린다
5	무궁화	무굼화	뭉구화	무군화
6	준비물	줌비물	준빈물	준빔물
7	오른쪽	올른쪽	올르쪽	오를쪽
8	선생님	섬생님	서생님	선새님
9	인형극	이형극	인혀극	인현극
10	빨간색	빠간색	빨가색	빨강색

1	빠르다	빨르다	빠른다	빨른다
2	키우다	키운다	킹운다	키움다
3	다치다	다친다	단친다	다치닫
4	기울다	기우달	기운다	기우다
5	빌리다	비리다	빌린다	비린다
6	도시락	도실락	돌시락	도시라
7	파란색	파람색	파랑색	팔랑색
8	침팬지	친팬지	침팸지	치팬짐
9	물갈퀴	무갈퀴	무갈퀼	뭄갈퀴
10	망원경	망웡경	망웡견	망원겨

62 원래 낱말과 바뀐 낱말을 듣고, 소리가 어떻게 변했는지 설명해 봅시다.

guide!

1. 밑의 지시문을 순서대로 불러주세요. 어른들만 보세요.
2. 계단을 완성하면 1층부터 3층까지, 다시 3층부터 1층까지 읽어보세요.
3. 소리를 바꾸었는지, 뺐는지, 넣었는지 잘 설명하게 도와주세요.

1./할머니/에서 /알머니/ 되려면 어떻게 해야 할까요? 답: "/ㅎ/를 빼요"
2./알머니/에서 /알머님/ 되려면 어떻게 해야 할까요? 답: "/음/을 넣어요"
3./알머님/에서 /암머님/ 되려면 어떻게 해야 할까요? 답: "/울/을 /음/으로 바꿔요"

지시

63 원래 낱말과 바뀐 낱말을 듣고, 소리가 어떻게 변했는지 설명해 봅시다.

guide!

1. 밑의 지시문을 순서대로 불러주세요. 어른들만 보세요.
2. 계단을 완성하면 1층부터 3층까지, 다시 3층부터 1층까지 읽어보세요.
3. 소리를 바꾸었는지, 뺐는지, 넣었는지 잘 설명하게 도와주세요.

지시

1./무궁화/에서 /무둥화/ 되려면 어떻게 해야 할까요? 답: "/ㄱ/를 /ㄷ/로 바꿔요"
2./무둥화/에서 /무둥하/ 되려면 어떻게 해야 할까요? 답: "/ㅘ/를 /ㅏ/로 바꿔요"
3./무둥하/에서 /누둥하/ 되려면 어떻게 해야 할까요? 답: "/ㅁ/를 /ㄴ/로 바꿔요"

64 원래 낱말과 바뀐 낱말을 듣고, 소리가 어떻게 변했는지 설명해 봅시다.

guide!

1. 밑의 지시문을 순서대로 불러주세요. 어른들만 보세요.
2. 계단을 완성하면 1층부터 3층까지, 다시 3층부터 1층까지 읽어보세요.
3. 소리를 바꾸었는지, 뺐는지, 넣었는지 잘 설명하게 도와주세요.

지시

1./게시판/에서 /데시판/ 되려면 어떻게 해야 할까요? 답: "/ㄱ/를 /ㄷ/로 바꿔요"
2./데시판/에서 /데식판/ 되려면 어떻게 해야 할까요? 답: "/윽/을 넣어요"
3./데식판/에서 /에식판/ 되려면 어떻게 해야 할까요? 답: "/ㄷ/를 빼요"

65 원래 낱말과 바뀐 낱말을 듣고, 소리가 어떻게 변했는지 설명해 봅시다.

guide!

1. 밑의 지시문을 순서대로 불러주세요. 어른들만 보세요.
2. 계단을 완성하면 1층부터 3층까지, 다시 3층부터 1층까지 읽어보세요.
3. 소리를 바꾸었는지, 뺐는지, 넣었는지 잘 설명하게 도와주세요.

지시

1./도시락/에서 /도시럭/ 되려면 어떻게 해야 할까요? 답: "/ㅏ/를 /ㅓ/로 바꿔요"
2./도시럭/에서 /토시럭/ 되려면 어떻게 해야 할까요? 답: "/ㄷ/를 /ㅌ/로 바꿔요"
3./토시럭/에서 /토시러/ 되려면 어떻게 해야 할까요? 답: "/윽/을 빼요"

66 원래 낱말과 바뀐 낱말을 듣고, 소리가 어떻게 변했는지 설명해 봅시다.

guide !

1. 밑의 지시문을 순서대로 불러주세요. 어른들만 보세요.
2. 계단을 완성하면 1층부터 3층까지, 다시 3층부터 1층까지 읽어보세요.
3. 소리를 바꾸었는지, 뺐는지, 넣었는지 잘 설명하게 도와주세요.

지시

1./안내문/에서 /반내문/이 되려면 어떻게 해야 할까요? 답: "/ㅂ/를 넣어요"
2./반내문/에서 /반대문/이 되려면 어떻게 해야 할까요? 답: "/ㄴ/를 /ㄷ/로 바꿔요"
3./반대문/에서 /판대문/이 되려면 어떻게 해야 할까요? 답: "/ㅂ/를 /ㅍ/로 바꿔요"

67 원래 낱말과 바뀐 낱말을 듣고, 소리가 어떻게 변했는지 설명해 봅시다.

guide!

1. 밑의 지시문을 순서대로 불러주세요. 어른들만 보세요.
2. 계단을 완성하면 1층부터 3층까지, 다시 3층부터 1층까지 읽어보세요.
3. 소리를 바꾸었는지, 뺐는지, 넣었는지 잘 설명하게 도와주세요.

지시

1./반지름/에서 /만지름/이 되려면 어떻게 해야 할까요? 답: "/ㅂ/를 /ㅁ/로 바꿔요"
2./만지름/에서 /만지른/이 되려면 어떻게 해야 할까요? 답: "/음/을 /은/으로 바꿔요"
3./만지른/에서 /간지른/이 되려면 어떻게 해야 할까요? 답: "/ㅁ/를 /ㄱ/로 바꿔요"

이렇게 사용해요

01 대상자

이 책은 난독증을 가진 아이들을 위해 만든 책이지만 받침이 어려운 모든 아이들이 배우기에도 좋습니다.

02 목표

종성 자음의 정확한 소리와 발음을 배우고 그 소리의 글자를 정확하게 읽고 쓸 수 있습니다. 더 나아가 받침이 포함된 소리와 글자가 똑같은 단어와 문장을 읽고 쓸 수 있습니다.

03 프로그램 소개

1) '함께한글'을 시작하기 전에 알아야할 사항

1 '함께한글'은 우리말 대표 받침 소리와 글자를 배워요.

일곱 개의 소리와 글자를 순서대로 배워요. 그리고 헷갈릴 수 있는 소리를 조음 위치, 조음 방법별로 나누어 구분해보는 연습도 합니다

		조음 방법			
조음 위치		코가 울려요		코가 안 울려요	
윗입술, 아랫입술					
혀 끝, 윗니	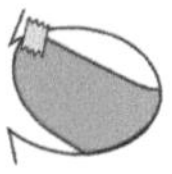	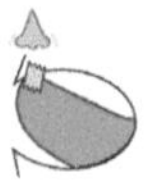		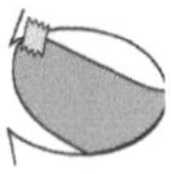	
혀의 뒷부분, 안쪽 입천장	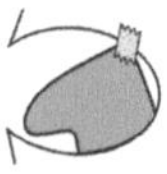	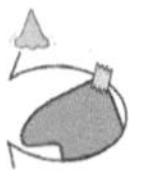		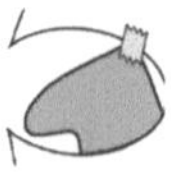	
혀 끝, 윗니			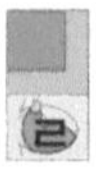	*'ㄹ'은 코가 울리진 않지만 코가 울리는 소리와 함께 연습해요.	

〈표.1 조음위치별 자음〉

2 '함께한글'은 체계적인 음운인식 훈련을 해요.

함께한글에서는 글자의 이름과 함께 **글자의 소리**를 알려줍니다. 자음은 초성인지 종성인지에 따라 소리가 달라집니다. '함께한글-초성편'에서는 초성자음의 소리에 대해 소개하였고 이번 '종성편'에서는 종성자음의 소리를 확인합니다. 'ㅂ'의 이름은 /비읍/이고, 음절상자 분홍색은 초성소리를 나타내며 /브/소리가 납니다. 음절상자의 노란색은 종성소리를 나타내며 /읍/소리가 납니다(여기서 /읍/은 /ㅡ/를 약하게 내는 소리입니다). 앞으로 '함께한글'에서는 글자의 이름이 아닌 **소리**를 사용합니다. 낱말 내에서 목표 음소가 들리는지 **확인**하고, 배웠던 다른 소리와 같은지 다른지 **변별**하며, 배운 소리들을 **합성**하여 읽고, 낱말을 듣고 목표 음소만 **분리**하며 쓰는 등 소리를 생각하며 글자를 읽고 쓸 수 있도록 난이도별로 체계화된 음운인식 훈련을 진행합니다.

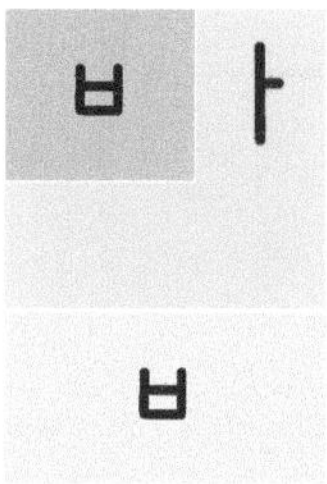

3 '함께한글'은 소리와 글자 연결을 단단하게 해요.

잘 읽기 위해서는 글자의 소리가 잘 떠올려야 합니다. 함께한글에서는 글자를 보고 소리를 잘 떠올릴 수 있도록 여러 단서를 제공합니다. 첫 번째는 발음하는 방법을 떠올릴 수 있는 **입모양 픽토그램**입니다. 또 목표 받침이 포함된 대표적인 단어로 힌트를 주는 **단어 힌트**, 특정 동작을 통해 소리를 떠올릴 수 있도록 힌트를 주는 **동작 힌트**도 제공합니다. 책 앞부분에 수록된 차트에 이러한 단서들을 잘 활용할 수 있도록 정리해두었으니 글자를 읽거나 쓸 때 잘 모른다면 언제든지 활용할 수 있도록 뜯어서 사용하면 좋습니다. 그리고 배운 글자의 소리를 공고하게 할 수 있도록 무작위로 여러 글자를 연속해서 소리 내보는 **음소 연속 발음하기** 과제가 포함되어 있습니다.

4 '함께한글'은 합성식 파닉스 방식을 이용해요.

자음 초성과, 중성, 자음 종성까지 순서대로 소리 내며 합성하는 연습을 합니다.
이때 한꺼번에 글자를 보여주지 않고 한 글자씩 소리를 낼 수 있도록 가리며 보여주도록 합니다. 레고를 하나씩 조립하듯이 /ㅅ/, /ㅣ/,/음/ 하나 하나 소리를 낼 수 있도록 합니다. 그리고 모두 합쳤을 때 어떤 소리가 완성됐는지 말해봅니다.
이렇게 배운 소리를 이용해서 하나씩 합성하여 읽으면 모든 글자를 읽을 수 있게 된답니다.

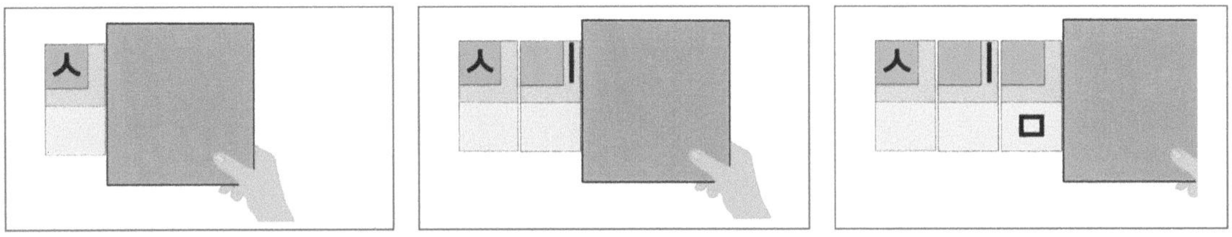

5 '함께한글'은 받침의 난이도를 체계적으로 조절하였어요.

함께한글에서는 받침이 들어간 음절의 난이도를 음절의 개수, 받침이 단어 내에 오는 환경, 받침의 개수에 따라 조절하여 제시합니다. 따라서 각 활동은 1음절, 2음절, 3음절, 4음절 순으로 진행합니다. 또 종성 자음의 경우, 종성이 들리는 환경에 따라 소리의 차이가 있습니다. 따라서 2음절에서는 어중 종성과 어말 종성으로 나누어서 활동을 진행합니다. 어중 종성은 '침대'의 /음/소리를 나타내며, 어말 종성은 '하품'의 /음/소리를 나타냅니다. 마지막으로 받침의 개수를 1개, 2개, 3개, 4개 순으로 난이도를 조절하여 낱말을 선정하였습니다.

	1음절	2음절		3음절	4음절
		어말	어중		
받침1개	뱀	하품	침대	컴퓨터	바람개비
받침2개		점심			

〈표.2 음소별 받침 난이도〉

	1음절	2음절	3음절	4음절
받침1개	강	반지	고릴라	쓰레기통
받침2개		손톱	문구점	암행어사
받침3개			합창단	신사임당
받침4개				생일선물

〈표.3 모든 받침 종합 난이도〉

우리말 받침 소리 차트 사용방법

단어힌트	단어힌트 설명	동작힌트	동작힌트 설명
	받침'ㅁ'의 소리는 /고---ㅁ/의 마지막 소리예요. 곰의 얼굴이 'ㅁ'을 닮았어요.		답이 생각나지 않을 때 /음---/ 소리를 내보아요.
	받침'ㄴ'의 소리는 /소---ㄴ/의 마지막 소리예요. 활짝 펼친 손이 'ㄴ'을 닮았어요.		돈을 셀 때 /도--ㄴ/ 소리를 내보아요.
	받침'ㅇ'의 소리는 /고---ㅇ/의 마지막 소리예요. 동그란 공이 'ㅇ'을 닮았어요.		친구에게 대답할 때 /응---/ 소리를 내보아요.
	받침'ㄹ'의 소리는 /시---ㄹ/의 마지막 소리예요. 구불구불한 실이 'ㄹ'을 닮았어요.		노래를 부를 때 /랄라---ㄹ/ 소리를 내보아요.
	받침'ㅂ'의 소리는 /지---ㅂ/의 마지막 소리예요. 집이 'ㅂ'을 닮았어요.		코를 잡고 숨을 참을 때 /읍/ 소리를 내보아요.
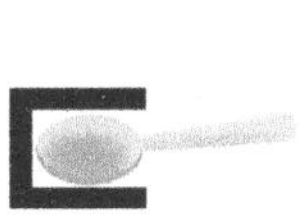	받침'ㄷ'의 소리는 '숟가락'의 첫 번째 글자 /수---ㄷ/의 마지막 소리예요. 숟가락의 앞부분이 'ㄷ'을 닮았어요.		매운 것을 먹고 따가운 혀를 물 때 /읃/ 소리를 내보아요.
	받침'ㄱ'의 소리는 /모---ㄱ/의 마지막 소리예요. 턱 아래 목이 'ㄱ'을 닮았어요.		손으로 목을 칠 때 /윽/ 소리를 내보아요.

소리와 글자가 함께하는

함께 한글

자음의 종성편 1

초판 1쇄 발행 2024년 01월 31일

지은이_ 김혜지 이정원
그 림_ 남궁솔
펴낸이_ 김동명
펴낸곳_ 도서출판 창조와 지식
인쇄처_ (주)북모아

출판등록번호_ 제2018-000027호
주소_ 서울특별시 강북구 덕릉로 144
전화_ 1644-1814
팩스_ 02-2275-8577

ISBN 979-11-6003-693-0(63700)

정가 20,000원